感谢上海对外经贸大学学科建设经费的出版资助！

银 辉 / 著

# 全球化时代下
# 国际贸易的国民幸福效应

中国财经出版传媒集团

经济科学出版社
Economic Science Press

**图书在版编目（CIP）数据**

全球化时代下国际贸易的国民幸福效应/银辉著.
—北京：经济科学出版社，2019.4
ISBN 978 - 7 - 5218 - 0458 - 4

Ⅰ.①全… Ⅱ.①银… Ⅲ.①国际贸易 - 影响 -
生活质量 - 研究 Ⅳ.①F74②C913.3

中国版本图书馆 CIP 数据核字（2019）第 070200 号

责任编辑：李 雪
责任校对：隗立娜
责任印制：邱 天

**全球化时代下国际贸易的国民幸福效应**

银 辉 著

经济科学出版社出版、发行 新华书店经销
社址：北京市海淀区阜成路甲 28 号 邮编：100142
总编部电话：010 - 88191217 发行部电话：010 - 88191522
网址：www. esp. com. cn
电子邮件：esp@ esp. com. cn
天猫网店：经济科学出版社旗舰店
网址：http：//jjkxcbs. tmall. com
固安华明印业有限公司印装
710×1000 16 开 16.25 印张 240000 字
2019 年 4 月第 1 版 2019 年 4 月第 1 次印刷
ISBN 978 - 7 - 5218 - 0458 - 4 定价：60.00 元
（图书出现印装问题，本社负责调换。电话：010 - 88191510）
（版权所有 侵权必究 打击盗版 举报热线：010 - 88191661
QQ：2242791300 营销中心电话：010 - 88191537
电子邮箱：dbts@ esp. com. cn）

# 前　　言

　　如今，幸福生活不仅是人们的生活目标，也是许多国家的政策目标。联合国发布的《2017年世界幸福报告》总共七章内容中，第三章和第七章分别以"中国的发展与幸福""恢复美国的幸福"为主题对中国及美国近年来国民幸福的变化进行了全面深入的分析。据商务部2017年初估算，国际贸易直接或间接带动中国就业人数达到1.8亿左右，约占全国就业总数的23%，"十二五"期间，中国的关税、进口环节增值税、消费税超过8万亿元，是国家财政的重要来源，同时，先进技术设备大量引进、高端产品出口快速增加，对国民经济提质增效升级发挥着重要作用，"中国制造"增进了全球消费者福利。越来越多的中国居民在日常生活中享受到来自世界市场的产品和服务，越来越多的中国家庭走出去享受海外旅游与教育等资源，中国的企业、文化、产品也加快了走出去的步伐，在国际市场上的影响力逐步增强。因此，不同于以往学者们探讨贸易的福利效应时较多关注于贸易利益分配、贸易结构变化或是贸易开放度的视角，本书将研究主题选定为国际贸易对国民幸福的影响，并深入研究了在消费和就业两个中间因素作用下国际贸易的幸福效应，主要意义在于：第一，关于国民幸福的研究，国内外学者已从社会学、心理学、经济学等方向全面展开，幸福经济学近些年也蓬勃发展，而将研究主题确定为国际贸易与国民幸福的相关性，以及其作用机制通过哪些中间因素，是对研究幸福感影响因素的拓展，具有一定的理论意义；第二，消费、就业是关系到每个居民日常生活、每个家庭生活质量的经济因素，以此为切入点探讨国际贸易对幸福产生的影响路径和效果，是在中国新时代积极探讨高水平开放推动高质量发展以实现高品质生活，具有现实意义。

本书通过文献分析、实证分析、比较分析的方法，首先进行宏观层面的研究，利用 2006～2016 年的中国及美国的进出口贸易、消费、就业、幸福感的数据，分析国际贸易通过消费和就业两个中间因素所产生的幸福效应，得出的结论有：（1）仅考虑消费作为中间因素时，中国的国际贸易对正向促进幸福感提升，其近期影响是远期影响的 3 倍，其中出口贸易的幸福效应略高于进口贸易的；（2）仅考虑就业作为中间因素时，中国的国际贸易对幸福感的影响也是正向的，近期影响和远期影响十分接近，其中出口贸易的幸福效应略高于进口贸易的；（3）同时考虑消费和就业作为中间因素时，中国的国际贸易的幸福效应是正向的，近期影响是远期影响的 3 倍，美国的国际贸易的幸福效应近期是正向的，远期是负向的，强度上十分接近；近期影响中，中国出口贸易的幸福效应强度与进口贸易的相同，美国则是出口贸易的略高于进口贸易的，远期影响中，中国出口贸易的幸福效应强度略高于进口贸易的，美国则是进口贸易的幸福效应更强。接着，本书进一步展开微观层面的研究，利用大量国内外微观数据，从家庭消费结构、就业质量、其他影响幸福的微观因素进行分析，研究得出以下结论：（1）中国家庭消费中，按照幸福效应强度由大到小依次是汽车消费、餐馆聚餐、家庭人均年收入、住房消费；（2）在中国居民中验证了幸福感与工作之间双向的正向效应，工作稳定性相比工作时间、通勤时间、工作收入有着更强的幸福效应，工作年收入 5 万元是中国居民幸福感变化的区分点；（3）中美两国居民的国民幸福平均值十分接近，变化趋势有所不同，美国居民的幸福感呈现下降趋势，中国居民的幸福感则呈现出先下降再回升的趋势；（4）影响幸福感的微观因素中，差别最大的是人际关系。

本书的创新之处在于：（1）新的研究视角——幸福感的角色化，开创性地从"消费者"和"劳动者"两个角度研究其幸福感；（2）新的研究思路——国际贸易与国民幸福的相关性及影响路径，并选定消费及就业作为中间因素来进行研究；（3）新的实证视角——进出口贸易变化与幸福感变化的关联度，按照不同时间跨度构建近期模型和远期模型；（4）新的比较分析——探讨贸易的幸福效应时，不仅研究了消费、就业单独作为中间因素时贸易产生的幸福效应，也研究了两个中间因素共同作用时贸易的幸福效应，另外，研究中也对幸福效应进行了近期影响和远期影响的比较、进口贸易和出口贸易的影响比较，以及中国和美国的国际贸易的幸福效应比较。

　　基于上述研究结论，本书建议：（1）进一步发挥贸易对消费水平和消费结构的优化作用，以增强其通过消费产生的正向幸福效应，尤其是近期影响；（2）关注文化贸易的影响，引导正确的消费观和消费形式，促进消费者幸福感的提升；（3）从充分利用贸易提高就业水平转向于改进就业质量，以稳定其通过就业产生的正向幸福效应；（4）积极应对全球化贸易发展新格局，稳定及均衡发展中国出口及进口贸易，增强其正向幸福效应。

目 录

# 第 1 章

## 绪　　论

## 1.1　研究背景与意义

### 1.1.1　研究背景

#### 1. 国际背景

在全球化逐步深化的时代背景下，幸福已经成为各国人们共同期盼的生活目标，也是各国经济发展和社会进步的重要考量，更是全世界学者们在各个领域中想要突破和深入研究的课题，致力于全方位去探讨"什么是幸福""如何实现幸福""如何提升幸福"，幸福研究的国际化比较和国际化发展都是这个时代的经济社会发展所需要的重要支持。

联合国开发计划署从 1990 年开始发布年度《人类发展报告》，其考量指数包括健康、教育、收入，其中《2010 年人类发展报告》① 全面评

---

① 2010 年 11 月 4 日，联合国开发计划署发布。

价了过去 40 年的人类发展，报告显示，发展中国家的巨大进步主要体现在健康、教育、基本生活标准方面，东亚是进步最快的地区，中国和印度尼西亚是进步最快的国家。幸福越来越被认为是社会进步的表现和公共政策的目标，联合国于 2012 年 4 月出版第一份《世界幸福报告》①，以支持联合国关于幸福问题的高级别会议。"国际幸福日"（3 月 20 日）是在 2012 年的第 66 届联合国大会上所确定的，充分表达了全世界人们对于幸福的追求和期望。2016 年 6 月，世界经济与合作组织承诺"重新定义经济增长，向以人民福利为中心的政府而努力"，联合国开发计划署（The United Nations Development Programme，UNDP）负责人则是在《2017 年世界幸福报告》发布之前发言反对"国内生产总值的暴政"，提出重要的是增长的质量，并表示"更多地关注幸福应该是我们努力实现人类和可持续发展的一部分"。《2017 年世界幸福报告》的主要内容是关注社会因素在提升幸福方面的作用，超出了可能通过更好的健康和更高的收入流动的影响，其中研究发现，在 2014~2016 年社会基础从最低水平提高到世界平均水平将使生活评估提高近两个点（1.97）。这些社会基础的影响总体上大于人均国内生产总值（Gross Domestic Product，GDP）和健康期望寿命从底部到平均改善的综合影响。在该报告中，总共七章内容，其中有一章详细分析了就业与幸福的关联性，这也是目前关于幸福问题的研究热点之一。

关于幸福问题的研究在 2000 年左右掀起了学术界的普遍研究热潮，比如 2000 年在纽约高校举办的"经济学与幸福追求"会议，比如在 2000 年创刊的《幸福研究杂志》（Journal of Happiness Studies），这是一个关于主观幸福感的跨学科研究期刊，目前在国际学术界的影响力越来越大，还有在 2001 年美国经济学年会（American Economic Association，AEA）上的关于"经济与幸福"的专题探讨，都引起了学术界的极高关注。"国际幸福日"会议于 2017 年 2 月在阿拉伯联合酋长国举行，该会

① 自 2012 年起，由联合国可持续发展方案联盟发布。

议主旨为传播全球幸福研究影响力。在联合国举行的这次国际幸福日的发布会之前，迈阿密举行了世界幸福首脑会议，随后在鹿特丹伊拉斯姆斯大学举行了为期三天的幸福研究和政策会议。也有更多的关于幸福经济学研究的期刊和专著出现，为研究积累了丰厚的学术基础和提供了良好的交流空间。

### 2. 国内背景

中国目前处于"十三五"规划期间，中国特色社会主义进入新时代，在这个意义重大的关键时期，中国经济社会发展的目标进一步明确，人们为了美好的幸福生活，为了实现中国梦，共同努力，奋发前进。学术界对于经济社会发展的研究，也逐步关注于民生、关注于国民幸福的研究，国内外学者和研究机构都对中国居民幸福感的研究、对中国梦的实现及中国经济社会发展表现出了更多的关注。

2006 年 4 月，时任国家主席胡锦涛在美国耶鲁大学发表演讲，阐述了中国政府坚持"以人为本"的思想，强调要"利民、裕民、养民、惠民"，表示要"关注人的生活质量、发展潜能和幸福指数"，中国领导人向全世界表明中国政府对于国民幸福指数的重视。2012 年 11 月在中国第十二届全国人民代表大会一次会议闭幕会上，习近平总书记提出实现中华民族伟大复兴的"中国梦"的具体表现是"国家富强，民族振兴，人民幸福"。2014 年，中国的经济和社会发展实现了两个标志性的跨越，一方面，在经济发展上，根据世界银行的统计，继 2012 年成为"中等偏高收入国家"后，在 2014 年成为按照购买力平价 PPP 计算得出的 GDP 规模第一大国；另一方面，在社会发展上，根据联合国开发计划署的人类发展指数（Human Development Index）[①] 报告，在 1970～2010

---

① 1990 年，联合国开发计划署创立了人类发展指数（Human Development Index，HDI），即以"预期寿命、教育水平和生活质量"三项基础变量，按照一定的计算方法，得出的综合指标，并在当年的《人类发展报告》中发布。1990 年以来，人类发展指标已在指导发展中国家制定相应发展战略方面发挥了极其重要的作用。之后，联合国开发计划署每年都发布世界各国的人类发展指数（HDI），并在《人类发展报告》中使用它来衡量各个国家人类发展水平。

年，中国 HDI 进步平均程度位于世界第二，并于 2014 年进入人类发展高水平国家，在 53 个人类发展高水平国家中列第 13 位。并且，中国在 2014 年进入经济发展的"新常态"，即经济增长速度转为中高速，经济结构调整和经济增长方式也在积极转变，新的发展思路充分说明了对经济发展成果的主导性评价已经从客观化转换为主观化，体现了人作为评价主体的重要核心作用，经济发展是为了提高人民的幸福感，这是出发点也是目标。

2017 年 10 月 18 日，国家主席习近平在中国共产党十九大报告中强调，中国特色社会主义进入新时代，中国社会主要矛盾已经转化为人民日益增长的美好生活需要和不平衡不充分的发展之间的矛盾，这是自 1981 年十一届六中全会提出的中国社会的主要矛盾是"人民日益增长的物质文化需要同落后的社会生产之间的矛盾"以来对于中国社会主要矛盾的最新解读，再一次把经济发展质量的重要性加以强调，并且以人们对于美好生活的向往而不仅仅只是物质文化需求作为生活目标，要克服经济发展的不平衡和不充分。2018 年 3 月，中国的第十三届全国人民代表大会第一次会议通过的宪法修正案，将宪法序言中"发展同各国的外交关系和经济、文化的交流"修改为"发展同各国的外交关系和经济、文化交流，推动构建人类命运共同体"。2018 年 11 月，中国在上海成功举办了首届中国国际进口博览会，作为中国政府坚定支持贸易自由化和经济全球化、主动向世界开放市场的重大举措，博览会不仅将积极促进世界各国加强经贸交流合作，促进全球贸易和世界经济增长，推动开放型世界经济发展，而且也为中国消费市场注入新的活力，为中国企业发展合作的国际化平台创造更优条件，为中国消费者带来更多样化、更优质的消费体验，人们的幸福感也将随之提升。

综上所述，作为全球第二大经济体和全球化的积极捍卫者，中国积极推动构建人类命运共同体，倡导开放、包容、合作、共赢的世界经济格局，中国的经济社会发展正从经济高速增长期进入结构调整深入发展期，新发展理念下对高质量发展提出了要求，国际贸易作为经济发展中的重要动力来源，也将在新时代下更加积极发挥作用，同时，高品质生活也必然是高质量发展的主要目标和重要内容，幸福经济学在中国的深入研究也将为此提供更多的理论支持和现实论证。

## 1.1.2 研究问题

首先，综观以往对于幸福与经济因素的研究，尽管研究范围已经逐步涵盖了微观和宏观两个层面的多项内容，但是仍然有些重要角度的研究还很欠缺，需要更多关注和探讨，比如贸易这个重要的经济因素，它与幸福的关联度是如何，直接和间接的影响是否存在，如果以消费和就业这样的视角去研究其间接影响，又会得出怎样的结论，这正是本书的研究出发点。

在幸福与经济的微观层面研究中，较多是以研究个人收入或者财富与居民幸福感之间的关系，较多结论认为是收入的边际效果在先递增再递减，收入分配、收入差距、相对收入、收入增长和预期收入也作为扩展的因素逐步纳入考量范畴，去研究它们与幸福之间的关系，但是支出却往往被忽视了，因此，"消费"作为重要的经济活动，作为人们日常的主要经济行为，与居民幸福之间的关系是值得深入探讨的。

在幸福与经济的宏观层面研究中，往往着眼于分析经济增长、通货膨胀等与居民幸福感的关系，以聚类分析的方法可以发现，较富有的国家的居民较为幸福，较贫穷的国家的居民幸福感相对较低，然而在全球化更广泛深入地发展的时代背景下，"贸易"这一重要的经济因素与居民幸福感的关联度的研究，这是一个应该引起重视的研究目标。

## 1.1.3 研究意义

**1. 理论意义**

对于幸福的研究，由来已久，最早开始于哲学领域，古希腊哲学家和伦理学家对于"幸福是什么""什么是幸福"展开研究,幸福在希腊语中是"eudaimonia",亚里士多德[1]认为:"不同的人对幸福有不同的理解。有时甚至同一个人,前后解释也不一致。如果是生病的时候,会认为健康就是幸福,如果是贫穷的时候,则是认为财富带来幸福,当感觉到自己的无知时,又会认为那些能想到自己所不能达到的伟大理想的人是幸福的"。麦克马洪(McMahon)认为,"什么是幸福"是在回答"我是谁""世界由什么构成"之后另外一个最有意义的哲学问题。

一方面,本书在研究主题上确定为"国际贸易的国民幸福效应",旨在进一步丰富幸福经济学的跨学科研究,经济学者们对于经济条件、经济环境、经济发展的研究,都已经非常成熟,但是当新的问题出现在新的时代背景下,人们的关注热点和研究方法都在与时俱进,对于经济增长的关注早已经扩展为对于经济发展质量的全面关注,比如关于绝对收入水平的研究,已经扩展为相对收入、预期收入、收入不平等、收入差距等,并且在研究客观经济指标的基础上,幸福经济学这样的跨学科研究体系开始建立起来,学者们开始意识到并付诸研究行动的是,生产或收入不是我们所看重的终极事物,因为闲暇的减少和环境破坏的增加可能会带来一定时期的国民生产总值增长,但是学者们开始评估和分析超越生产的偏好程度,并且发现偏好也不是我们最终想要得到的价值确认,我们最终想要的是福利或幸福,这样一来,如果幸福感降低,就偏好而言,帕累托改进可能同样不受欢迎(Wilkinson[2],1997;Eckersley[3],1998)。回顾传统经济学中的对于幸福这一研究目标的解释,从

---

① 亚里士多德. 尼各马可伦理学 [M]. 廖申白译. 北京:商务印书馆,2009:1098a25 - 27.

② Wilkinson, R. G. Comment:income, inequality, and social cohesion [J]. American Journal of Public Health, 1997, 87 (9):1504.

③ Eckersley and Richard. Redefining progress:shaping the future to human needs [J]. Edited version of a Keynote address presented during the' Changing Families, Challenging Futures Australian Institute of Family Studies Conference (6th:1998:Melbourne), 1998, (51):6 - 12.

马歇尔开始，效用（utility）成为主流经济学中的幸福概念的代名词，效用是对物品和福利的欲望的满足，在经济学中被广泛地认为是"福利"，经济福利和满足，偶尔是幸福的同义词。[①] 而传统经济学并不能完全解释现代市场经济中存在着幸福悖论[②]，即财富越多并不是越来越幸福，甚至出现收入越高反而不幸福，人们不仅要了解如何通过经济因素的调整增加幸福，并且还希望如何应对经济因素的变化来保持幸福，这是传统经济学没有彻底解决的问题，因此，学者们更加积极地将经济各个方面与幸福相关联，比如经济增长是否增加幸福、公共政策是否增加幸福、收入是否增加幸福、私人消费是否增加幸福、政府消费（政府在公共物品上的花费）是否增加幸福。从政治经济学角度，个人的幸福感汇聚成社会变量就是社会的满足感，大多数的人们过上令人满意的生活，是社会稳定和发展的目标。

另一方面，本书以贸易这一宏观条件的变化效应为切入点，以消费和就业两个重要的经济因素作为中间变量，探讨它们对幸福的直接和间接影响，是对幸福经济学研究视角进行拓展，并力争促进幸福经济学体系的完善。幸福经济学研究主要经历了以下阶段：第一，起初的研究着眼于"经济因素对幸福感有没有影响"，注重探讨哪些经济因素对于幸福感影响和因果关系的强度，初步构建出"幸福经济学"的研究目标；第二，逐步已经展开为"影响幸福的经济因素的机制分析"，并且从经济因素这个自变量层面进行细分和深入，分为宏观因素和微观因素、客观因素和主观因素；第三，再进一步发展，从幸福感这个因变量进行细分，可分为幸福的长期性和短期性、幸福的稳定性、幸福的变化、幸福的相对性和绝对性、幸福的等级；第四，对于幸福的研究对象进行细分和研究，涵盖了国民幸福、个人主观幸福感以及家庭幸福，或者从职业

---

① 戴维·皮尔斯. 现代经济学词典 [M]. 宋承先等译. 上海：上海译文出版社，1988，618.

② 又称伊斯特林悖论，是由经济学者伊斯特林（R. Easterlin）在 1974 年的著作《经济增长可以在多大程度上提高人们的快乐》中分析得出收入增加并不一定导致快乐增加。

属性、户籍区别、年龄界限来研究探讨不同群体的幸福感。其中，关于收入和幸福之间的关联性，从国民幸福的层面上分析，学者们认为不同经济发展水平的国家平均而言，对于平均收入较高的国家，幸福感相对较高，其相关系数在 0.6 ~ 0.7 的范围内（Veenhoven et al.[①]，1991；Diener et al.[②]，1995)，但是从个人主观幸福感的层面上分析，学者们认为收入与幸福之间的关系存在边际效果递减的关联性，随着收入的增加，个人的幸福感不是持续增加而是达到一定程度后有所减少，也随着时间而有所变化，因此收入高的人不是一定或者一直比收入低的人感到更幸福（Diener et al.，2000）。[③]

**2. 现实意义**

经济发展速度转换为经济发展质量的研究，对于经济和社会发展质量的评价，一方面，来自于与客观数据的比较、与过去的比较及与其他经济体的比较；另一方面，来自于对于未来发展的预测以及对于预期的实现程度。

经济和社会的发展最重要是为了人们生活幸福，除了 GDP 等宏观经济指标，居民的幸福感应是衡量经济发展质量的重要指标。[④]《2017 世界幸福报告》[⑤] 总共七章，其中第三章和第七章中分别以 "中国的发展与幸福（1990 ~ 2015）" "恢复美国的幸福" 为主题对中美两国的幸福进行了全面而深入地分析。在过去四分之一世纪（1990 ~ 2015 年），中国的人均实际 GDP 增长了五倍，这样的发展速度引起了全世界的关注，到 2012 年，在中国几乎所有的城镇家庭都拥有彩电、空调、洗衣机和冰箱。该报告指出 "中国 GDP 在过去 25 年以来一直处于高速增长，部

---

① Veenhoven，R. and P. Ouweneel. Cross-national differences in happiness：cultural bias or societal quality？［J］. Swets & Zeitlinger Lisse，1991，2（4）.

② Diener，E.，M. Diener and C. Diener. Factors Predicting the Subjective Well – Being of Nations［J］. Journal of Personality & Social Psychology，1995，69（5）：851 – 864.

③ Diener. E. and S. Oishi. Money and happiness：Income and subjective well-being across nations［J］.2000，33（1）：161 – 63.

④ 银辉. 全球化时代消费者视角的幸福经济学研究述评［J］. 技术经济与管理研究，2017（8）：89 – 93.

⑤ 联合国 2017 年 3 月 20 日发布 *World Happiness Report*，2017。

分人认为这意味着中国从社会主义向资本主义过渡，但是，如果把居民幸福感作为成功的标准，那么情况就不如欧洲转轨国家那么有利了"。这个时期中国的经济发展举世瞩目，但是在新的时代背景下，经济发展中"居民幸福感"这个越来越引起重视和达成共识的发展目标将要引起更多关注，回顾上述这个时期中国居民的幸福感变化是呈 U 形，这与欧洲国家在经济转轨时期的居民幸福感所呈现的 U 形变化是类似的。从社会总体上来讲，随着经济发展速度的提高，人们物质生活的改善，使得社会的主要矛盾也发生了变化，2017 年的中国共产党十九大报告中对于中国目前所处的社会主义初级阶段这点明确了没有改变，但是对于社会主要矛盾进行了重新表述，即人民日益增长的美好生活需要和不平衡不充分的发展之间的矛盾，这是具有充分的现实依据，中国已经解决了十几亿人的温饱问题，小康社会的目标已经逐步实现，同时人们对于美好生活的需求在全方位深化，经济发展的不平衡、社会保障的不充分，成为制约人们提升幸福感的主要因素。因此，在经济发展转型的第一阶段，随着经济结构调整的进行，弱势群体特别是年龄较大或处于最低经济阶层的人群，他们的幸福感会受到怎样的影响，而同时期处于较高经济阶层的居民可能由于受教育程度或者适应新经济环境的能力更强，使其幸福感相对稳定或略有提升，不同群体之间的幸福感的变化趋势和差异性究竟是怎样，经济因素中"收入"也不再是产生幸福感差异性的主要原因，消费、就业这些关系到每个居民日常生活、每个家庭生活水平质量的经济因素，对于居民幸福感的提升产生着一定影响，如何以这些具体的着力点从宏观经济政策去进行调整，从社会环境去进行改善，从家庭和个人的消费观、消费行为、工作积极性和创造性等方面去进行引导，将对提升居民幸福感具有现实意义。

# 1.2 研究思路和方法

## 1.2.1 研究思路

本书遵循"国际贸易通过消费、就业等影响国民幸福"的逻辑思路，分别对上述影响机制进行理论分析和实证检验。具体技术路线图如图 1-1 所示。

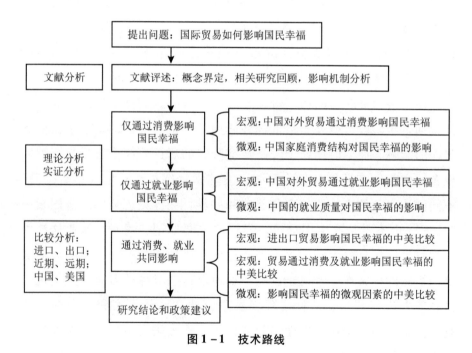

**图 1-1 技术路线**

资料来源：作者绘制。

具体的研究思路包括：首先，分析了研究幸福问题的国内外背景，提出了研究主题为"国际贸易的国民幸福效应",并从理论意义和现实意义的两个方面说明该项研究的可行性和必要性;其次,对于国民幸福的研究进行回顾和梳理,以及对于国际贸易影响国民幸福的研究视角及相关文献进行评述和梳理,以明确本书研究的新视角和新贡献。第4章、第5章分别检验独立考虑消费或就业作为中间因素时国际贸易的幸福效应,第6章则是同时考虑消费和就业两个中间因素时国际贸易的幸福效应,并且以中美两国比较为例。除了上述宏观层面的研究,考虑到消费、就业在影响幸福感时会存在结构性因素的差异,又从微观层面,探讨了消费结构和就业质量对于国民幸福的影响作为补充说明。每个章节都是从理论探讨和研究假设切入,再利用宏观数据和微观数据分别进行实证分析。最后,第7章总结得出研究结论,并提出政策建议和关于未来研究的启示。

## 1.2.2 研究方法

幸福经济学和传统经济学的研究是有明显区别的:第一,在对人的行为的假设方面,传统经济学认为人是理性的,人类行为一定是追求最大化的理性倾向,而幸福经济学认为人是有限理性的,人类行为不仅有理性倾向去努力追求最大化,同时也会有非理性倾向,使其不努力追求最大化的结果,而是最优化或者适度化甚至最小化;第二,在理论模式上,传统经济学是规范性的,幸福经济学是描述性的;第三,在研究目的方面,传统经济学主要研究如何增加人们的财富,幸福经济学只是将财富作为实现幸福的工具之一,将实现、保持和提升幸福为主要目的去发展经济。本书再进一步假设,假设人作为"消费者"这个单一的角色去体验幸福时,完全了解他自己的偏好,在消费活动中可以自主根据偏好去选择消费。假设人作为"劳动者"这个单一的角色去体验幸福时,其获得的幸福感受是可以用工作满意度去衡量的。

本书遵循从理论到实践的研究路径,运用以下研究方法,从消费和就业两个视角研究贸易的幸福效应，并且以进口贸易和出口贸易、近期影响和远期影响分别展开。

**1. 文献分析法**

从分析本书研究的国际和国内背景，到探讨研究的理论和现实意义，从关键概念的辨析到影响机制的分析，再到在新视角中的理论探讨，都是采用文献梳理和评述的方法，在认真分析前人研究成果的基础上，做出的进一步延伸与思考。

**2. 实证分析法**

在宏观层面的研究中，本书主要采用的实证方法是 OLS 回归模型，借鉴伊斯特林（Esterlin，2002）[①] 针对幸福指数变化（与 5 年前比）、居民消费价格指数增长率、失业率之间的关联度研究的模型，本书以货物进口额增长率、货物出口额增长率、幸福指数变化（分别与上一年及 3 年前比）、居民消费价格指数增长率、失业率为指标建立了 20 多个实证模型，来分析国际贸易通过消费和就业产生的幸福效应。另外，在微观层面的研究中，主要采用 Ordered Probit 模型，基于微观数据 CGSS2013、CLDS2014、WVS1995 ~ 2012 对影响幸福感的消费结构因素、就业质量因素分别进行了研究。

**3. 比较分析法**

本书针对贸易对于幸福感的影响展开了多层次、多视角的比较分析，首先，消费和就业是两个不同的中间因素，本书不仅研究了它们单独作为中间因素时贸易产生的幸福效应，也研究了两个中间因素共同作用时贸易的幸福效应；其次，利用中美比较研究，对于贸易通过消费及就业产生的幸福效应的异同得出了结论，并且，在上述所有的实证研究中，对进口贸易和出口贸易的幸福效应进行了比较；最后，通过构建不同时间跨度的幸福指数变化模型，对国际贸易的幸福效应进行了近期影

---

① Easterlin R. A. Is Reported Happiness Five Years Ago Comparable to Present Happiness? A Cautionary Note ［J］. Journal of Happiness Studies，2002，3（2）：193 –198.

响和远期影响的比较。

# 1.3 研究内容和创新

## 1.3.1 研究内容

本书基于上述研究目标逐步展开研究，共分为七章，具体章节内容安排如下：

第1章为绪论。首先，梳理和分析了研究幸福问题的国际背景和国内背景，提出本书的研究主题为"国际贸易的国民幸福效应"，并且从理论意义和现实意义的两个方面说明该项研究的可行性和必要性；其次，阐明了本书的研究思路和研究方法；再次，对于本书的研究内容和主要创新点进行说明；最后，对于本书的关键概念进行界定和辨析，包括生活质量、国民幸福、消费者幸福感、就业质量。

第2章至第3章为相关研究回顾。除了对各类经济视角的国民幸福研究进行梳理回顾，而且着重于在国际贸易和国民幸福相关性研究方面，系统地梳理分析了贸易开放度、贸易利益分配、贸易结构影响国民幸福的相关研究进展，并且对于国际贸易通过消费、就业影响国民幸福的研究也进行评述，以明确本书研究的新视角和新贡献。

第4章是从消费这一中间因素探讨中国贸易的幸福效应。该章节首先是从理论分析了贸易通过消费影响国民幸福的机制和路径，在对研究对象和研究条件进行了假设后，构建了近期影响和远期影响两组模型，研究出口贸易、进口贸易、消费水平、国民幸福之间的关联度，最后，对实证检验结果进行分析。同样，第5章是从就业这一中间因素探讨中国贸易的幸福效应。该章节首先是从理论分析了贸易通过就业影响国民幸福的机制和路径，在对研究对象和研究条件进行了假设后，构建了近期影响和远期影响两组模型，研究出口贸易、进口贸易、就业水平、国民幸福之间的关联度，最后，对实证检验结果进行分析。并且在上述章节中分别构建消费结构和就业质量影响国民幸福的微观模型进行研究，作为对其宏观研究的深入和补充。

第 6 章是区别于前两章是独立考虑消费或者就业单一中间因素作用下贸易的幸福效应，该章同时考虑了消费和就业两个中间因素时贸易的幸福效应，并且进行中美两国的论证比较。首先，在不考虑任何中间因素的作用下，在一定的假设条件下，研究了国际贸易与国民幸福的相关性；其次，将消费和就业同时考虑进来，进一步研究了国际贸易的国民幸福效应，上述内容都是利用中美两国的比较分析展开，得出一些结论；最后，在上述宏观研究的基础上，又从微观层面比较分析中美两国国民幸福的影响因素。

第 7 章是本书研究的主要结论与政策建议。首先，总结得出本书的重要结论，然后在此基础上从两方面得出了研究启示，一方面是关于政策建议，另一方面是关于未来研究方向。

## 1.3.2　研究数据

本书在进行理论分析国际贸易通过消费、就业两个中间因素影响国民幸福的基础上，分别运用宏观模型和微观模型进行了实证分析。

本书构建的宏观模型分析的数据及来源主要包括：数据年份为 2006 ~ 2016 年，中国的货物贸易总额的增长率、货物出口额增长率、货物进口额增长率、居民消费价格指数来自于中国国家统计局（http：//www. stats. gov. cn/）；中国与美国的失业率采用的是来自世界银行（http：// datatopics. worldbank. org/jobs/）的数据；美国的进出口数据来源于联合国网站（http：//data. un. org/）；美国的居民消费价格指数来自于美国劳工部统计网站（https：//www. bls. gov/home. htm）；幸福指数是来自世界幸福数据库（World Database of Happiness）的数据整理计算而得，其中的 11 分制量表评测最糟糕至最好的生活感受，提问为"假设梯子的最顶端代表你认为最好的生活，最底层是最糟糕的生活。那么现在，你认为你处于梯子的哪一层？"，回答项为 0～10 的整数，分别代表最糟糕到最好的生活。世界幸福数据库是全球学者们关注度非常高的幸福感数据库，这是关于主观幸福感研究成果的档案，它汇集了分散在许多研究中的发现。在其中的"幸福参考书目"中有 11 880 份出版物，其中 6 198 份报告有资格列入调查结果档案的实证研究，关于测度幸福的有 1 144 个，大部分单个调查问题都是在询问受访者的幸福感，只是措辞和反应量表设计上有所区别，在总共 12 291 个幸福感分布的研究数据中，其中有 8 534 个调查数据是关于 173 个国家的幸福感研究，另外 3 757 个调查数据则是关于 2 454 个地区或城市的幸福感研究。除此之外，另外 2 114 个研究结果是针对 160 个特定研究群体，在来自 1 575 个出版物的 2 062 个关于幸福感影响因素的分类研究中，汇总了 15 579 个相关研究结论。不仅如此，世界幸福数据库还从幸福测度量表的设计区别上分析了对于幸福感询问和调查的数据异质性，总结得出，关于幸福感的问题设计，由于其异质性产生于不同的调查时间、评分模式、响应评分（评级量表的种类、评分等级的长度、回答选项的措辞），在问题设计上有如表 1-1 所示的几种主要形式。

**表 1-1**               **关于幸福感的问卷问题**

| 问题 | 19 世纪 40 年代～19 世纪 90 年代 | 19 世纪 80 年代～20 世纪早期 | 19 世纪 70 年代至今 | |
|---|---|---|---|---|
| 综合所有事情，总体而言，您觉得您的生活是否幸福？ | 3 分量表：<br>非常幸福 3<br>相当幸福 2<br>不怎么幸福 1 | 4 分量表：<br>非常幸福 4<br>幸福 3<br>不幸福 2<br>非常不幸福 1 | 5 分量表：<br>非常幸福 5<br>幸福 4<br>说不上幸福不幸福 3<br>不幸福 2<br>非常不幸福 1 | 10 分量表：<br>非常幸福 10<br>9<br>...<br>2<br>非常不幸福 1 |

续表

| 问题 | 19 世纪 40 年代 ~ 19 世纪 90 年代 | 19 世纪 80 年代 ~ 20 世纪早期 | 19 世纪 70 年代至今 | |
|---|---|---|---|---|
| 一般来说，你对你的生活是否满意？ | — | 4 分量表：<br>非常满意 4<br>相当满意 3<br>不怎么满意 2<br>不满意 1 | — | — |
| 这是一张梯子的图片。假设顶端代表最好的生活给你，最底层是最糟糕的生活。在梯子上你觉得你现在站在哪里？ | — | 11 分量表：<br>最美好 10<br>9<br>…<br>2<br>1<br>最糟糕 0 | — | — |
| 你对整个生活感觉如何？ | — | 满意<br>大部分满意<br>一般<br>大多不满意<br>不满意<br>太糟糕 | — | — |
| 大多数时候，你的感觉是： | — | 精神非常好<br>精神很好<br>精神不振<br>精神很差 | — | — |

　　本书构建的微观模型分析的数据及来源主要包括：关于家庭消费结构与相关居民幸福感的数据来自 2013 年中国人民大学社会学系和香港科技大学社会科学部联合开展的中国社会综合调查（Chinese General Social Survey, CGSS）[①]，此次调查涵盖中国 28 个省（区、市）的农村和城市，共计 11 438 个样本，根据研究内容剔除了信息缺失的样本，最终

---

　　① 中国综合社会调查（Chinese General Social Survey, CGSS）始于 2003 年，是中国最早的全国性、综合性、连续性学术调查项目，全面地收集社会、社区、家庭、个人多个层次的数据。

得到 9 386 个数据样本。关于就业质量与相关居民幸福感的数据来自
2014 年中山大学社会科学调查中心开展的中国劳动力动态调查（China
Labor-force Dynamic Survey，CLDS)①，2014 年 CLDS 样本覆盖中国 29 个
省市，涵盖了 14 226 户家庭和 23 594 个个体，以 15 ~ 64 岁的劳动年龄
人口为对象，以劳动力的教育、就业、劳动权益、职业流动、职业保护
与健康、职业满足感和幸福感等的现状和变迁为核心。本书根据微观层
面的就业质量指标即工作时间、通勤时间、劳动合同、单位性质、工作
评价等数据完整性进行筛选后，选定的样本为 2 873 个。中美两国比较
分析居民幸福感的影响因素的数据来自世界价值观调查（World Values
Survey，WVS)②，采用了 1995 ~ 2012 年的 4 次调查数据，共计中国样本
5 417 个和美国样本 5 632 个。

### 1.3.3 主要创新点

**1. 新的研究视角——幸福感的角色化**

2017 年诺贝尔经济学奖得主理查德·塞勒的贡献在于将经济学和心
理学进行融合，将心理学上的现实假设用于对经济决策进行分析，通过
探究有限理性、社会偏好以及自我控制的缺失，演示出这些人类特性如
何系统性地影响了个人决定以及市场结果。③ 由此将开拓出行为经济学
研究的新领域，经济学的研究主体是人也将是引起更多关注的研究方
向，同时，幸福的主体是人，这一点是毫无疑问的，但是人是有不同属

---

① 中国劳动力动态调查（China Labor-force Dynamic Survey，CLDS）通过对中国城市和农
村的村居进行两年一次的追踪调查，建立了以劳动力为调查对象的综合性数据库，包含了劳动
力个体、家庭和社区，已公布数据为 2011 年广东省试调查、2012 年全国基线调查、2014 年追
踪调查。
② 世界价值观调查始于 1981 年，在全球范围展开的关于价值观和信仰的数据调查，覆盖
了全世界 90% 的人口，大约每 5 年进行一次，是被最广泛使用和权威的跨国和时间序列之一，
2012 年的数据是最新的已公布数据，该项目目前正在进行数据搜集的是 2017 ~ 2019 年的调查。
③ 引用自 2017 年诺贝尔经济学奖颁奖词。

性的，不同文化背景、不同职业甚至不同时期的人对幸福感的感受都是各不相同的，如何进行分析和比较，需要将人加以限定，在更小的范围内做更精确的分析，但是这样又会局限结论的应用范围，比如探讨教师或者农民的幸福感，这些视角都已经有了一定的研究积累。本书的创新在于选定了人在日常生活中两个重要的角色，也是几乎人人都会经历的角色，就是"消费者"和"劳动者"，创新性地对幸福的对象进行了角色化，开创性地从这两个角度来探讨其幸福感，并且对于同一个人而言，这两个角色具有联动性，处于一个动线上，因为就业是获得收入或创造财富的途径，消费则是支出收入和消耗财富的过程，这关系着"收入""财富"这样显性的经济因素一进一出的日常经济活动如何影响居民的幸福感，是一个特别的研究视角。"角色化"探讨幸福经济问题，既具新颖性，又具有一定的普适性。

**2. 新的研究思路——国际贸易与国民幸福的相关性及影响路径**

影响幸福的因素很多，从经济学来讲，以往的研究思路比较集中于宏观层面的经济增长、微观层面的个人收入，较少的一些文献提及贸易、支出这一类因素，但是理论尚未形成体系，分析又还不够系统，这方面的欠缺还需要更多的关注和努力。本书正是创新性地以贸易影响幸福感作为研究主题，并且研究了消费和就业两个中间因素分别作用和共同作用时贸易所产生的幸福效应。

**3. 新的实证视角——进出口贸易变化与幸福感变化的关联度**

本书借鉴于理查德·伊斯特林（Richard Esterlin，2002）① 针对幸福指数变化（与5年前比）、居民消费价格指数增长率、失业率之间的关联度研究的模型，开创性地以货物进口额增长率、货物出口额增长率、幸福指数变化（分别与上一年及3年前比）、居民消费价格指数增长率、失业率为指标建立了20多个实证模型，来分析贸易通过消费和就业产

---

① Easterlin R. A. Is Reported Happiness Five Years Ago Comparable to Present Happiness? A Cautionary Note [J]. Journal of Happiness Studies，2002，3（2）：193–198.

生的幸福效应。

**4. 新的比较分析——多层次、多视角**

本书在探讨贸易的幸福效应时，首先，考虑了消费和就业是两个不同的中间因素，本书不仅研究了它们单独作为中间因素时贸易产生的幸福效应，也研究了两个中间因素共同作用时贸易的幸福效应；其次，利用中美比较研究，对于贸易通过消费及就业产生的幸福效应的异同得出了结论，并且，在上述所有的实证研究中，对进口贸易和出口贸易的幸福效应进行了比较，最后，通过构建不同时间跨度的幸福指数变化模型，对国际贸易的幸福效应进行了近期影响和远期影响的比较。这些创新性地比较视角，使很多结论都是新颖的，或有待再进一步讨论。

**5. 不足**

本书在探讨国际贸易通过就业水平的幸福效应时，采用的是世界银行数据库提供的根据国际劳工组织模型进行估算的失业率，也许在一定程度上与现实有所差距，而关于失业率的数据在各国有登记失业率和统计失业率两种，由于各国失业登记制度的完善性不同，使得数据的可得性有所局限，因此其结论也有一定的局限性，有待进一步完善和探讨。

本书在探讨就业因素的幸福效应时，验证了二者之间双向的关联性，但是这个验证仅仅局限于样本数据中工作收入满意度和幸福感的关联性，仅用工作收入满意度代表就业因素当然是不够全面的，因此未来期待有更多的微观数据予以支持以便将这一验证拓展和巩固，使其更有说服力。

# 1.4 相关概念界定

## 1.4.1 生活质量

国际学术界对生活质量的研究起步于 20 世纪 60 年代：首先，国外学者对于生活质量的研究围绕着概念的界定、指标体系的建立，以及分为"个体层面的生活质量"和"群体层面的生活质量"进行研究。加尔布雷斯1958年在《丰裕社会》[①]一书中首先提出了"生活质量"概念，指出"生活质量是指人们在生活舒适、便利程度以及精神上所得到的享受或乐趣"。罗斯托（Rostow，1971）[②]在经济成长阶段理论中也提到"追求生活质量阶段"是经济发展经历传统社会阶段、为起飞创造条件阶段、起飞阶段、成熟阶段和高额群众消费阶段之后的第六个阶段。克拉特（Klatt，1979）[③]指出物质生活质量指数（Physical Quality of Life Index，PQLI）是由识字率、婴儿死亡率及预期寿命三个指标构成。一些研究机构也加入到生活质量研究的队伍中来，包括世界卫生组织1995年发展完成的WHOQOL-100等系列问卷，所构建的生活质量指标体系（World Health Organization Quality of Life Instruments，WHOQOL）[④]、欧洲生活质量量表的指标体系（EuroQOL，EQ-5D），综上所述，国外学术界对于生活质量的研究起步较早，对于生活质量的指标体系越来越全面，也考虑到了个人与群体、客观与主观来进行多维度研究。

20世纪80年代起，中国学者从"以人为本"的经济社会发展目标着眼，也积极展开了对于生活质量的研究，据风笑天（2007）[⑤]统计中国知网的核心期刊发表的论文情况，关于生活质量及主观幸福感的论文数量占总论文数量的比例由1980年的0.2%上升到2007年的12.6%，而在2000年以来关于生活质量的论文中大约有40%是探讨"幸福感"

---

① 加尔布雷斯. 丰裕社会［M］. 徐世平译. 上海：上海人民出版社，1965：18.

② Rostow, W. W. The Take - Off Into Self - Sustained Growth ［J］. The Economic Journal, 1956, 66 (261)：25.

③ Klatt W, Morris M D. Measuring the Condition of the World's Poor ［J］. 1979. M. D. and O. D. Council, Measuring the condition of the world's poor：the physical quality of life index, 1979.

④ World Health Organization Quality of Life Instruments，按照世界卫生组织的定义，与健康有关的生存质量是指不同义化和价值体系中的个体对与他们的目标、期望、标准以及所关心的事情有关的生存状况的体验。

⑤ 风笑天. 生活质量研究：近三十年回顾及相关问题探讨［J］. 社会科学研究，2007(6)：1-8.

和"生活满意度"。刁永祚（2003）[①] 认为生活质量应包括个人层面与社会层面，前者是对个人生活状态的反映，包括个体的客观生活状况、他对这种客观生活状况的评价以及对社会做出的反馈行为，而后者是一个关系到群体、政府和社会的系统工程，包括了个体在其中活动的社会环境和自然环境。并且在探讨到消费与生活质量的关系时，他认为中国已进入消费主导的发展阶段，生活质量提高的重要标志之一，就是消费水平的提高和消费结构的改善。范柏乃（2006）[②] 构建了中国城市居民生活质量评价指标，包括 20 个客观评价指标和 10 个主观评价指标，测算出中国 31 个省会城市居民生活质量，并分为优质型生活质量、满足型生活质量和不足型生活质量。中国经济实验研究院城市生活质量研究中心采用国际通用电脑辅助电话调查方法进行居民生活质量调查，于 2011 年首次发布了中国 30 个城市生活质量指数。[③] 研究表明中国经济高速增长过程中存在反差：第一是高速的经济增长与居民的生活质量提高存在反差，第二是居民实际生活质量与居民主观感受存在反差。在此基础上，研究中心进一步完善指标体系、研究方法，以主观满意度指标（生活水平满意度、生活成本满意度、人力资本满意度、生活保障满意度、生活感受满意度）和客观指标（社会经济数据指数）构成中国城市生活质量指数（QLICC），在 2012 年、2013 年的连续调查看来，城市生活质量主观满意度在 50 分左右，整体态势平稳，但是上述两个反差仍然存在，并且越是在大城市这种主客观差距还有所扩大，高生活成本仍然是影响城市生活质量满意度的提高的主要因素。2018 年 3 月，权威调查机构美世发布了第 20 次全球城市生活质量调查，该调查每年发布一次，选取了全球 230 个热门的人才流动目的城市比较其生活质量，上海

---

① 刁永祚. 论生活质量 [J]. 经济学家，2003（6）：4 – 10.

② 范柏乃. 中国城市居民生活质量评价体系的构建与实际测度 [J]. 浙江大学学报（人文社会科学版），2006（4）：122 – 131.

③ 2011 年 6 月 11 日，中国社科院经济所和首都经贸大学联合发布首个《中国城市生活质量指数报告》。在生活质量指数排名中，广州位列第一。

和北京分列第 103 位和第 119 位，为中国（不包含港澳台）排名最高的两大城市，新兴城市正通过提高生活标准来吸引流动人才，虽然欧洲经济由于英国脱欧以及地区整体政局不稳定而持续波动，但许多欧洲城市仍旧拥有世界最高的生活质量，维也纳连续九年领跑总体生活质量排名，苏黎世排名第 2 位，奥克兰和慕尼黑并列第 3 位，第 5 位是温哥华。

综上所述，生活质量的概念界定，通常是对客观环境里的各种对生活产生影响的主要因素做出综合评定，既可以是从吃住行游购娱这些具体的日常消费活动中去评价，也可以是以城市的就业环境、消费水平、人文历史、公共安全等层面去评价。但是，总体来说，一般并不是基于个人或者国民生活质量，而是较多研究城市生活质量或群体生活质量，并且比起满意度和幸福感而言，界定生活质量的概念时，其中的主观评价成分相对较少。

### 1.4.2　国民幸福

首先，关于国民幸福的概念，国民幸福指数（gross national happiness，GNH）最早是由南亚的不丹前国王①提出执政理念为"政策应该关注幸福，并应以实现幸福为目标"，并指出"国民幸福总值"指标由政府善治、经济增长、文化发展、环境保护来构成。关于国民幸福的概念，中外学者也从效用论、欲望论和价值论展开了不同的分析和界定。

**1. 效用论**

从效用论的视角来衡量和分析幸福，主要是考量财富等有形资产如何对国家福利水平和人们的主观幸福感产生影响。蒲德祥等（2016）②将围绕财富与幸福的关系，对前古典经济学幸福观的内在原因及其变化

---

① 不丹前国王吉格梅·辛格·旺楚克于 1972 年首先提出，把"幸福指数"引进治国理念。
② 蒲德祥，傅红春．前古典经济学幸福思想述评 [J]．经济学家，2016（1）：98－104．

进行梳理，将幸福思想划分为"重商主义的幸福思想"和"重农主义的幸福思想"，重商主义认为国民财富是可用以增进人类幸福的全部商品，其代表人物有配第、范德林特、尤斯蒂等。配第认为"贸易就是幸福的根源"，尤斯蒂认为经济学是研究如何通过适当征税及其管理来使得国家财产增多，并且该学科是以维护和提高人们的共同福利为目的，范德林特①提出的幸福思想中，认为充裕的生活必需品是人们幸福的充要条件，而维护贸易的利益和促进贸易发展是最有效的实现途径，将对社会整体福利予以改进。重农主义的代表学者有布阿吉尔贝尔和魁奈，前者认为一切事物和商品都是平衡状态下才能保持幸福的境界，并且对于商品的价格及相关生产费用无论在单一商品体系或是各部门体系中都注重比例均衡，才能够实现财富增长、社会普遍富裕以及维持幸福感，② 后者则是认为"农业是最愉快、最享乐的事业"，③ 从享乐主义和功利主义揭开了幸福的基础原理，为之后的效用论和快乐主义的幸福思想奠定了理论基础，而边沁的快乐主义是以效用为主要衡量点的幸福思想，他建立了幸福计算的方法，认为人是置于幸福和痛苦的主宰之下的，效用是可以加总求和的，以欢乐、利益、好处、亲善、幸福为代表的正效用，以伤害、痛苦、不幸等代表负效用，前后二者之和就是总效用，即总幸福。④ 效用论角度的幸福还包含了兼容物质追求与精神诉求的体验效用观（experienced utility）以及"最大福利"导向的决策效用观（decision utility），呈现出外延缩减化趋势，价值判断被实证研究所取代，后续研究者也基本沿着"幸福—效用—显示偏好"的路径开展研究，对于偏好有了进一步的细化，从福利效应的思路继续探讨。在幸福效用论中的相

---

① 范德林特．货币万能［M］．王兆基译．北京：商务印书馆，2010：12.

② 布阿吉尔贝尔．布阿吉尔贝尔选集［M］．伍纯武、梁守锵译．北京：商务印书馆，1984：156.

③ 魁奈．经济表及著作选［M］．晏智杰译．北京：华夏出版社，2005：192.

④ 杰里米·边沁．论道德与立法的原则［M］．程立显等译．陕西：陕西出版集团，陕西人民出版社，2009：56.

关研究中，还有许多学者开始分别关注"基数效用论"① 和"序数效用论"② 的幸福思想。卡尼曼（Kahneman et al.，2006）③ 区分了期望效用和经验效用，后者是对幸福有着最终影响。施莱策（Stutzer et al.，2008）④ 提出了错误预测效用的表达方式，导致幸福感的丧失。他们标志性的例子就是那些在较远的距离上接受更好的工作的人，他希望更好的工资能够增加他的快乐。学者们试图将经济效用和幸福效用加以区分，有分析表明与"理性人"的期望相反，经济获得产生的幸福效用实际值是显著低于心理期望（Schmuck，2000），⑤ 傅红春（2007）⑥ 假定如果增加幸福只有增加收入或减少欲望两种路径但都需要花费时间，考虑到时间是有效性和有限性，求解得出在增加收入和减少欲望的时间花费上，存在着其边际幸福收益相等的均衡解，可以同时解释"幸福收入悖论"和"幸福欲望悖论"，这就是人们进行幸福效用选择时的决策点，人们可以根据自身所处的条件进行配置，以获得幸福最大化。顾明毅等（2009）⑦ 并不赞同"财富—效用—幸福"的实现路径，通过描绘幸福效用曲线，在行为经济学的预期理论假设中，分析得出幸福效用期望值是由两方面内积之和而来，即收益的效用值与该收益发生的心理概率，并且，存在边际效用递减的是经济获得在个人心理方面产生的幸福效

---

① 基数效用论是 19 世纪和 20 世纪初期西方经济学普遍使用的概念，其基本观点是：效用是可以计量并可以加总求和的。表示效用大小的计量单位被称为效用单位。

② 序数效用论的基本观点是：效用作为一种心理现象无法计量，也不能加总求和，效用之间的比较只能通过顺序或等级来进行。

③ Kahneman，D. and R. H. Thaler. Anomalies：Utility Maximization and Experienced Utility［J］. Social Science Electronic Publishing，2006. 20（1）：221 – 234.

④ Stutzer，A.，et al. Stress That Doesn't Pay：The Commuting Paradox［J］. The Scandinavian Journal of Economics，2008. 110（2）：339 – 366.

⑤ Schmuck，P.，T. Kasser and R. M. Ryan. Intrinsic and Extrinsic Goals：Their Structure and Relationship to Well – Being in German and U. S. College Students［J］. Social Indicators Research，2000. 50（2）：225 – 241.

⑥ 傅红春. 经济学对幸福的离弃与回归——"斯密之谜"的一种解释［J］. 杭州通讯，2007（6）：19 – 21.

⑦ 顾明毅. 论幸福对微观经济学效用最大化法则的修正［J］. 经济问题，2009（9）：20 – 23.

用，出现预期递增的是经济损失产生的幸福效用损失。由于卡尼曼研究发现损失与获得的心理权重不同（Tversky et al.，1992），[①] 通过比较效用曲线的初始斜率，经济获得区域要低于经济损失区域的。综上所述，效用论视角的幸福研究主要围绕着正负效用展开，认为收益的效用通过幸福感变化得以体现。

**2. 欲望论**

从欲望论的角度来探讨幸福，其实更多的是强调如何调节自己所期望达到的和如何提升幸福感，欲望被普遍地看作是一个可以调节和应该被调节的主观因素，是实现幸福的一种途径。欲望是双刃剑，可以带来幸福也可以带来不幸，欲望作为幸福的动力要素或者实现途径之一，不是简单的正相关或负相关关系，明知不可为而为之可能带来欲求不满的不幸福感，知行合一也可能带来相对外界较低但是对于自己却非常满足的幸福感。

一方面，有些学者认为应该减少欲望来提高幸福。老子有言"祸莫大于不知足，咎莫大于欲得。故知足之足，常足矣"。[②] 经济学诺贝尔奖得主萨缪尔森，提出"幸福＝满足/欲望"，意味着提升幸福，不仅仅是要提高满足度，还可以通过减少欲望来实现。洛克[③]所认知的欲望是指我们所享受的事物当不能得到时带来的不安感，孙英（2003）[④] 认为欲望是实现幸福的负相关动力要素，是幸福可能的正相关动力要素。

另一方面，有些学者认为欲望也是动力，或者其实只是其他外在因素实现幸福感的内在路径，没有欲望的人，如同失去了感知和感受，根本无法感知幸福。罗素[⑤]认为若要创造幸福，我们得具备冲动和欲望。

---

① Tversky，A. and D. Kahneman. Advances in prospect theory：Cumulative representation of. uncertainty [J]. Journal of Risk & Uncertainty，1992. 5（4）：297 – 323.

② 老子. 道德经大全集·第四十六章 [M]. 文若愚编. 北京：中国华侨出版社，2013：98.

③ 洛克. 人类理解论·第二卷 [M]. 谭善明译. 西安：陕西人民出版社，2007：127.

④ 孙英. 论幸福的实现 [J]. 学习与探索，2003（3）：27 – 30.

⑤ 罗素. 为什么我不是基督徒 [M]. 沈海康译. 北京：商务印书馆，1982：14.

霍布斯①也认为幸福可以理解成欲望，是多个不同的目标在不断发展，实现一个就需要有新的目标来感受幸福。综上所述，欲望本身其实并不会带来幸福感的变化，而是欲望的类型及欲望的实现与否。因此，从欲望视角来探讨幸福，不在于增加还是减少欲望，而是根据自身情况和所处环境，如何利用欲望带来的动力去实现其所欲所求，才是提升幸福感的有效途径。

### 3. 价值论

从价值论视角来定义幸福，侧重于将"幸福"作为一个目标，以此为动力去感受到不断付出和逐步实现的满足和成就感，幸福是"价值"的体现和衡量。美国著名心理学家塞利格曼（Seligman）② 提出了一个幸福的公式，即幸福指数 H 是由三部分构成，包括先天的遗传素质 S、后天的环境 C、你能主动控制的心理力量 V，并指出真正的幸福来源于三大经验生活，即经常体验愉快（愉快的生活），体验参与到满意的活动（从事的生活）中，并体验到一种意识连接到一个更大的整体（有意义的生活）（Seligman et al.，2003）。③ 首先，愉快的生活处理人们感受到的积极情绪；其次，美好的生活，它涉及人的参与，同时与之交往一个特定的活动；最后，有意义的生活意味着在生活中完成更大的事情。总之，根据塞利格曼和罗伊兹曼的观点，真正的幸福理论可以被认为是符合幸福三个标准的完整生活。西尔吉（Sirgy et al.，2009）④ 则认为生活中的平衡对主观幸福感有显著的贡献，有助于全面理解和感受到主观幸福，人们从某个限制的领域中某一个单一事物产生的满意度，扩展到人们必须参与多个领域来满足全方位的需求，只有在生存和成长都需要

---

① 霍布斯. 利维坦 ［M］. 黎思复，黎廷弼译. 北京：商务印书馆，1985：38.

② Lee, Y. T. and M. Seligman. Are Americans more Optimistic than the Chinese? ［J］. Personality & Social Psychology Bulletin, 1997. 23（1）：32 –40.

③ Seligman, M. E. P. and E. Royzman. Happiness：The Three Traditional Theories ［J］. Authentic Happiness Newsletter, 2003.

④ Joseph Sirgy, M., J. Wu. The Pleasant Life, the Engaged Life, and the Meaningful Life：What about the Balanced Life? ［J］. Journal of Happiness Studies, 2009. 10（2）：183 –196.

时才能得到满足，而不是基本需求。努斯鲍姆（Nussbaum et al.，1992）[①]认为，幸福是由一系列有价值的事业，如事业成就、友谊、免于疾病和痛苦、物质享受、公民精神、美丽、教育、爱情、知识和良知。因此，过着有意义的生活是幸福的关键。有意义的生活不一定是主观的，追求有意义的生活至少是客观的。生活在有意义的生活中的人，不仅仅是实现自我的乐趣和欲望，而是希望是成为更有价值的人。

傅红春等（2013）[②] 基于消费者行为效用最大化理论和模型，以幸福替代效用作为目标函数，以有限时间替代有限收入作为预算约束条件，由幸福无差异曲线和时间预算线，得到幸福最大化的均衡条件是，在有限的时间预算约束下，人们通过选择最优的路径来达到最大幸福感，这必须满足增加收入和减少欲望两种路径的边际幸福收益替代率等于两种路径的时间价格之比。

不论是效用论、欲望论还是价值论，其实都认为幸福是个目标也是结果，是以有形物质为途径和载体带来的无形感受，既存在于预期，也存在于过程，还存在于结果，是个动态变化的综合体验，也是有着难以描述的个体差异。然而，国民幸福的概念，在本书中，是个人对生活各方面综合考虑后的总体评价，是一种基于目前社会环境及直观生活感受的主观量化结果，也是目前国际上较为通用的衡量方式。

### 1.4.3 消费者幸福感

首先，对于消费者幸福感的定义，一般是从消费者福利（Consumer Well - Being，CWB）这一角度展开讨论，但是需要注意幸福（happiness）、满意（satisfaction）、福利（well-being）的范围和核心要义不同，

① Nussbaum, M. C. Reply to Richard Eldridge's "Reading for Life"：Martha C. Nussbaum on Philosophy and Literature. Arion，1992.

② 傅红春，王瑾. 两种幸福悖论：收入悖论和欲望悖论 [J]. 华东师范大学学报（哲学社会科学版），2013（1）：79 - 86，154.

李等（Lee et al.，2011）① 比较了公共部门和学术界用以衡量 CWB 的各种模型，发现 CWB 意味着消费者在各种生活领域获取更多利益和付出更低的成本，所能感受到获取更大的价值。西尔吉（Sirgy et al.，2004）② 将消费者福利定义为满足基本需求和非基本需求相关的商品和服务这两个维度，其中，前者包括住房质量、基础设施质量及其他福利措施，后者相关的指标则包括消费者信心指数（Consumer Confidence Index，CCI），消费者价格指数 Consumer Price Index 等。梁等（Leong et al.，2016）③ 研究了包括生活成本模型、消费者权益模型、需求满意度模型、全球化模型等 15 种消费者福利模型，比较分析认为在定义消费者幸福感时有以下局限：基于理论模型和观点的概念定义不能够反映出消费者看待幸福的真实状况，概念和模型中只能是假设适用于所有消费者。因此他们选取 2 013 位成年人为调查样本，样本来自于自中国、日本、韩国、新加坡和印度，研究发现这些国家的消费者福利差异性存在于各个维度和不同个体之间，也表示宏观措施虽然可以一定程度上改进消费者福利，但是是对整体消费者群体而言，而不是针对个体差异部分，而这需要对于消费者幸福感有更深层的认识和研究。陈景秋等（2010）④ 从幸福学视角分析了和谐消费，首先明确了幸福学的三个层次的影响因素分别是外部物质财富的呈现方式和属性、决策以及个性特征，并着重分析了第一个层次的影响机制，若是以参照点效应来分析，攀比性消费和炫耀性消费就是由于参照点效应而形成，这类消费的产生是造成幸福感不均衡的原因之一，并且加剧了低收入人群的不幸福感，若是以范围一

① Lee, D. and M. J. Sirgy. Consumer Well – Being（CWB）：Various Conceptualizations and Measures [J]. Handbook of Social Indicators and Quality of Life Research，2011：331 – 354.

② Sirgy, M. J.，et al. The Impact of Globalization on a Country's Quality of Life：Toward an Integrated Model [J]. Social Indicators Research，2004. 68（3）：251 – 298.

③ Leong, S. M.，et al. What is Consumer Well – Being to Asians？[J]. Social Indicators Research，2016. 126（2）：777 – 793.

④ 陈景秋，唐宁玉，王方华，C.，K Hsee. 从幸福学角度对和谐消费的阐释 [J]. 心理科学进展，2010（7）：1081 – 1086.

频次分布理论来分析，个人以及社会的消费水平的分布状态应呈现负偏态，消费人群的收入水平和其对应的消费档次更为匹配的话，有利于社会整体幸福感的提升，如以内在可评估性理论来分析，也就是事物本身的属性，而不在外在比较对消费者幸福感的影响，基础性消费和增益性消费对代内和代际的幸福感影响是有差异的，其中只有基础性消费对代际幸福感提升有积极作用，增益性消费对幸福影响还由于受到参照点效应的干扰尚未明确。

### 1.4.4 就业质量

国际劳工组织在 2002 年"体面劳动和非正规经济"会议上阐明了高质量的就业应该涵盖了就业机会充分、就业环境公平、就业能力良好、就业结构合理、劳动关系和谐等。

关于就业质量的概念是逐步发展而来，相关的概念还包括工作生活质量（quality of work life，QWL）、体面劳动（decent work）、工作质量（quality in job），高质量就业（high—quality employment）。最开始是对于"体面劳动"的提出，1999 年 6 月，在第 87 届国际劳工大会上首次提到"体面劳动"，侧重于指在生产性的劳动中，劳动者享有充分的社会保障和权益保护，工作岗位和收入都是足够的，并且说明了实现"体面劳动"的目标，应该从"促进工作中的权益""就业""社会保护""社会对话"四个方面来进行平衡而统一的整体推进，这也是势必要求开展政府、企业组织、工会的三方协商交流，来促进劳动者的工作条件是自由、公正、安全和有尊严的。在 2000 年由国际劳工组织（International Labour Qrganization，ILO）、欧洲经济委员会（Economic Commission of Europe，ECE）和欧盟统计局（Eurostat）开始开展了对于就业质量的测量，接下来欧盟委员会在 2001 年明确将就业质量纳入到欧盟就业战略（EU Employment Strategy，EES）中，并提出了就业质量指数（Employment Quality Index，EQI）的测量体系。在关于体面劳动和就业质量的研究中，中外学者较有代表性详见表1-2。

表1-2 就业质量的评价体系

| 体系构建 | 主要指标 | 评价来源 |
|---|---|---|
| 体面劳动（4个维度） | 就业促进、劳动权益和劳动标准、社会保护、社会对话等 | 国际劳工组织 |
| 工作质量 | 技能、终身学习和职业发展，性别平等，健康和工作安全，灵活性和安全性，包容性和劳动力市场进入，工作组织和工作生活平衡，社会对话和员工参与，多样性和非歧视，整体经济表现和生产 | 欧盟委员会 |
| 工作和就业质量 | 职业和就业安全、健康和福利、技能发展、工作和非工作的和谐 | 欧洲基金会 |
| 宏观层面就业质量（5个维度） | 就业能力、劳动报酬、就业状况、社会保护、劳动关系 | 刘婧等 |
| 微观层面就业质量（15个指标） | 劳动报酬、就业稳定性、社会保护、职业发展、工作生活平衡度、社会对话、员工关系、劳动安全、劳动合同、培训机会、工作强度、工作与专业匹配度、加班及待遇、工资发放、职业受尊重程度 | 苏丽锋等 |
| 就业质量指标体系 | 就业环境、就业能力、就业状况、劳动者报酬、社会保护、劳动关系6个一级指标，经济发展与就业等20个二级指标（再配以不同的权重分配），人均GDP等50个三级指标 | 赖德胜等 |
| 就业质量指数（EQI） | 工作条件（44.5%）：为何兼职、是否加班、加班意愿、公司规模；技能和培训（33.3%）：在职培训、工作资质、技能不匹配；工作生活平衡（22.2%）：工作时间、晚下班次数、超级晚下班次数、周六上班次数、周日上班次数 | 阿兰兹等（Jose Maria Arranz et al.） |

就业质量的概念尚未明确，学者们从宏观和微观方面展开了研究讨论，但是对于就业质量的重视已经在中国的经济社会发展规划中体现，中国国务院《"十三五"促进就业规划》于2017年2月发布，其中明确

提出，到 2020 年要实现以下目标：稳步扩大就业规模，进一步提升就业质量，改善创业环境，增强带动就业能力，优化人力资源结构，提高劳动者就业创业能力。谢勇 (2009)[①] 认为以就业主体的角度，就业质量包括劳动合同、就业稳定性、工资水平三个维度，采用针对南京市外来农民工的 478 份关于劳动权益保障的问卷，建立模型分析得出，人力资本变量与劳动合同的签订之间存在显著关系，包括受教育程度、职业培训、技能水平等，而性别、年龄以及社会资本相关指标与劳动合同签订之间并不相关；其次，与就业的稳定性存在着显著关系的因素有受教育程度、年龄、职业培训的情况、家乡来源、社会资本；最后，与工资水平呈显著的正相关的因素有技能水平、年龄、社会资本，无相关性的因素则有受教育程度、培训水平，并且工资水平存在明显的性别差异。赖德胜等 (2011)[②] 构建了就业环境、就业能力、就业状况、劳动者报酬、社会保护、劳动关系 6 个一级指标，以及 20 个二级指标、50 个三级指标，来评价 2007 年和 2008 年中国 30 个地区的就业质量，发现连续两年排名前 3 名的都是北京、上海、天津，排名第 28 ~ 30 的是广西、贵州、云南，前者与后者的就业指数相差 3 倍多，可见就业质量一方面呈现出区域性特征，另一方面落后地区需要全方面改善就业环境等来提高就业质量。沈琴琴 (2011)[③] 分析了中国的就业形势存在的问题包括劳动力市场供过于求、就业仍然是结构性失衡、劳动者就业质量不高，通过分析具体原因，发现其中就业质量不高的原因在于：教育和培训存在着明显的制度缺陷，与物质投资相比较，教育投资总量上在逐年增加，但相对量还是较低，职业教育和普通教育发展不协调；另外，以劳动力成本较低为主要优势的出口导向型工业化发展模式，使劳动者权益

① 谢勇. 基于就业主体视角的农民工就业质量的影响因素研究——以南京市为例 [J]. 财贸研究，2009 (5)：34 – 38，108.

② 赖德胜，苏丽锋，孟大虎，李长安. 中国各地区就业质量测算与评价 [J]. 经济理论与经济管理，2011 (11)：88 – 99.

③ 沈琴琴. 劳动者就业权益实现问题研究——关于提升就业质量的思考 [J]. 河北经贸大学学报，2011 (3)：42 – 49.

容易受到侵害，进而影响企业发展和利益，产业结构升级的缓慢使得对于劳动者素质都未能有更高要求，制约了就业质量的提升，劳动力市场制度安排存在明显的户籍差异使部分劳动者的劳动权益不能得到很好的保障从而影响整体的就业质量。欧洲基金会就业质量评价指标体系包含着4个维度：职业和就业安全、技能发展、健康和福利、工作和非工作生活的和谐，赖德胜等（2013）[①] 基于2011年由北京师范大学劳动力市场研究中心进行的关于全国14个省份就业质量专项调查数据分析得出，中国就业质量整体水平不高，区域就业质量由高到低是东部、西部、中部。刘婧等（2016）[②] 认为宏观层面的就业质量指标体系，包括就业能力、劳动报酬、就业状况、社会保护、劳动关系5个维度，细分则是涵盖了15个二级指标：人均教育经费、在岗平均工资、工资总额占GDP比重、城镇登记就业率、第三产业就业人数占比、第二产业就业人数占比、城镇就业人数占比、基本养老保险覆盖率、医疗保险覆盖率、失业保险覆盖率、工伤保险覆盖率、生育保险覆盖率、人均劳动争议事件发生率。

微观层面的就业质量，主要是指工作相关的各项因素，苏丽锋等（2015）[③] 从微观视角选取劳动报酬、就业稳定性等15个指标来衡量就业质量，采用2011年北京师范大学"中国就业质量研究"的数据分析得出，第一，在劳动报酬因素方面，对就业质量产生显著影响的有劳动报酬、社会保护、工资发放，强度分别是1.54、0.07、0.2；第二，工作时间相关因素中，工作生活平衡度、加班及待遇、工作强度对就业质量也产生了显著影响，强度分别是0.23、0.11、1.45；第三，职业发展因素中，职业发展对就业质量的影响最大，强度为1.2，其他因素如工

---

① 赖德胜，石丹淅．中国就业质量状况研究：基于问卷数据的分析［J］．中国经济问题，2013（5）：39－48．

② 刘婧，郭圣乾，金传印．经济增长、经济结构与就业质量耦合研究——基于2005～2014年宏观数据的实证［J］．宏观经济研究，2016（5）：99－105．

③ 苏丽锋，陈建伟．中国新时期个人就业质量影响因素研究——基于调查数据的实证分析［J］．人口与经济，2015（4）：107－118．

作与专业匹配度、工作稳定性、劳动合同、培训机会也有显著的就业效应；第四，职业受尊重因素中，职业尊重程度、良好的员工关系、社会对话对就业质量有着显著的影响，强度分别是 0.29、0.17、0.15，劳动安全对就业质量的影响强度稍弱一些，但也是显著的。从以上四大类因素的就业效应变化来看，劳动报酬相关因素仍是主要的关键因素，工作时间相关因素的影响强度逐步增强，职业发展相关因素的总体作用相对较弱，职业尊重相关因素的边际效果最明显。王霆等（2014）[①] 则是认为在关注大学生就业率同时应关注于大学生就业质量，即就业稳定性、工资待遇、就业意向功利性。阿兰斯（Arranz et al.，2018）[②] 认为工作质量可以从两方面考量，一方面，工作质量是工人从工作中获得的"效用"，这个效用取决于工作特征，但是每个工人对他们有偏好是主观的，但工作满意度或幸福感的衡量标准并不构成工作质量；另一方面，工作质量是由工作满足、工作需要等属性构成，也要使用客观的角度来衡量每个工人的需求满足的程度。通过构建就业质量指数（EQI），包含工作条件占比 44.5%、技能和培训占比 33.3%、工作生活平衡占比 22.2%，采用欧洲家庭生活调查 LFS 数据，其中西班牙约 6.5 万个家庭（20 万个个人）和意大利约 7.1 万个家庭（15 万个个人），分析得出在 2006 ~ 2014 年，EQI 指数是在"总值"和"净值"的"组合效应"下产生的，总体来看，EQI 指数保持相当稳定，开始时略有上升，后期略下降，按合同类型区分，持有开放合同的工人表现最好，那些公司临时聘请或直接聘用的员工表现最差。

综上所述，四个重要概念的研究各有其发展历程、研究视角和既得成果。对于生活质量及幸福感的概念已逐步明确，不同的研究范畴比如从哲学、社会学、心理学、经济学其定义的侧重点有所不同，但是从幸

---

① 王霆，张婷．扩大就业战略背景下中国大学生就业质量问题研究 [J]．中国高教研究，2014（2）：26 – 30.

② Arranz J M，García – Serrano C，Hernanz V. Employment Quality：Are There Differences by Types of Contract? [J]. Social Indicators Research，2018，137（2）：203 – 230.

福感测量的指标体系的建立来看，已经发展成为主客观指标的融合，学者们试图找到更多的依据去说明经济发展中的客观变量究竟如何去影响居民的主观幸福感，在研究的成熟度和热切度上，关于生活质量的研究起步更早发展更为成熟一些，但是从目前的关注程度来看，学术界比较关注的是幸福感而不是生活质量。关于消费者幸福感，这个概念是比较新颖的，本章中辨析了它的核心内容，区别于消费者满意度，前者是居民作为消费者这一角色时体验到的幸福感受，强调的是幸福主体的角色化，后者则是消费者对于购买的产品或服务的评价，强调的是对消费内容的品质评价，二者不应混淆。关于就业质量，是在就业因素的研究中提出的一个新的综合性的概念，也是目前学术界普遍关注的就业指标评价体系，对于就业质量的研究，从机构到个人、从主观到客观的融合，已经不是仅仅用工作满意度能够单独去衡量的，其概念也是日渐成熟。

# 第 2 章

# 国民幸福的研究回顾

　　幸福学和经济学的是一直有关联的，但是并未引起足够重视，早在1958 年，美国经济学家加尔布雷斯就指出，经济学错误地将研究对象设置成资源配置与利用，并分为微观、宏观的研究层面，经济学研究应该改变重物轻人、只看产值不见福利的倾向。但是这并没有引起经济学界以"幸福"为主旨的研究热潮。直到 19 世纪 70 年代，"幸福悖论"这一标志性的幸福研究出现，将幸福学和经济学的融合正式地推向学术界的热点，1974 年伊斯特林提出了"幸福悖论"，从个人幸福比较来看，同一个国家里富人比穷人幸福，但是从国民幸福比较来看，富国与穷国的平均幸福感差异并不大，从而引发出财富增长并不能持续促进幸福增长的观点，将"财富"与"幸福"的关系凸显出来，开创了将幸福实质性地引入经济学范畴的先河，也是为幸福经济学的创立奠定了基础。到了 19 世纪八九十年代，幸福经济学研究作为一门新兴学科，掀起了研究的热潮。

　　在探讨国民幸福和国际贸易的相关性之前，本书将首先对幸福经济学目前主要的研究视角及研究进展加以梳理和评述，本章着重于回顾的研究方向为国民幸福的测算，以及经济增长、公共政策、生态环境这些焦点因素与国民幸福之间的相关研究。

# 2.1 国民幸福的测算

国民幸福指数（national happiness index，NHI）是在 20 世纪 70 年代由不丹前国王提出，由政府善治、经济增长、文化发展和环境保护组成的关于幸福感的衡量指标。这是对国民幸福的测量、量化和重视引起了广泛关注的代表性节点。自此，学术界、国际组织、各国政府都从各自的角度对国民幸福构建了评价指标、评估工具，并发布了评估结论和报告。综观各种关于幸福指数的概念和测算，为了将不同国别和城市的人们的幸福感受进行比较，国民幸福的测量通常立足于宏观层面的诸多因素去考量，得出的结论也是以幸福指数的国别排名、城市排名和比较为主。美国盖洛普公司 2014 年对全球 135 个国家和地区的 13.3 万名年龄在 15 岁以上的人进行电话采访和当面访谈，以五项满意度指标生活目标（purpose）、社会关系（social）、财务状况（financial）、居住社区（community）、身体健康（physical）的综合测算进行幸福感排名。盖洛普公司在 2012 年和 2013 年对全美 189 个都市地区的几十万居民进行了调查，调查覆盖居民身心健康、财务、社会指标等，得出了美国最不幸福的 10 大城市。2006 年在加拿大召开了"国民幸福指数"的会议，43个国家达成共识：国民幸福指数包括社会经济可持续地均衡发展、保持良好的自然环境、文化的保护和推广、为人民谋福利的良好的政府。2012 年联合国发布了首份《全球幸福指数报告》，报告指出，较幸福国家倾向较富裕，但收入与幸福并无必然关系。《全球幸福指数报告》是联合国在不丹举行幸福指数讨论大会上发布的首份幸福指数报告，时间跨度从 2005～2011 年，篇幅长达 150 页，调查对象是全球 156 个国家。报告的标准包括 9 个大领域：教育、健康、环境、管理、时间、文化多样性和包容性、社区活力、内心幸福感、生活水平等。在每个大领域下，又分别有 3～4 个分项，总计 33 个分项。衡量标准是根据各地公民的预期寿命、对生活的满意度计算，但也考虑各地人均消耗资源量。对环境造成的污染越高，排名越低，故排名较前的几乎都是中小型国家。丹麦成为全球最幸福国度，在 10 分满分中获近 8 分，其他北欧国家也高踞前列位置。中国香港地区排名 67，得分约 5.5，中国则排 112。最不幸福国家集中于受贫穷和战火洗礼的非洲国家，包括最低分的多哥，得分仅约 3 分。以美国为例，国民生产总值（Gross National Product, GNP）自 1960 年增加 3 倍，但幸福指数却不入前 10 名，仅排名 11。报告称人类生活质量不断上升，但全球过去 30 年的幸福指数仅微升。哥伦比亚大经济学家萨克斯表示，富裕也会带来烦恼，如饮食失调、肥胖等问题，亦可能令人沉溺购物和赌博。他警告，经济增长伴随而来是更多社会问题，如失去信任、焦虑等愈加严重。

国民幸福的测算，十分强调普遍性和可持续的特点，关注了生态环境在国家及人类发展和幸福追求中的重要意义，也有更多学者通过构建国民幸福指数的评级体系，来衡量其国民幸福的程度。这方面代表性研究主要有黄有光（2014）[①] 倡导的国家成功指标，即环保负责的快乐国家指数（environmentally responsible happy nation index = 平均净快乐年数 − 人均环保危害，ERHNI，也称"娥妮"指数），他从每年度国家成功指标考核角度而言，为了考察一国经济行为对他国环境现在与将来可能造成的影响，非常有必要从每个国家的平均净快乐年数中扣除该国的人均环保（对他国与将来的）危害，这样才能得出该国当年的"娥妮"指数。温霍芬（Veenhoven，2007）[②] 提出"快乐年数"（happy life years）的概念，一个人的快乐年数 = 平均快乐 × 生命年数。如果平均快乐（满分为 1）等于 0.8，生命年数为 70，则快乐年数等于 56。英国新经济基金会（New Economics Foundation，NEF，2004）开展的"快乐星球指

---

① 黄有光. 从 GDP 向 ERHNI 转型［J］. 北大商业评论，2014（2）：23，36，37 − 42.

② Veenhoven, R. Subjective Measures of Well-being［J］. Wider Working Paper, 2007. 31（2）：117 − 124.

数"（happy planet index，HPI）研究也是这方面的典型事例，HPI 是一国平均幸福年数/人均生态足迹（the per capita ecological footprint）。中国学者对于国民幸福指数的研究，也在逐步引起关注，黎昕等（2011）[①] 以经济、健康、家庭、职业、社会以及环境 6 个一级指标，人均 GDP、城镇居民人均可支配收入、居民消费价格指数（CPI）、房价收入比、收入状况满意度（主观性）、人均预期寿命、健康状况满意度（主观性）、城镇人均住宅建筑面积、家庭满意度（主观性）、城镇登记失业率、职业满意度（主观性）、15 岁以上人口平均受教育年限、基本公共服务满意度（主观性）、森林覆盖率、生态环境满意度（主观性）等 38 个二级项指标构建了幸福指数指标体系，并对各个指标设置了不同的权重，提出把幸福指数评估体系纳入领导干部政绩考核，以提高人民群众幸福感和满意度为主要目标。朝克等（2016）[②] 运用层次分析法选用经济因子、社会因子、人口因子、环境因子为二级指标，并选取了全体居民消费水平指数、人均住房使用面积、城市化率、生活垃圾无害化处理量等 13 个正向作用的三级指标，单位 GDP 消耗、城镇登记失业率、死亡率、人均碳排放量等 8 个负向作用的三级指标，根据指标权重进行线性加权得出中国国民幸福指数，并且分析得出中国国民幸福指数在 1990 ~ 2001 年之间增速是较为缓慢的，2001 ~ 2012 年呈现出大幅度增长，并且通过省际比较发现浙江省的幸福指数最高，为 68.73，山西省的幸福指数最低，为 17.94。周四军等（2008）[③] 根据国民幸福指数理论，以经济发展水平、人民生活水平、人口与就业水平、自然环境水平为二级指标，又进一步细分了 25 个三级指标构建了国民幸福指

---

① 黎昕，赖扬恩，谭敏. 国民幸福指数指标体系的构建 [J]. 东南学术，2011 (5)：66 - 75.

② 朝克，何浩，李佳钰. 国民幸福指数评价体系构建及实证 [J]. 统计与决策，2016 (4)：91 - 94.

③ 周四军，庄成杰. 基于距离综合评价法的中国国民幸福指数 NHI 测评 [J]. 财经理论与实践，2008 (5)：112 - 115.

数。周绍杰等（2015）[①] 利用 2010~2014 年的中国民生指数调查数据，研究分析得出，中国目前所处的发展阶段是经济增长对国民幸福提升作用在逐步减弱，改善民生对国民幸福感的作用更大，分析 2010 年的省级民生指数发现居民的民生主观满意度与民生发展水平不存在正相关关系，但是民生改善对民生主观满意度产生正面影响；构建公共服务满意度（义务教育、医疗卫生、生态环境、社会保障）与生活满意度的模型，分析得出前者对后者有显著的正向作用，并且此作用的强度超过了收入对生活满意度的影响。

在个人主观幸福感的测量方面，美国普林斯顿大学心理学和公共关系学教授卡尼曼（1979）[②] 的研究是很有代表性的，他和特沃斯基（Tversky）教授共同提出了前景理论（Prospect Theory），又称预期理论或展望理论，不同于传统经济学中的偏好理论（Preference Theory）所假设的人的选择与参照点无关，前景理论认为大多数人在面临获利时是风险规避的，大多数人在面临损失时是风险偏爱的，人们对损失比对获得更敏感，对于得失的判断会依据参照点来决定。在 2002 年卡尼曼被授予诺贝尔经济学奖，因为他将心理学研究的观点融合到经济科学中，特别是在不确定性的人类判断和决策方面，2006 年他发表的关于主观幸福感测量的文章，他将幸福分为"体验的幸福"与"评价的幸福"两个部分，前一部分指在一个个生活时刻人们对自己情感状态的满意度，后一部分则是总括性的对生活的主观评价，并且采用 U 指数（一种衡量痛苦的指数），衡量人们在不愉快状态下度过的时间比例，并且具有不需要个人感受的优点来考虑个人对于幸福的评价。在机构调查方面，较有代表性的数据有，主观幸福感调查的权威机构世界价值调查（World Value Survey，WVS），是对世界各国的人们涉及政治、经济、文化、社

---

① 周绍杰，王洪川与苏杨. 中国人如何能有更高水平的幸福感——基于中国民生指数调查 [J]. 管理世界，2015（6）：8–21.

② Kahneman，D. and A. Tversky. Prospect Theory：An Analysis of Decision under Risk [J]. Econometrica，1979. 47（2）：263–291.

会生活等方面的价值观进行全面调查的机构，从 1980 年至今 WVS 已经进行过 5 次大的世界范围的价值观的调查，其中包括对中国居民的主观幸福感和生活满意度的三次调查。美国综合社会调查（General Social Survey，GSS）是由美国全国民意研究中心自 1972 年以来针对美国居民进行的关于社会各个方面的综合调查，迄今为止已经完成了涵盖了居民在态度、行为等方面的数据，除美国人口普查数据外，GSS 是社会科学中分析使用频率最高的信息来源，GSS 于 1985 年共同创立了国际社会调查计划（ISSP），自那时起，ISSP 每年进行一次跨国调查，涉及 60 个国家，并搜集了调查数据。中国综合社会调查（China General Survey，CGSS）是中国人民大学社会学系与香港科技大学调查中心在全国开展的社会基本状况调查，该调查是中国第一个全国性、综合性、连续性的大型社会调查项目。从 2003 年开始第一次调查，每年一次直到 2006 年，此后 2008 年也开展了调查，总共开展五次年度调查，调查采用分层的四阶段不等概率抽样：区（县）、街道（镇）、居委会（村）、住户和居民，前三级依据"第五次全国人口普查资料"完成抽样；共涉及全国 28 个省份的 125 个区（县），500 多个街道（乡、镇），1 000 多个居委会（村），10 000 户家庭中的个人，覆盖了中国的东、中、西部，形成有效样本共 8 210 条，其中城镇居民 4 634 人，占 56.44%，女性 4 145 人，占 50.49%。美国的华盛顿州卫生部所发起的居民健康调查项目——行为风险因素监测系统（Behavioural Risk Factor Surveillance System，BRFSS）自 2005 年起也涵盖了关于居民幸福感的调查提问，样本规模达到了 27 万。英国的 BCS（British Cohort Study）调查项目启动于 1970 年，调查样本为持续追踪对象，在其不同的年龄时都将再次接受调查（5 岁、10 岁、16 岁、26 岁、30 岁、34 岁、38 岁和 42 岁），从 26 岁开始其调查问卷中将增加关于"幸福感"的提问，样本数量为 18 000。英国的 BHPS（British Household Panel Survey）调查项目则是从 1991 年开始，调查对象也被持续追踪并在每年接受调查，其中关于"幸福感"的提问自 1996 年起加入到该调查内容中，该项目的样本数据已达到 14 万。上述的调查数据因为其调查机构和项目目标的不同，搜集的数据都各自的优势和代表性，以及在时间跨度上和调查对象的选取范围各有不同，为学者们关于幸福感的研究提供了很好的数据支持。另外，学者们关注度非常高的是世界幸福数据库，这是关于主观幸福感研究成果的档案，它汇集了分散在许多研究中的发现，列明了 11 880 份出版物作为幸福参考书目，关于测度幸福的有 1 144 个，大部分都是以单个调查问题在询问受访者的幸福感，只是措辞和反应量表设计上有所区别，在总共 12 291 个幸福感分布的研究数据中，其中有 8 534 个调查数据是关于 173 个国家的幸福感研究，另外 3 757 个调查数据则是关于 2 454 个地区或城市的幸福感研究。除此之外，另外 2 114 个研究结果是针对 160 个特定研究群体，在来自 1 575 个出版物的，2 062 个关于幸福感影响因素的分类研究中汇总了 15 579 个相关研究结论。

不仅如此，世界幸福数据库还从幸福测度量表的设计区别上分析了对于幸福感询问和调查的数据异质性，总结得出，关于幸福感的问题设计，由于其异质性产生于不同的调查时间、评分模式、响应评分（评级量表的种类、评分等级的长度、回答选项的措辞），在问题设计上有如表 2 - 1 所示的几种主要形式。

表 2 - 1　　　　　　　　关于幸福感的问卷问题

| 问题 | 19 世纪 40 年代 ~ 19 世纪 90 年代 | 19 世纪 80 年代 ~ 20 世纪早期 | 19 世纪 70 年代至今 | |
| --- | --- | --- | --- | --- |
| 综合所有事情，总的来说，您觉得您的生活是否幸福？ | 3 分量表：<br>非常幸福 3<br>相当幸福 2<br>不怎么幸福 1 | 4 分量表：<br>非常幸福 4<br>幸福 3<br>不幸福 2<br>非常不幸福 1 | 5 分量表：<br>非常幸福 5<br>幸福 4<br>说不上幸福不幸福 3<br>不幸福 2<br>非常不幸福 1 | 10 分量表：<br>非常幸福 10<br>9<br>...<br>2<br>非常不幸福 1 |

续表

| 问题 | 19 世纪 40 年代 ~ 19 世纪 90 年代 | 19 世纪 80 年代 ~ 20 世纪早期 | 19 世纪 70 年代至今 | |
| --- | --- | --- | --- | --- |
| 一般来说，你对你的生活是否满意？ | — | 4 分量表：<br>非常满意 4<br>相当满意 3<br>不怎么满意 2<br>不满意 1 | — | — |
| 这是一张梯子的图片。假设顶端代表最好的生活给你，最底层是最糟糕的生活。在梯子上你觉得你现在站在哪里？ | — | 11 分量表；<br>最美好 10<br>9<br>…<br>2<br>1<br>最糟糕 0 | — | — |
| 你对整个生活感觉如何？ | — | 满意<br>大部分满意<br>一般<br>大多不满意<br>不满意<br>太糟糕 | — | — |
| 大多数时候，你的感觉是： | — | 精神非常好<br>精神很好<br>精神不振<br>精神很差 | — | — |

　　学者们为了探讨个人主观幸福感的影响因素，也采取了调查问卷以及实验设计的方法去进行微观数据采集和分析。卡尼曼使用经验取样法（Experience Samping Method，ESM）来衡量幸福（Kahneman，1999）。[①] 这种方法包括让研究人员在白天随机发出哔哔声，询问他们目前正在经历多少快乐或痛苦。基于这些对正面和负面影响的瞬间感知，可以在一周内推断大概的总幸福点。因此，给定时间段的幸福就是"客观幸福"，

---

① Kahneman, D., E. Diener and N. Schwarz. Well – Being：Foundations of Hedonic Psychology. Russell Sage Foundation, 1999：606.

是通过将对象的在线享乐评估与构成那段时间的所有单个时刻相加来计算的。在幸福指数的测量上，邢占军（2006）① 在系统研究主观幸福感测量表的基本原理的基础上，结合中国的文化传统和价值理念创造了中国城市居民的主观幸福感测量量表（SWBSC），实现了标准化主观幸福感量表中国化、本土化的过程。陈惠雄等（2005②、2006③）提出了快乐的可测度性理论及其测度方法，提出快乐六大因子理论，设计了非常具有经济学特色的快乐指数调查量表，并在浙江省居民中进行试用，为经济领域的幸福测量提供了有针对性的测度方法和经验总结。

　　1990 年开始，幸福经济学的研究呈现出更加多元化的趋势，"如何测量幸福"也成为学者和各国政府和机构开始关注的问题，在这方面美国普林斯顿大学心理学和公共关系学教授丹尼尔·卡尼曼的研究是很有代表性的，他将幸福分为"体验的幸福"与"评价的幸福"两个部分，前一部分指在一个个生活时刻人们对自己情感状态的满意度，后一部分则是总括性的对生活的主观评价，并且采用 U 指数（一种衡量痛苦的指数），衡量人们在不愉快状态下度过的时间比例，并且具有不需要个人感受的优点来考虑个人对于幸福的评价。幸福这一主观感受、体验、评价作为研究主题在行为经济学和福利经济学中的关注度日益提高，并且进一步在宏观和微观经济学中的深入探讨，使幸福学与经济学的融合研究非常具有理论价值。英国经济学家理查·莱亚德指出幸福是一门新学科，不赞同经济学中关于一个社会的幸福程度的改变与它的购买力画上等号的观点，也说明了以国民生产总值作为测量国民福祉的工具的局限性，提出我们需要新的经济学，来与心理学共同合作，来研究探讨"我们的幸福福祉如何产生"，此时应当关注关于人类天性的五个主要特征，

---

① 邢占军. 幸福指数的指标体系构建与追踪研究 [J]. 数据，2006（8）：10－12.

② 陈惠雄，刘国珍. 快乐指数研究概述 [J]. 财经论丛（浙江财经学院学报），2005（3）：29－36.

③ 陈惠雄，吴丽民. 基于苦乐源调查的浙江省城乡居民生活状况比较分析 [J]. 中国农村经济，2006（3）：63－69.

即不平等、外部效果、价值观、损失趋避、行为不一致，他认为一旦生存所需要的收入稳定了，要让人更加幸福就不容易了。① 在华人学者中，芝加哥大学教授奚恺元②在《从经济学到幸福学》中论证"财富不等同于幸福"，并且认为幸福最大化是经济发展的终极目标，幸福研究是经济学的一个崭新视角，丰富了经济学的研究范畴。"快乐经济学之父"澳大利亚经济学家黄有光，将幸福学扩展到了经济学之外的生物学、数学、伦理学、社会学等多个学科的交叉研究，他认为，发达国家的人民比其他国家的更快乐，但是人均收入很高的国家也不比人均收入很低的国家快乐（黄有光，2000）。③ 国内学者陈惠雄于 2008 ~ 2009 年在国内积极开展了全国大城市幸福指数的调研活动，这一活动直接推动了中国幸福经济学研究的实践进程，为幸福经济学理论的创立做出了突出的贡献，他认为快乐是人类生活的真谛和终极目标（陈惠雄，2008）。④

综上所述，国民幸福已经成为热切关注的经济发展指标之一，并且随着各类国民幸福指数的构建及数据分析，也展现出它是主观和客观、宏观与微观、理论与实践相结合的一个指标体系，从多层次、多维度较为全面地反映出当今时代背景下以人为本的可持续的经济发展目标。

## 2.2　经济增长与国民幸福

关于影响幸福感的因素，从客观因素研究来讲，经济增长所带来的收入变化是最先引起关注的切入点，从经济增长角度去研究对于居民幸福感的影响因素或主要途径，就目前的研究来看，其因素分析主要围绕

---

① 理查·莱亚德. 不幸福的经济学 [M]. 陈佳伶译. 中国青年出版社，2009：10, 128 - 129.

② 奚恺元，张国华，张岩. 从经济学到幸福学 [J]. 上海管理科学，2003 (3)：4 - 5.

③ 黄有光. 经济与快乐 [M]. 东北财经大学出版社，2000.

④ 陈惠雄，鲍海君. 经济增长、生态足迹与可持续发展能力：基于浙江省的实证研究 [J]. 中国工业经济，2008 (8)：5 - 14.

着以"伊斯特林悖论"为关注点的关于财富、收入、支出对于人们幸福的影响，以及各类幸福指数的构建，在收入的基础上又包括了教育、工作、家庭等因素，进一步的研究则是在已构建的幸福指数的基础上对各区域、各时期、各群体的幸福程度比较。

## 2.2.1　收入增长与幸福感

首先，经济增长对国民幸福产生效应的主要途径是收入增长、收入分配、就业，这引起了学者们的广泛兴趣，田国强等（2006）[①] 通过构建模型，假设个人是自利的并遵从基本的帕累托最优标准，发现了一个临界收入水平，它与非物质初始禀赋正相关的，收入对于幸福的正向促进效用仅仅是在达到这一收入之前，在此之后幸福感会因为收入的增加而降低。刘宏等（2013）[②] 利用 2009 年中国健康与营养调查问卷（China Health and Nutrition Survey，CHNS）的微观数据研究发现，与当期收入相比，永久性收入比房产财富对居民主观幸福感有着更强的正向影响。徐安琪（2012）[③] 以上海和兰州为研究范围，采用自主课题中获取的 2 200 份问卷调查数据进行分析得出，经济收入不是影响幸福感的主要因素，身心健康和良好的家庭人际关系更能够提升居民的幸福感。刘军强等（2012）[④] 利用 2003～2010 年中国综合社会调查数据（CGSS）共 5 次合计 44 166 个样本的调查数据分析，发现中国国民幸福感在此期间始终处于上升趋势，幸福感的均值从 2003 年的 3.27 提高到 2010 年的 3.77，其中，低收入、一般收入、高收入群体的上升趋势基本相同，

①　田国强，杨立岩. 对"幸福—收入之谜"的一个解答 [J]. 经济研究，2006 (11)：4 – 15.

②　刘宏，明瀚翔，赵阳. 财富对主观幸福感的影响研究——基于微观数据的实证分析 [J]. 南开经济研究，2013 (4)：95 – 110.

③　徐安琪. 经济因素对家庭幸福感的影响机制初探 [J]. 江苏社会科学，2012 (2)：104 – 109.

④　刘军强，熊谋林，苏阳. 经济增长时期的国民幸福感——基于 CGSS 数据的追踪研究 [J]. 中国社会科学，2012 (12)：82 – 102，207 – 208.

这结论是不同于那些支持"收入—幸福悖论"的研究（邢占军，2011；朱建芳等，2009；Simon et al.，2008），而进一步比较 2000～2010 年中美两国居民的自感幸福感变化趋势，美国居民的幸福感则是有所下降的，进一步考察一些发达国家和发展中国家在此期间的经济发展和幸福感变化趋势上呈现的差别化，分析认为经济增长和幸福感饱和是一部分原因，不同国情的居民面临着消费、生活态度、收入预期、社会福利等各个方面的差异，导致对于幸福程度有着不同的标准和感受。

## 2.2.2 收入不平等、相对收入与幸福感

其次，学者们也更加关注于收入不平等或是相对收入对于幸福感的影响，有些学者认为收入不平等削弱了经济增长对居民主观幸福感的正效应。威尔金森（Wilkinson，1997）[1] 发现收入不平等导致不同群体之间存在相对收入地位差异，即使所有群体的收入水平均上升了，但若是人们的相对收入地位下降了，人们的主观幸福感仍然会有下降的可能，尤其是那些相对收入地位较低的群体，会感到压抑、自卑、无助等。潘春阳（2011）[2] 指出，国民收入不均等存在两个效应，一个是对人的幸福感起促进作用的"隧道效应"，还有一个是对人的幸福感起破坏作用的"相对剥夺效应"。收入不平等的影响作用有限，机会不平等的破坏作用则非常巨大，其中对于底层国民幸福感的破坏作用更大。研究指出，想要提高国民幸福感，应在保障各阶层国民基本生活需求的前提下，进一步维护好社会公义，促进机会均等的社会环境。胡晨沛等（2017）[3] 基于中国综合社会调查（CGSS2013）的数据以农村居民为研

---

① Wilkinson, R. G. Comment：income, inequality, and social cohesion [J]. American Journal of Public Health, 1997. 87 (9)：1504.

② 潘春阳. 中国的机会不平等与居民幸福感研究 [D]. 上海：复旦大学，2011：95 – 96.

③ 胡晨沛，朱玮强，顾蕾. 个人收入、家庭资产与农村居民幸福感——基于 CGSS2013 的实证研究 [J]. 调研世界，2017 (4)：41 – 49.

究对象，分析发现个人相对收入的高低对农村居民幸福感存在显著影响，绝对收入并不存在显著的幸福效应。迪顿（Deaton，2003）[①] 认为，收入不平等使得贫富获取的医疗、社会保障等公共产品的机会不平等，富裕群体享受更好的医疗保健服务，拥有更多的受教育机会，而大多贫困群体还在贫困线上挣扎，几乎得不到基本的医疗保健服务和教育机会，显然，公共服务差异降低了低收入群体的主观幸福感，而收入不平等是造成这种情形的原因之一。另外，也有学者从造成收入不平等的原因即就业或失业来分析其对幸福感的影响。米健（2011）[②] 研究发现幸福指数受到就业的影响，随着失业率上升，国民幸福指数则是相应地先下降后上升，分析原因，短期来看是由于失业率上升使得人们对于就业环境的担心引起幸福感下降，长期来看是人们通过对比参照周围的整体就业环境对社会整体的影响，使其适应了新的就业竞争和条件，这样失业率上升的边际效应在减小，随之出现的是国民幸福略微提升。阿莱西纳等（Alesina et al.，2004）[③] 采用1975～1991年来自欧洲的12个国家及美国的样本数据分析得出，失业率和通货膨胀对居民幸福有显著的负效应，前者的幸福效应强度更大一些，大概是由于失业影响的是部分人的幸福感，而通货膨胀则影响社会整体幸福。弗雷等（Frey et al.，2002）[④] 研究表明，通货膨胀、失业对幸福感的负效应之比是17∶1，失业率增加1%需要通货膨胀率降低1.7%才能抵消；而特拉（Tella，2003）[⑤] 则认为两种负效应之比高到1∶2.9。

①　Deaton. Health, Inequality, and Economic Development [J]. Comparative Economic & Social Systems, 2003, 41 (1)：113－158.

②　米健. 中国居民主观幸福感影响因素的经济学分析 [D]. 北京：中国农业科学院，2011. 56－58.

③　Alesina, A., R. D. Tella and R. Macculloch. Inequality and happiness：are Europeans and Americans different? [J]. Journal of Public Economics, 2004. 88 (9－10)：2009－2042.

④　Frey, B. S. and A. Stutzer. The Economics of Happiness [J]. World Economics, 2002. 16 (4)：581－587.

⑤　Tella, R. D., R. J. Macculloch and A. J. Oswald. The Macroeconomics of Happiness [J]. Review of Economics & Statistics, 2003. 85 (4)：809－827.

综上所述，学者们达成的共识是收入与幸福二者有着一定的关系，但是具体来看目前却得出了许多争议性的结论，二者之间的悖论和正论均未达成普遍的共识，或许是对收入的效用分析不够深入，或许是对幸福的影响机制理解不够到位，或许是在不同的社会阶段不同的国情当中结论就应该是差异化的，因此，这个方面的研究也需要开拓出更多的思路。而失业和通货膨胀对于幸福的负效应则是普遍达成共识的。印度经济学家阿玛蒂亚·森对从福利角度开展幸福研究，关注于普遍的福利和幸福，而不仅是经济增长和资源配置，认为实现幸福就是要拥有自由、平等、尊严，他的研究将伦理学以及旧的福利经济学融入到经济学研究，并且认为这种跨学科的研究对于每个学科的理论发展和充实都是非常有意义的。

## 2.3　公共政策与国民幸福

居民生活的社会环境对其幸福感有着重要影响，关于公共政策与国民幸福的研究，主要集中于制度与幸福的关系研究，公共政策的发展和实践是实现和提升国民幸福的有效途径之一。

### 2.3.1　国外关于幸福与公共政策的研究

边沁在《道德与立法原理导论》中提到，"一切法律所具有或通常应具有的一般目的，是增长社会幸福的总和"。[1] 边沁对幸福研究的突出贡献就在于，他将法律制度构建的目的明确为是增长人们的快乐和幸福，在他看来法律制度是增进幸福的根本手段，而追求幸福才是法律建立的根本目的。瑞士学者弗雷[2]认为"幸福非常关键地取决于经济和社

---

① 边沁. 道德与立法原理导论 [M]. 时殷宏译. 北京：商务印书馆，2000：216.
② 布伦诺·弗雷，阿洛伊斯·斯塔特勒. 幸福与经济学 [M]. 静也译. 北京：北京大学出版社，2006：192.

会的构成形式"。这是诸多快乐经济学中的较早期明确阐述社会结构、社会制度对幸福有重要影响作用的学者。在《幸福与经济学》中，弗雷试图探讨经济状态与政治制度中公民的政治参与对人类福祉的直接影响，认为"幸福非常关键地取决于经济和社会的构成形式，政治程序越是严肃考虑人们的偏好，人们就会越幸福"，其理由是，公民越是对政治活动进行参与，那么公共政策和公民的期望会越来越接近，人们自然就会产生幸福和满意的感觉。现代经济学家逐渐地关注经济增长的伦理道德属性与目的，正逐渐地将经济学研究从效用境界回归至伦理、道德境界。社会学家迪尔凯姆[①]的社会学思想中有一个最为重要的概念——"社会失范"。迪尔凯姆他将现代社会中的无序、纷争、不和谐社会现象统统称之为社会失范现象，并认为社会失范达到一定的程度时必然会降低社会的幸福感。现代社会事实也证明了"社会失范"思想的现实存在性。迪尔凯姆通过大量的数据研究来表明，"社会失范"将提高社会自杀率、犯罪率与抢劫率。亚当（Adam，2015）[②]则是认为幸福感研究的重大意义被有所忽视，这方面研究是对公共政策和行政管理是有重要作用的，将有巨大潜力促进社会群体共同利益，对于政策结果的关注不应只是一时的，收入不平等所损失的幸福感可以由收入再分配的决策进行补偿，但是资源有限的情况下，维持幸福的可持续性就需要有进一步的政策和管理。弗雷等（2012）[③]以如何利用幸福研究的结果来改善制度选择为出发点，在假设政府、政治家及公职人员能够并愿意追求个人幸福并具有最大化社会福利的功能，作为最终决策者的公民被忽视，应该将幸福研究应用于公共政策，由于政策制定是体制结构化的，政府可以利用幸福感来衡量社会福利的最大限度，这样人们的共同利益才能在不确定的时

---

① 埃米尔·迪尔凯姆. 自杀论：社会学研究［M］. 冯韵文译. 北京：商务印书馆，1996：39 – 45.

② Adam Okulicz – Kozaryn. Happiness research for public policy and administration［J］. Transforming Government People Process & Policy，2015，10（2）：196 – 211.

③ Frey，B. S. and A. Stutzer. The use of happiness research for public policy［J］. Social Choice and Welfare，2012. 38（4）：659 – 674.

候成为主要的控制力量，同时为了给政治家和公共官僚提供激励来充分响应人们的利益而不是个人利益，重点不是特定的政策干预，而是在于规则和制度，包括社会规范、传统甚至自我约束机制。另外，以幸福感度量的政策效应可以加强政治竞争，让决策者能够更好地评估公共产品提供的好处，并且在政治竞争中证明自己，这也是最大化社会福利的方法。奥特（Ott，2010）[1] 认为如果政治家想要促进公民幸福，他们有三种途径可以实现：第一，可以找到公民的"显示偏好"，即通过分析公民的行为和决定去尝试找出他们想要的东西；第二，可以通过查询、公民投票和选举中，确定那些明确表达的人的"偏好"；第三，可以通过比较不同幸福程度的人所处的状况，分析让他们幸福的条件。赫希尔（Hirschauer，2015）[2] 探讨是否将幸福研究纳入公共政策以及如何引入，在比较幸福的序数和基数效用基础上，认为公共政策可以等同于政府治理，关注点都是资源的提供和分配以及社会行为者的行为规范，每一项政策干预和立法行为都应该基于与没有这种干预的情况相比，是不是产生社会进步并增加社会福利。这种干预措施的普遍情况包括实施高烟税以鼓励人们做出"健康"的不吸烟选择、食品安全和环境立法、义务教育、限速等。

## 2.3.2 国内关于幸福与公共政策的研究

随着经济社会的发展，公共政策的制定应充分考虑到社会发展的目标，其目标和价值取向将决定着所采用的实现方式和路径，以提高整个社会的幸福度。丰华琴（2010）[3] 以公共治理理论探讨社会福利变化，回顾英国从济贫法时代以来社会福利供给模式的变化，其主要导向从

---

① Ott, J. C. , Happiness. Economics and Public Policy: A Critique [J]. Journal of Happiness Studies, 2010. 11 (1): 125 – 130.

② Hirschauer, N. , M. Lehberger and O. Musshoff. Happiness and Utility in Economic Thought—Or: What Can We Learn from Happiness Research for Public Policy Analysis and Public Policy Making? [J]. Social Indicators Research, 2015. 121 (3): 647 – 674.

③ 丰华琴. 公共治理模式与福利国家发展：国际经验与启示 [J]. 改革, 2010 (6): 85 – 90.

"公民社会"转变到"国家"再发展为"国际与公民社会共同合作"，强调处理好经济增长与资源分配的关系，在规划政策目标时需要同时考虑到经济发展和国民福利。苗振国等（2007）[①] 从公共政策的价值取向来研究幸福，认为该领域的幸福应该是一种公共幸福，是大多数社会公众通过创造、享受劳动成果所产生的美好深刻持久的心理状态和体验，这既是物质生活和精神生活的综合感受，也是个体利益和集体利益相统一的美好愿望，幸福才是人们追求的目标，公平和效率都只是实现幸福的途径。周绍杰等（2012）[②] 认为中国正在步入中等收入阶段，公共政策影响幸福感的主要路径是通过经济发展与社会进步，若是这二者不能平衡协调发展，该路径的幸福效应将面临失效，因此国民幸福及其相关发展指标应当被纳入政绩考核系统。闫明（2012）[③] 则是从公共服务体系建设考量国民幸福在其中应当发挥的重要作用，提出将公众幸福指数作为民生发展的重要衡量，是政府公共政策的必要的价值取向，最大化公众幸福是政府职能的主要责任，是建设服务型政府必要保证。

综上所述，国内幸福经济学的研究仍然侧重于经济增长与幸福的关系的研究，对幸福与公共政策关系的研究重视不够，局限于主要研究经济增长导向的社会发展观，而对于作为国民幸福增长导向的社会发展观的研究还需要更多，并且需要完善其理论系统，尤其在政府职能和政策评价方面。人们幸福与否，并不仅仅取决于个人因素，所处的社会环境、经济制度、法律制度、文化习俗、政治参与制度、社会治理参与制度等都会对人们的幸福产生重要的影响，不能只关注于物质满足层面提高国民幸福，这只是小范围的，而公共政策则是可以全方位、大范围地进行幸福创造，改善幸福感的差异化发展，实现更多人的更大幸福。

①　苗振国，孙萍. 基于幸福理念的公共政策价值整合 ［J］. 中共福建省委党校学报，2007（6）：15－17.

②　周绍杰，胡鞍钢. 理解经济发展与社会进步：基于国民幸福的视角 ［J］. 中国软科学，2012（1）：57－64.

③　闫明. 公众幸福指数、政府绩效评价与公共服务体系建设 ［J］. 中国浦东干部学院学报，2012（5）：19－23.

# 2.4 生态环境与国民幸福

现在物质和信息越来越发达，人们对健康生活的关注以及对生态环境的要求也越来越全面和深入。关于国民幸福的研究，不仅关注于当下的幸福，也应从可持续发展的角度关注于可持续幸福。目前，这个方面的研究主要从对于环境保护与国民幸福的关系，以及在环境利用中所产生的正负效应比较研究来展开。

## 2.4.1 生态环境与国民幸福的关系

2018 年 1 月，美国耶鲁大学、哥伦比亚大学及世界经济论坛发布了《2018 年全球环境绩效指数报告》。① 该报告围绕环境健康和生态系统活力两大政策目标，搜集整理了全球 180 个经济体的 10 个政策领域共 24 项绩效指标进行排名，其中排名前十的国家分别是瑞士（87.42）、法国（83.95）、丹麦（81.60）、马耳他（80.9）、瑞典（80.51）、英国（79.89）、卢森堡（79.12）、奥地利（78.97）、爱尔兰（78.77）、芬兰（78.64），而中国和印度分别排第 120 位和第 177 位，这反映出经济快速增长给环境带来的压力。而另一项由中国公布的环境报告即《全球环境竞争力报告》，是以各国的环境保护政策、生态环境的治理、治理环境的经济投入等为指标的评价体系，《全球环境竞争力报告（2015）》②

---

① 全球环境绩效指数报告由美国耶鲁大学环境法律与政策中心（YCELP）联合哥伦比亚大学国际地球科学信息网络中心（CIESIN）、世界经济论坛（WEF）每两年发布一次。该指数是对国家政策中环保绩效的量化测度，其指标源自环保绩效实验指标，而这也正是 2002 年第一次设计出版的辅助联合国千年发展目标（MDGs）中的环境目标。

② 全球环境竞争力报告（2015 年）于 2016 年 2 月 25 日在北京发布，这是全球环境竞争力排名首次由中国公布，该报告对 2014 年全球 133 个国家的环境竞争力进行全面、深入、科学的综合评价与比较分析。

选取了 133 个国家和地区作为评比对象，最后得出全球环境竞争力较高的国家分别是挪威、瑞士、德国、新西兰、巴西，中国环境竞争力得分为 48.3 分，得分高出亚洲平均分 0.4 分，在全球 133 个国家中排第 85 位，排名在 2 年间上升了 2 位。联合国发布的最新的《2018 世界幸福指数报告》① 对 156 个国家和地区的调查统计，得分最高的国家依次为芬兰、挪威、丹麦、冰岛、瑞士、荷兰、加拿大、新西兰、瑞典、澳大利亚。连续 2 年挤进榜单前十的国家都有着共同特点是较小的贫富差距、高税收、医疗保障机制健全、预期寿命长、腐败率低、政府和社区能够对需要帮助的人提供支持。

全球环境绩效指数排名和全球环境竞争力排名是对一个国家的生态环境状况及对环境治理的评价，而世界幸福指数是对一个国家的综合幸福水平的打分。通过这三份数据我们可以看到，在前两项中排名靠前的瑞士、挪威在第三项全球幸福排名中也是名列前茅，生态环境相对较好的国家其国民幸福感排名就较靠前，这绝非偶然，这充分证明，生态环境与国民幸福感之间存在着必然的联系，世界各国人民深刻地体会到生态环境变化对自身生活的影响，良好的生态环境建设有助于国民幸福感的提升。

2006 年，中国首次发布了一份绿色 GDP② 核算研究报告即《中国绿色国民经济核算研究报告 2004》③，其中指出，"2004 年因环境污染造成的经济损失为 5 118 亿元，占 GDP 的 3.05%。其中，水污染的环境成本为 2 862.8 亿元，占总成本的 55.9%，大气污染的环境成本为 2 198

---

① 2018 年 3 月 14 日，联合国在纽约发布了最新的全球幸福指数报告。该报告依据盖洛普全球民意数据调查，综合考虑各国人均国内生产总值、社会支持、平均健康寿命预期、人生抉择的自由、慷慨程度等多项因素，对 156 个国家做出了幸福程度排名。

② 绿色 GDP，即现行 GDP 总量扣除环境资源成本和对环境资源的保护服务费用所剩下的部分。

③ 国家环保总局和国家统计局于 2006 年 9 月 7 日联合发布了《中国绿色国民经济核算研究报告 2004》。这是中国第一份经环境污染调整的 GDP 核算研究报告，标志着中国的绿色国民经济核算研究取得了阶段性成果。

亿元，占总成本的 42.9%；固体废物和污染事故造成的经济损失 57.4
亿元，占总成本的 1.2%"，生态环境污染造成经济损失是直观的，也只
是一方面，同时对国民幸福造成的影响却是很难估量的。由此开创的中
国绿色 GDP1.0 阶段，也是充分说明了中国对于生态环境的重视。但是
由于绿色 GDP 尚未有国际统一的核算标准，并且存在监测核算的难度，
一直没有得到很好的推广，2015 年，中国环保部召开建立绿色 GDP2.0
核算体系专题会，重新启动绿色 GDP 研究工作，目前仍然处于研究初期
发展阶段。

## 2.4.2　生态环境的国民幸福效应

更多的学者也开始致力于研究生态环境中的各项内容对于国民幸福
的不同影响，比如空气质量、室内污染等，将生态环境对于群体和个体
的幸福感研究逐步推向深入。韦尔施（Welsch, 2002）[①] 利用 54 个国家
的横截面数据研究了空气质量对主观幸福感的影响，表明空气污染对居
民主观幸福感具有较为显著的负效应。黄永明等（2013）[②] 认为空气污
染显著地降低了民众的主观幸福感；居住在二氧化硫排放量、烟尘排放
量以及建筑和拆迁扬尘产生量较高的地区民众表示更加不幸福。张雪梅
（2007）[③] 认为必须要将环境保护纳入幸福感领域的研究范畴，以便从
不同角度研究人们的幸福感受。但是人们的环保行为和多维幸福感之间
的实证关联仍然缺少本土调查数据的佐证。汤艳梅等（2017）[④] 认为环
保行为能够有效提升大学生的多维幸福感体验，即较年轻的学生、男

---

① Welsch, H. Preferences over Prosperity and Pollution: Environmental Valuation based on Happiness Surveys [J]. Kyklos, 2002. 55 (4): 473 –494.

② 黄永明，何凌云. 城市化、环境污染与居民主观幸福感——来自中国的经验证据 [J]. 中国软科学. 2013（12）：82 –93.

③ 张雪梅. 论环境保护与人们的幸福感 [J]. 经济论坛，2007（16）：51 –52，77.

④ 汤艳梅，耿柳娜. 环保行为和多维幸福感的关系研究 [J]. 青年探索，2017（4）：50 –60.

生、来自农村的学生在参与环保后能够获得更多的幸福感体验，月生活费高的学生在做出环保行为后获得更多的主观幸福感和总体幸福感，而月生活费低的学生在参与环保后能够获得更多的心理幸福感和社会幸福感。夏金华（2007）[①] 构建国民幸福指数，其中包含关于环境保护部分的测定方式，指出为提升国民幸福感，要根据具体区域解决环境问题。针对东部沿海发达地区应充分利用市场经济的作用解决环境治理问题，对于中西部等尚未开发的绿色区域要严格实行环境保护政策，实现东西部环境共同发展进而提升国民幸福感。刘淑美（2011）[②] 指出，低碳生活方式不会降低生活质量，更加不会降低国民幸福感，对于国民幸福感具有显著的促进作用。刘晓黎等（2014）[③] 指出不恰当的行为方式造成的环境问题对人类的生存、生活质量及身心健康状况提出了严峻的挑战，降低了人们的幸福感。郑君君等（2015）[④] 研究发现，客观存在的环境污染会通过经济增长这一路径提升中国居民的幸福感，但是主观感知的环境污染程度则会对中国居民的幸福感产生负面影响。

## 2.5　本 章 小 结

本章回顾了国民幸福的相关研究，不论是从经济增长、公共政策还是生态环境角度，国民幸福已经成为热切关注的政策目标之一，但是理论研究还不够深入，只是在国民幸福的测量上呈现出逐步上升的关注热度，随着各类国民幸福指数的构建及数据分析，也展现出它是主观和客

---

① 夏金华. 从不丹"国民幸福总值"看中国的环境保护与经济发展 [J]. 毛泽东邓小平理论研究，2007（5）：65－68，85.

② 刘淑美. 推进低碳生活，革新人类幸福观 [J]. 经济视角（下），2011（7）：10－11.

③ 刘晓黎，马妍. 在生态文明建设中提升人们的幸福感 [J]. 经济师，2014（7）：48－49.

④ 郑君君，刘璨，李诚志. 环境污染对中国居民幸福感的影响——基于 CGSS 的实证分析 [J]. 武汉大学学报（哲学社会科学版），2015（4）：66－73.

观、宏观与微观、理论与实践相结合的一个指标体系，从多层次、多维度较为全面地反映出当今时代背景下以人为本的可持续的经济发展目标。但是由于国内研究起步较晚，在做定量分析时可以获得的微观数据还比较有限，但随着越来越多机构致力于做持续性的、大范围的、大样本的微观数据搜集，使得关于幸福感的定量研究更有依据和更为全面。

可以发现，在宏观层面上可以达成共识的是，国民幸福应作为政策目标和衡量经济社会发展水平的重要依据。幸福经济学关注的是人的幸福和快乐，是一门新兴的经济学分支学科，幸福经济学研究的理论和应用价值具体表现为：第一，加快了经济学研究的伦理复归。一个幸福的、有良好秩序的社会应建立在"公平原则"和"善治原则"之上。幸福社会的实现离不开蕴含伦理道德和公正理念的经济学的平稳增长，经济学的发展必须平衡"效率"和"公平"目标。忽视公平目标、忽视人类发展指数提高的经济发展不是我们所追求的理想目标。第二，丰富了经济与社会发展观的内涵。幸福经济学的研究是强调用幸福指标作为诠释和衡量经济发展的意义，同时它也强调幸福指标、人类发展指标对社会发展及社会进步的重要意义。第三，幸福经济学的研究帮助学界和政府重新审视社会发展理念。中国改革开放40年虽然取得了举世瞩目的成绩，但人类发展指数相对GDP增长较缓慢，尚还存在经济指标与社会指标不同步增长的发展局限性，而幸福经济学的创建和研究，可以帮助我们重新审视经济与社会发展的理念问题。我们应倡导的是"幸福、平等、正义、自由、民主、民生"本位的发展新理念，以新理念设计经济发展政策、社会发展政策、经济与社会制度、法律与文化制度等，以促使社会不断和谐、进步、文明和稳定发展。第四，幸福经济学的研究也丰富了幸福的变量研究，扩展了幸福经济学的研究范围。最早的幸福经济学研究的是收入、友谊、健康与幸福的关系，现在的幸福经济学研究的是婚姻、失业、生态环境、公共安全、通货膨胀等对幸福的影响。目前国内外对幸福经济学的研究越来越倾向于关注社会指标和人类发展指标对国民幸福和经济社会发展的影响。《2017 年世界幸福报告》中所分析的主观幸福感差异的六个预测因素包括了人均国内生产总值、健康的预期寿命年数、社会支持、信任、感知自由做出人生的决定、慷慨。同时，公共政策视角关于国民幸福的研究也有许多学者开始关注，公共政策设计和评估过程中是否以及如何使用幸福引发了讨论。可以用莱文森（2013）[1] 的话来总结这场辩论："过去 10 年来，幸福经济学作为制定公共政策的新工具被引入，可以从三方面看到幸福研究如何促进制定促进社会进步的政策：评估潜在有限理性人的真正兴趣所在，评估有多重目标的人的真正需求，评估人们对政策变化的可能反应。另外，以生态环境为焦点展开的对于可持续幸福的研究也引起了学者们的关注。

除了上述三个比较热点的关于国民幸福的宏观研究视角，由于国民幸福是一个主观指标，在微观层面上也有许多研究发展，比如"婚姻"等其他家庭因素也对居民幸福有着重要的影响。邢占军等（2003）[2] 则是以山东省随机选取 1 552 名居民为研究对象，分析得出未婚群体的主观幸福感高于已婚群体，并且也认为婚姻状况对幸福感的影响存在性别差异，男性群体中婚姻的幸福效应是正向的，而女性群体中婚姻的幸福效应是负向的。吴丽民等（2007）[3] 利用自制问卷对浙江省居民进行抽样调查，根据采集的 881 份数据分析得出，如果是回顾五年以及十年前的幸福感，未婚人群的幸福感都强于已婚人群，而关于目前的幸福感以及对五年后的幸福预期，已婚人群的幸福感都强于未婚人群。并且，未婚人群的幸福感呈"U"型，即对于过去和未来的幸福感都强于目前的幸福感，未婚女性的幸福感在不同时期均高于未婚男性。查普曼等

---

① Levinson, Arik. Happiness, Behavioral Economics, and Public Policy [J]. 2013. http://www. nber. org/papers/w19329.

② 邢占军，金瑜. 城市居民婚姻状况与主观幸福感关系的初步研究 [J]. 心理科学，2003（6）：1056 – 1059.

③ 吴丽民，陈惠雄，黄琳. 婚姻、性别与幸福 [J]. 浙江学刊，2007（1）：220 – 225.

（Chapman et al.，2016）① 利用美国 GSS、英国 BHPS 和德国 GSOEP 的调查中关于幸福和婚姻的数据，分析发现已婚相对于未婚，对于美国和英国居民的平均幸福水平会增加 10%，对于德国居民的平均幸福水平会增加 7.5%。但是，进一步考察三个国家的居民的婚姻质量与幸福的关系，均呈现出"婚姻很快乐"的居民比未婚者的平均幸福水平增加 20%，"婚姻不快乐"的居民比未婚更加不幸福。袁正等（2017）② 利用世界价值观调查（WVS）在 1990 ~ 2012 年 5 次在中国的调查数据共 7 815 个样本，研究得出婚姻对幸福感有显著的正向影响。

同时，从微观层面来看，个人的就业状态即是否失业对其幸福感有显著影响，失业人群由于收入受限其生活质量会受到影响，并且还会影响到个体及家庭的情绪，使其产生焦虑、压抑等负面情绪，进而产生幸福损失。弗雷等（2002）③ 认为，失业是影响幸福感的微观因素中效应最强的，比离婚、分居等消极因素的效应更强，究其原因，失业是会产生收入不足的压力和心理焦虑的压力，而且后一类压力的负效应比前一类更强。与传统经济理论的"工作给人带来负效用"的假设不同，工作能增加幸福，没有工作会带来巨大的福利损失，包括物资方面的福利损失以及对个体带来的心理负效用。

综上所述，经济增长带来的收入变化、收入差距变化，以及经济增长中失业率和通货膨胀对于国民幸福的影响已经有了较多的研究和发展，然而，"消费"是非常重要的经济活动，"消费者"也是每个个体都会体验的日常重要角色，其"幸福成本"究竟如何，20 世纪 80 年代起，消费者幸福感的研究引起了学者们的兴趣，着重于研究营销活动影响如何生活质量，因此关于消费者幸福感的基础理论有自下而上的外溢

---

① Chapman, B. and C. Guven. Revisiting the Relationship Between Marriage and Wellbeing: Does Marriage Quality Matter? [J]. Journal of Happiness Studies, 2016. 17 (2): 533 – 551.

② 袁正，李玲. 婚姻与幸福感：基于 WVS 的中国微观数据 [J]. 中国经济问题，2017 (1): 24 – 35.

③ Frey, B. S. and A. Stutzer. The Economics of Happiness [J]. World Economics, 2002. 16 (4): 581 – 587.

理论和马斯洛的需求满意理论。西尔吉（Sirgy et al.，2008）[①] 多角度多层次地汇总分析了近十年来关于消费者幸福感的概念和测度，从企业角度研究定义消费者幸福营销，以此为基础研究全球化背景下进出口贸易影响消费者幸福感。傅红春[②]（2015）基于自创问卷研究财富的市场价格与幸福效用，通过分析幸福损失和人均求偿的相关性，得出结论，无论是对于消费、生活质量还是居民幸福，效用都比价格更有表现力和相关性。可见，不仅从收入，还应从支出角度关注经济增长的幸福效应，并且从消费者的视角来看，收入的效用价值正是体现在其幸福效应上，这些都是新的关注点。

---

① Sirgy，M. J. and D. J. Lee. Well-being Marketing：An Ethical Business Philosophy for Consumer Goods Firms ［J］. Journal of Business Ethics，2008. 77：377 - 403.

② 傅红春. 财富的市场价格与幸福效用——生活质量的判定标准 ［J］. 山东社会科学，2015（6）：52 - 56.

# 第3章

## 国际贸易影响国民幸福的研究回顾

关于国际贸易与国民幸福的相关性，较少有文献深入或全面研究，相近的研究一方面主要是围绕着国民福利展开。按照福利经济学原理，一个国家的国民福利水平通常有两种衡量方式：第一是以人均 GDP 衡量，即在劳动者人数不变时，通过 GDP 总量增长以提高国民福利水平；第二种情况是以收入分配平等性进行衡量，则是考虑当在 GDP 总量衡定时，收入分配的均等程度提高意味着国民福利水平的提高。上述传统理论并未将国际贸易纳入其考量范围，但是国际贸易作为重要的经济因素，它的国民福利效应越来越受到重视。2006~2016年，新新贸易理论的代表理论是关注于企业层面的贸易情形，这也是国际贸易领域的最主要进展，而在近几年来国际贸易的福利效应又称为了新的研究热点，尤其是关于整体福利的改进和福利水平的分布。阿科拉科斯（Arkolakis et al.，2012）[①] 开创性地提出无论国际贸易发生机制如何，无论是企业层次还是行业层次，都可以由国内消费占比、贸易弹性来测算国际贸易的整体福利水平。该研究引起学者们的关注和讨论，并且最近的研究开始关注于消费者异质性和劳动者异质性，即

---

① Arkolakis, C., A. Costinot and A. Rodríguez – Clare. New Trade Models, Same Old Gains? [J]. American Economic Review, 2012. 102（1）：94－130.

60

国际贸易将改进消费者福利和劳动者福利（Galle[①]，2017；Khandelwal et al.，[②] 2013；施炳展等[③]，2017）。对于国际贸易如何影响国民福利和国民幸福，其研究主要围绕着贸易开放度、贸易利益分配、贸易结构优化来展开。

# 3.1　贸易开放度与国民幸福

首先，关于开放和贸易是否会为人们带来更多福利和幸福，学者们很早就开始研究。范德林特[④]所认为的人类幸福是由和平与丰裕构成，贸易是谋取生计的特殊手段，所以，追求幸福必须发展贸易，并且要重视和平和丰裕以及货币的流通，如果物品丰富了，人们就可以在往来的贸易获得更多的就业机会，从而实现人人追求幸福的最终目标。同时他认为充分扩大现有货币的流通，推动贸易在各个行业的广泛发展，就可以达到人人幸福。（Takatsuka et al.，2012）[⑤] 分析了贸易开放程度的福利影响，当同质化产品的市场更综合，差异化产品的企业在较大国家中数量一直增加，较小的国家福利在内部平衡中恶化而较大的国家的福利则得到改善。马汴京等（2014）[⑥] 分析认为经济全球化通过降低通货膨胀率和失业率、增加人们收入、改善人们健康状况，以及缩小贫富差距

---

① Galle，S.，A. Rodriguez – Clare and M. Yi. Slicing the Pie：Quantifying the Aggregate and Distributional Effects of Trade［J］. Nber Working Papers，2017.

② Khandelwal，A. K. and P. D. Fajgelbaum. Measuring the Unequal Gains From Trade［J］. Quarterly Journal of Economics，2013，21（23）：13.

③ 施炳展，张夏. 中国贸易自由化的消费者福利分布效应［J］. 经济学（季刊），2017（4）：1421 – 1448.

④ 范德林特. 货币万能［M］. 王兆基译. 北京：商务印书馆，2010：12.

⑤ Takatsuka，H.，D. Z. Zeng. Trade liberalization and welfare：Differentiated-good versus homogeneous-good markets［J］. Journal of the Japanese and International Economies，2012. 26（3）：308 – 325.

⑥ 马汴京，蔡海静. 经济全球化如何影响了中国居民幸福感——来自 CGSS2008 的经验证据［J］. 财贸经济，2014（7）：116 – 127.

等民生改善渠道，对居民幸福感产生着间接的作用，并利用中国综合社会调查 2008 年度数据，验证得出经济全球化对中国居民幸福感的提升作用是显著的。

## 3.2　贸易利益分配与国民幸福

　　贸易通过促进经济增长改善世界福利水平，在贸易利益分配中体现出各个国家的居民从国际贸易中获得的福利有所不同，并且随着贸易结构的优化，各国也开始不仅仅关注于贸易开放程度、参与程度、贸易增量，而是更为关注贸易利益所得给本国国民带来的福利效应。由于各国在贸易环境中所处的条件和国内环境的不同，在作为出口国和进口国时所获得的贸易利益也是有所不同的。

　　郭其友等（2011）[1] 采用 1978～2007 年中美之间的贸易数据进行分析，在中美两国贸易中实现了总利益的共赢，但深入到产出与消费的视角分析，则发现美国居民获得了消费利益损失了产出利益，中国居民是相反情形。刘光溪等（2006）[2] 通过结构化分析中美贸易利益分配，发现美国的企业和消费者是其中的最大获益方。目前为止对于贸易差额和福利水平之间的关系有截然不同的观点：中方得益论（苗迎春，2004；Mickey，1996；Samuelson，2004），双方得益论（宋玉华，2002；尹翔硕，2001；Fung，2003），第三方得益论（刘兴华，2005；陈明等，2003），美方得益论（Yan Dong & John Whalley，2012）。曾铮等（2008）[3] 认为不同核算方法下的贸易利益分配是引起贸易争端的主要因素，并且

---

　　① 郭其友，王春雷. 中美贸易的利益分配——基于产出与消费视角的理论经验分析 [J]. 厦门大学学报（哲学社会科学版），2011（4）：34 – 42.

　　② 刘光溪，陈文刚. 中美贸易失衡的最大得益者：美国企业和消费者——兼析不同经济发展水平国家在全球化中的得益情况 [J]. 国际贸易，2006（7）：4 – 9.

　　③ 曾铮，张路路. 全球生产网络体系下中美贸易利益分配的界定——基于中国制造业贸易附加值的研究 [J]. 世界经济研究，2008（1）：36 – 43，85.

以 1997～2006 年的中国 8 个主要制造业部门的对美贸易获利进行测算，发现虽然其附加绝对价值每年都在增长，但比重却没有增长。对于中美贸易关系对两国经济都十分重要但是随着贸易额增大而越发明显的中美贸易不平衡的特点，两国对于贸易差额的统计有所区别，美国主流观点认为其贸易损失是由于逆差所致，也引发了失业率增高和国际竞争力下降，而中国学者（刘建江，2002）①则认为对外贸易影响经济增长的因素是经济福利而不是顺差或逆差，只有产生利润，企业才能扩大再生产，社会总资本实现增值，进而才会通过乘数效应扩大国家市场容量，推动国民经济发展，刘建江等（2011）②采用中国 8 个制造业部门在 1997～2009 年的对美贸易数据，从产品内分工视角分析两国的贸易利益分配，结论是，中美贸易失衡背后的利益流向并没有与贸易差额一致，贸易利益的分配与产品内分工程度息息相关，产品内分工越发展，中国在贸易差额中的获利相对比越低，这是由于美国在高附加值产品中具有比较优势和垄断优势。

除了从进出口贸易的差额及均衡来考量研究各国的贸易利益，作为不同国家的生产者、消费者，在贸易环境中所获得的贸易福利效应也有所不同，并且贸易也会对社会整体福利的改进和分布产生影响。

### 3.2.1　生产者福利视角

生产者剩余通常用来衡量厂商在市场供给中得到的经济福利，生产者剩余是指生产资源所有者或产品供给方所提供的供给价格与实际市场价格之间的差额，当供给价格一定时，生产者福利的多少就取决于市场价格，当市场价格一定时，生产者福利则是取决于供给价格。作为社会

①　刘建江. 财富效应、消费函数与经济增长［J］. 当代财经，2002（7）：16－19.
②　刘建江，杨细珍. 产品内分工视角下中美贸易失衡中的贸易利益研究［J］. 国际贸易问题，2011（8）：68－80.

福利的重要组成部分，尤其是在国际贸易的深入发展下，随着国际市场的变化，生产者福利的研究也引起了学者关注。

黄秀娟等（2009）[①] 以植物新品种培育中的创新和知识产权保护为研究样本，构建均衡的经济理论模型，从静态和比较静态角度分析了所产生的生产者剩余和消费者剩余，认为世界产品价格在消费者与生产者之间损失的分配上存在差异性，保护水平提高，产品价格上升幅度越大时经济剩余的损失主要由消费者承担，也就是由此引起的消费者剩余减少更多，生产者减少更少，并分析得出植物品种保护带来了正的消费者剩余，但为生产者带来的剩余不一定为正，因此肯定了创新对于整体经济福利提升的积极作用。苗珊珊（2016）[②] 采用局部均衡分析方法，分析得出在国际市场上大米价格剧烈波动时，关税税率变动会导致经济剩余在生产者、消费者与政府之间的分配有差异性，其中，对生产者福利损失较大，对政府与消费者是有利的，进一步分析认为在大国开放条件下，降低关税税率对不同主体的福利变化有不同作用，并不符合"帕累托改进"条件，因此建议关税调整应考虑政策目标与社会福利的双重均衡，减少国际贸易扭曲，努力扩大本国的国际市场份额，加大对战略性商品的合理控制。

关于生产者剩余的理论已经很成熟，但是将其应用于国际贸易环境下的福利效应分析还是比较少的，通常也只是通过某些特定的产品为研究样本，比如农产品的国际市场价格变化等，并且很少单独应用生产者福利进行分析，通常是与消费者福利进行对比分析，因为生产者剩余虽然也是经济福利的一部分，但是在理论应用于实际情况时还存在很多不确定性的效应，因此更多的文献还是集中于研究消费者剩余，一定程度上反映出消费者福利对于整体福利的改进效应更受到重视。

---

① 黄秀娟，吴立增，刘伟平. PBR 对消费者和生产者经济福利的影响分析 [J]. 西北农林科技大学学报（社会科学版），2009（2）：33-38.

② 苗珊珊. 国际粮食价格波动背景下中国大米关税变动的福利效应分析 [J]. 国际商务（对外经济贸易大学学报），2016（4）：28-36.

## 3.2.2 社会整体福利视角

除了从生产者福利、消费者福利去研究国际贸易的福利效应，还有些学者关注于国际贸易作用于社会其他方面的福利改进或是整体福利及其分布。赵俊康（2007）[1] 认为实际工资和消费性实际工资存在差异，于是构建了开放经济下劳动力市场均衡模型，以确定劳动力市场名义均衡工资在封闭经济和开放经济对于国民福利的差异性影响，研究认为进口低价商品规模的扩大、出口商品价格水平的提高有利于扩大就业规模、增加国民福利，并且从消费品价格比较，如果进口的低于国产的，则进口国的国民福利改进表现为就业岗位和货币福利的增加。如果从国民福利的性别差异去探讨，也可以发现国际贸易对妇女的国民福利的积极作用。格雷等（Gray et al.，2006）[2] 采用横断面时间序列回归180个国家在1975～2000年的数据，国际贸易对妇女的预期寿命、识字和经济社会参与度都有积极的改善作用。张玉斌等（2009）[3] 关注于国际贸易与FDI在提高国民福利水平的效率差异性，通过构建两个相同市场容量的完全垄断市场下的古诺模型，发现前者的福利效应更强。顾国达等（2007）[4] 通过构建不完全竞争模型，研究了出口贸易结构与出口福利的相关性，研究发现其影响路径是"汇率波动—商品及要素的相对价格—贸易规模和出口结构—就业量与国民福利"，从而建议劳动力资源丰富的国家应采用本币贬值来增加出口，促进出口部门的就业，以实现国

---

[1] 赵俊康. 国际贸易、劳动力市场与国民福利［J］. 山西财经大学学报，2007（11）：40－43.

[2] Gray，M. M.，M. C. Kittilson and W. Sandholtz. Women and Globalization：A Study of 180 Countries，1975－2000［J］. International Organization，2006. 60（2）：293－333.

[3] 张玉斌，张云辉. 国际贸易与FDI：基于提高国民福利水平的比较［J］. 商业研究，2009（6）：130－133.

[4] 顾国达，张正荣，张钱江. 汇率波动、出口结构与贸易福利——基于要素流动与世界经济失衡的分析［J］. 世界经济研究，2007（2）：3－8，87.

民福利的改进。

## 3.3　贸易结构优化与国民幸福

贸易结构是从贸易角度衡量其经济发展水平、产业结构状况、科技发展水平等，一般反映了一国在一定时期贸易质量的构成情况，贸易结构对一国经济增长和国民收入水平都会产生影响。经济增长是经济主体（个人、企业、政府）一系列自觉选择的结果，经济增长质量追求最大多数人的最大幸福的道德原则。因此，贸易结构优化对于国民幸福的影响主要通过提升经济增长质量来实现。

由于对于贸易结构的界定方法不同以及检验方法的不同，学者们得出了差异性的结论。巴拉格尔等（Balaguer et al.，2004）[①] 认为出口结构对于经济增长的影响是明确的，衡量其影响强度的指标可以是消费品、半成品、资本品占总出口的比重。王永齐（2004）[②] 构建的贸易结构测度指标主要包括了资本品出口和消费品出口，分析得出经济增长并不显著收到该指标的影响。易力等（2006）[③] 则是从初级产品和工业制成品两大类来衡量出口贸易结构，采用 1980～2004 年的数据分析得出，出口商品结构与经济增长不存在双向因果关系。苏振东等（2009）[④] 采用动态面板数据模型研究中国出口贸易结构变化对中国经济增长影响的动态效应，分别以 1992～2006 年的 130 种高附加值产品和 130 种低附

① Balaguer, J. and M. Cantavella – Jordá. Export composition and Spanish economic growth: evidence from the 20th century [J]. Journal of Policy Modeling, 2004. 26（2）: 165 – 179.

② 王永齐. 对外贸易结构与中国经济增长: 基于因果关系的检验 [J]. 世界经济, 2004（11）: 31 – 39, 80.

③ 易力, 李世美, 刘冰. 出口商品结构优化与经济增长相互作用的实证研究——基于中国初级产品与工业制成品出口的协整分析 [J]. 国际贸易问题, 2006（9）: 5 – 11.

④ 苏振东, 周玮庆. 出口贸易结构变迁对中国经济增长的非对称影响效应研究——基于产品技术附加值分布的贸易结构分析法和动态面板数据模型的经验研究 [J]. 世界经济研究, 2009（5）: 42 – 47.

加值产品作为样本，研究得出，出口贸易整体增加1%，国内生产总值增加0.052%，而如果高附加值和低附加值产品分别增加1%的出口，其相应的国民生产总值分别增加0.062%和0.041%。徐光耀（2007）[①]则以国别比较，分析了日本、法国、俄罗斯和澳大利亚四国在1994～2005年与中国进口总额的年度数据，计算各国进口贸易总额与中国GDP两个变量之间的相关系数，建立线性模型得出，中国GDP和以上各国的进口总额都表现出正相关关系，认为各国不同的进口贸易结构对我GDP增长的作用有很大区别，但是他对各国贸易结构仅仅做了描述性的分析，并未呈现出贸易结构的量化性比较。裴长洪（2013）[②]把进口结构划分为266个子类，将进口商品分为初级品、中间品、资本品和消费品，将服务贸易进口结构划分为传统型服务、信息化服务、金融保险服务、其他服务，构造了进口结构变化指数和进口趋势指数，根据59个经济体1995～2010年的经济增长平均速度划分为4个组别，研究发现，进口贸易结构与经济增长是正向相关的，经济增长减速组与加速组相比，其进口结构变化则较小。进口趋势指数的测算则发现在经济增长减速阶段，资本品进口总体均下降，经济减速越大，资本品进口下降也越大，初级品进口比重增速相对于经济增长增速趋于下降，消费品进口比重基本稳定并略有上升，服务贸易进口的趋势是不规则的，说明服务贸易与经济增长的联系还没有达到货物贸易与经济增长联系的紧密程度，这方面的研究还可以再具体分析。冯永琦等（2013）[③]采用1991～2011年的相关数据，利用协整理论、Granger因果检验及误差修正模型等方法，分析得出进口最终产品比进口初级产品，对经济增长的长期均衡的促进作用更为明显。除了上述代表性的研究，还有一些学者也做了货物

---

① 徐光耀. 中国进口贸易结构与经济增长的相关性分析 [J]. 国际贸易问题, 2007 (2)：3-7.

② 裴长洪. 进口贸易结构与经济增长：规律与启示 [J]. 经济研究, 2013 (7)：4-19.

③ 冯永琦, 裴祥宇. 中国进口贸易结构变化与经济增长关系实证研究 [J]. 经济问题探索, 2013 (10)：100-108.

贸易结构与经济增长关系的研究，主要结论有：对中国经济增长有长期稳定的正向作用的是进口工业制成品，而产生负向作用的是进口初级产品（李兵，2008）[1]，出口商品结构的变化促进了 GDP 增长，但后者对前者没有相关作用，出口商品结构每提升 1%，经济增长将上升 0.38%，进口商品结构与经济增长之间没有因果关系（魏浩等，2008）[2]。

随着服务贸易的规模不断扩大，也有越来越多的学者关注于研究服务贸易结构与经济增长的关系。尹忠明等（2009）[3] 构造传统服务出口额（包括运输和旅游）占出口总额的比重度量服务贸易出口结构，发现传统服务贸易的出口对中国经济增长具有长期的促进作用，其进口却具有显著的抑制作用。采用同样的 VAR 模型研究方法，赵书华等（2012）[4] 以现代服务贸易（除运输、旅游外）出口占出口总额的比重度量服务贸易出口结构，基于 1986~2010 年的数据进行分析得出，经济增长对于现代服务贸易出口份额的提升起着促进的作用，增加现代服务贸易出口份额有利于经济增长。唐保庆等（2008）[5] 以 Cobb‑Douglas 生产函数为假设基础，建立了货物贸易与服务贸易两项与以下五项自变量（人均物质资本、人均人力资本、技术进步、开放度、市场化程度）所构成的五个回归模型，考察其影响路径发现，货物贸易促进经济增长是主要通过物质资本积累和技术进步，而服务贸易则是在此基础上还有另外两个路径即人力资本积累和市场化程度提高。并且，服务贸易中，技术、知识密集型比劳动、资本密集型对经济增长的促进效果更强。曹

① 李兵. 进口贸易结构与中国经济增长的实证研究 [J]. 国际贸易问题, 2008 (6): 27 - 32, 38.

② 魏浩, 陈灵娟. 中国进出口商品结构与经济增长关系的实证研究 [J]. 当代财经, 2008 (11): 112 - 117.

③ 尹忠明, 姚星. 中国服务贸易结构与经济增长的关系研究——基于 VAR 模型的动态效应分析 [J]. 云南财经大学学报, 2009 (5): 25 - 33.

④ 赵书华, 张维. 中国服务贸易出口结构与经济增长关系研究 [J]. 中国经贸导刊, 2012 (12): 39 - 41.

⑤ 唐保庆, 黄繁华. 国际贸易结构对经济增长的影响路径研究——基于货物贸易与服务贸易的比较分析 [J]. 世界经济研究, 2008 (9): 32 - 39, 88.

标等（2014）① 构建了经济增长率、服务贸易结构（生产者服务贸易出口额占 GDP 的比重、消费者服务贸易出口额占 GDP 的比重、服务贸易出口额占 GDP 比重）、投资增长率、人口变化率的静态面板模型和动态面板模型，并按照全球范围、低收入国家、中等收入国家、高收入国家进行分析，利用 Hausman 检验的结果确定静态面板模型均采用固定效应估计，以及在动态面板中采用了一阶差分 GMM 和系统 GMM 两种估计方法得出，在低收入国家消费者服务贸易及服务贸易整体会抑制国民经济增长，而在收入水平较高的国家生产者服务贸易及服务贸易整体会促进国民经济增长。李夏玲等（2004）② 比较分析了中美两国的货物贸易结构、服务贸易结构和对外贸易地区结构，发现美国贸易结构是典型的水平分工型，即国际分工高度化、国际化的跨国公司生产，制成品在出口和进口占比都很大，而中国的商品贸易结构水平非常低，属中级垂直分工。

## 3.4　国际贸易通过消费影响国民幸福

本章前三小节的研究内容着重以贸易开放度、贸易利益分配和贸易结构优化视角来分析国民福利和国民幸福的变化，然而，国际贸易这一宏观指标的变化对于国民幸福的影响效应需要更深入探讨其影响路径，因此，消费者和劳动者是两个最为日常的经济角色，消费和就业也势必在国际贸易对国内经济环境的影响下发生变化，因此，学者也开始关注国际贸易如何通过消费和就业影响国民幸福。

### 3.4.1　国际贸易影响消费者福利

消费者剩余是衡量消费者福利的重要指标，是指消费者消费一定

---

① 曹标，廖利兵. 服务贸易结构与经济增长 ［J］. 世界经济研究，2014（1）：46–51.
② 李夏玲，洪毅颖. 中、美贸易结构比较及启示 ［J］. 经济纵横，2004（7）：51–53，47.

数量的某种商品愿意支付的价格与这些商品的实际市场价格之间的差额，而整体福利则是消费者剩余与生产者剩余之和，或是总消费效用与生产成本之差。在消费者福利理论中，首先对于消费者地位有更多的明确，认为社会利益主要由消费者利益决定，满足消费者的需要，增加消费者剩余，增进他们的经济福利，是市场经济的根本要求。欧盟《罗马条约》[①] 也假定实现的经济目标的最终受益者是消费者，消费者主权是市场经济的本质。关于国际贸易影响消费者福利，主要有以下几个角度。

### 1. 贸易政策对消费者福利的影响

国际贸易政策可以通过关税对消费者剩余、生产者剩余、社会福利产生影响。较多学者认为，关税设置违背了帕累托标准，导致国际贸易整体上的效率损失进而使得消费者剩余受到影响。判断国际贸易是否有利，可以从消费者剩余和生产者剩余综合进行考虑，如果消费者从国外企业所生产的产品中得到的利益大于国内生产者所遭受的损失，当国内消费者剩余的增加大于国内生产者剩余的减少，国际贸易就是有利的，在此情况下，通过贸易自由化，可以增加商品和服务的品类和质量，从而使消费者受益，提高国内福利水平。卡尔等（Kar et al.，2001）[②] 分析贸易政策改革的福利效应认为，互补的生产可能会导致负面的福利影响，尽管改善贸易条件。吉恩等（Jin et al.，2013）[③] 认为中国大量的外汇储备表明当前汇率政策可能是对消费者福利有害的，中国追求的利益是在以不公平的优势占据全球市场。陈志鸿（2007）[④] 认为贸易自由

① 1957 年 3 月 25 日，法国、联邦德国、意大利，荷兰、比利时和卢森堡六国的政府首脑和外长在罗马签署《欧洲经济共同体条约》和《欧洲原子能共同体条约》。后来人们把这两个条约统称为《罗马条约》，同年 7 月 19 日~12 月 4 日，六国议会先后批准了《罗马条约》，条约于 1958 年 1 月 1 日生效，该条约的生效标志着欧洲经济共同体正式成立。

② Kar, S. and S. Marjit. Informal sector in general equilibrium: welfare effects of trade policy reforms [J]. International Review of Economics &Finance, 2001. 10 (3): 289 – 300.

③ Jin, H., E. K. Choi. Profits and losses from currency intervention [J]. International Review of Economics &Finance, 2013. 27: 14 – 20.

④ 陈志鸿. 加入世贸组织对中国居民福利的影响 [J]. 国际贸易问题, 2007 (6): 127.

化影响居民福利的路径可以通过生产、消费和就业，从消费这一路径分析，可以利用家庭层次的微观数据考察贸易影响消费品市场的价格水平、居民的消费选择和福利水平变化。乔根森等（Jørgensen et al.，2008）① 提出了一种简单的异质性企业的规范，建立了一个对称的两个国别产业内贸易模型，以消费效用函数衡量福利，分析得出贸易自由化特别是相互削减关税会使得福利减少，而在出口成本存在正的双边关税，可以最大限度地提高全国和世界的福利。托瓦（Tovar，2011）② 以哥伦比亚贸易自由化对汽车工业的影响为例，考察关税取消对消费者福利的影响，使用产品层面的数据分析认为消费者福利增加多数是因为贸易自由化带来的消费品种增加，而不是价格竞争。科汉德沃等（Khandelwal et al.，2013）③ 基于行业层面将效用函数模型进行改进，并利用世界投入产出数据对消费者需求参数进行估计，从而发现，国际贸易对消费者福利有改进作用，其消费者福利改进程度在28%~63%之间。施炳展等（2017）④ 研究发现贸易自由化可以同时提升消费者福利水平和均衡消费者间福利分布。

**2. 进出口贸易增长对消费者福利的影响**

西尔吉（Sirgy et al.，2006）⑤ 研究了商品和服务的国际流动发现，增加出口对进口国消费者福利的影响是长期的、负面的，其原因可能是工人、政府和进口国对此不满，而提倡采取贸易保护主义政策，使得个人收入中国外来源的那部分减少，随即消费者福利减少。增加进口对进

① Jørgensen，J. G.，P. J. H. Schr Der. Fixed export cost heterogeneity，trade and welfare ［J］. European Economic Review，2008. 52（7）：1256 – 1274.

② Tovar，J.，Diversification. Networks and the Survival of Exporting Firms ［M］. Social Science Electronic Publishing，2011；67 – 70.

③ Khandelwal，A. K.，P. D. Fajgelbaum. Measuring the Unequal Gains From Trade ［J］. Quarterly Journal of Economics，2013. 21（23）：13.

④ 施炳展，张夏. 中国贸易自由化的消费者福利分布效应 ［J］. 经济学（季刊），2017（4）：1421 – 1448.

⑤ Sirgy，J. M.，D. J. Lee. Macro Measures of Consumer Well Being（CWB）：A Critical Analysis and a Research Agenda ［J］. Journal of Macromarketing，2006. 26（1）：27 – 44.

口国消费者福利有短期和长期正向影响，这是因为对消费者而言获得高品质产品的渠道更多，价格更优惠，但从企业层面看，就业竞争的增加可能引起失业增加，那么作为失业人群的消费者的支出减少，消费者福利也减少。魏浩等（2016）[①] 构建模型来估计替代消费函数的弹性系数，并针对两组不同商品分类层面的进口数据进行研究比较，1998～2010 年的 HS－6 层面的和 2000～2006 年的 HS－8 层面的，探讨中国进口商品种类增长通过价格指数下降影响国民福利，进口商品价格水平下降 5.26%，中国居民获得大约相当于 1998 年 GDP 的 0.40% 的福利增加，在不考虑人民币实际汇率和实际有效汇率变化的情况下，中国消费者在此期间每年可以从进口商品种类增长中获得大约 338 亿元的福利增加。如果对应为 2000 年的相应数据，则是进口商品价格下降 2.95%，国民福利增加为 GDP 的 0.42%，增加额度为 417 亿元。进一步采用此模型进行上述两组数据在同一时间范围的研究分析，以及在考虑人民币汇率变化情况下进行同样的研究分析，得出了一致性的结论，其福利增加的影响仅仅是微小幅度的变化。在高度重视进口的作用下，扩大进口商品种类以获得较多的福利资本品进口对于消费者福利增长有负贡献，低技术商品、中高技术商品和高技术商品进口有利于消费者福利水平提升。

### 3. 消费者异质性情况下国际贸易的消费者福利研究

高新（2015[②]、2016[③]）以幸福指数作为衡量消费者异质性的指标，分析认为出口目标国的幸福指数、市场规模、出口国的质量水平对出口贸易产生着正向影响，而目标国的质量水平对出口贸易则是产生负向的影响。并且，进一步以 GDP 含金量和国民幸福指数来共同衡量消费者异质性，比较分析 2000～2014 年的相关数据得出，与中国进口贸易存在

---

① 魏浩，付天. 中国货物进口贸易的消费者福利效应测算研究——基于产品层面大型微观数据的实证分析 [J]. 经济学（季刊），2016（4）：1683－1714.

② 高新. 消费者异质性对中国出口贸易影响研究 [J]. 中国经济问题，2015（5）：57－65.

③ 高新. 进口贸易、消费者异质性与民生改善 [J]. 现代财经（天津财经大学学报），2016（3）：90－100.

着显著的正相关性的是贸易双方的 GDP、中国的消费者异质性，呈现负相关的是贸易距离，并不存在相关性的是贸易伙伴的消费者异质性。

通过构建各类消费效用或者福利函数，学者们普遍认为无论是进口还是出口，都是有利于改进消费者福利的，在国际贸易的发展下，消费者获取的产品品类更丰富，消费渠道也更多样，价格更优惠，消费选择更多。但是目前来看，这种福利增长从数量来看并不是非常明显，当然，深入分析可以发现，提升消费者福利，还应该通过优化进出口商品的结构去加强，也就是说，国际贸易中的商品种类变化与消费结构的相互优化促进，才是对消费者幸福感产生积极作用的有效因素，同时考虑到贸易通过货币、物价水平、供需、消费观念与习惯等途径的综合作用，中国消费者才会在贸易全球化发展的环境下通过消费这一路径获取更多的幸福感。

学者们也关注于消费者幸福感影响因素的传导机制的研究，引起讨论的主要有以下几种：财富—消费—效用—幸福（吴丽民等，2012）[1]、幸福观—消费结构—幸福指数、贸易—财富—消费—幸福。上述传导机制探讨对幸福经济学的研究给出了新的视角，幸福经济学的研究从受限于诸多假设和问卷调查范围的个人、不同群体的主观感受，基于实验性评价获取微观数据来进行分析讨论的研究模式，如何限定在具体研究"消费者"这一群体的幸福感，并且考虑到"国际贸易"的作用，通过消费量、消费结构、消费率等各种体现和反馈，来说明消费者幸福感的变化，这是非常有意义的研究方向。

### 3.4.2　国际贸易通过消费水平影响国民幸福

不同于经济增长通过收入增加来影响国民幸福，国际贸易可以通过

---

① 吴丽民，袁山林. 幸福视角划分消费类型的理论构想与实证解析［J］. 财经论丛，2012（6）：99 – 105.

消费支出来影响国民幸福。关于国际贸易对国内居民消费物价指数（CPI）的影响机制，学者们已经有了许多研究，多数学者都认同以下三个途径，即价格传导途径、货币供应量传导途径、总供给总需求传导途径。具体来看，国内外关于此方面的研究逐步形成共识，朱启荣（2009）[①] 认为国际贸易影响中国物价水平的途径有三个：进口贸易引起总供给变动和国际市场价格变动、出口贸易引起总需求变动、贸易顺差引起货币供应量变动，并且实证分析得出上述三个因素对中国居民消费物价指数上升有着正向的作用，强度由高到低依次是贸易顺差、进口贸易、出口贸易。卢孔标等（2007）[②] 采取 Granger 因果检验也验证了上述三个传导途径，通过比较得出，最为通畅的是总供给总需求这一传导途径，而且中国进出口贸易是国内生产总值的格兰杰原因，而国内生产总值是居民消费价格指数的格兰杰原因。廖晖（1993）[③] 从自由贸易论、保护贸易论、国际贸易传三个角度去研究国际贸易与消费水平的关系，自由贸易论认为消费者幸福感会因为贸易带来数量更多及价格更优的产品而有所增强，并且贸易双方可以实现共赢。保护贸易论则有不同观点，对于经济落后国家的消费者，虽然在短期内受益于贸易当中获得的廉价商品，长期来看对本国的经济发展和消费有抑制作用，不利于消费水平的提高。司增绰（2007）[④] 从"挤入效应"及"挤出效应"展开分析研究，认为在中美两国贸易中其作用路径是美国消费的增长，世界利率上升，中国的储蓄下降，中国的消费下降，又反作用于中国的储蓄下降，世界利率再度下降，美国的消费上升，上述路径结合的两个效应使得中国的资本和国民储蓄都流入美国，不利于中国国民福利改进。因

---

① 朱启荣. 试析中国对外贸易增长对国内居民消费物价指数（CPI）的影响 [J]. 现代财经—天津财经大学学报，2009（3）：46 – 51.

② 卢孔标，李亚培. 中国对外贸易对国内物价影响的实证分析 [J]. 河南金融管理干部学院学报，2007（5）：106 – 109.

③ 廖晖. 消费与国际贸易 [J]. 消费经济，1993（5 – 6）：51 – 53，50.

④ 司增绰. 贸易顺差、挤入效应与消费率提高 [J]. 制度经济学研究，2007（2）：81 – 103.

此，为了改进中国的国民福利，应提高消费率以促进经济增长的内生动力，同时也有利于贸易平衡和转换经济发展模式。郭其友等（2011）[1]研究认为中国居民在中美贸易中消费利益受到损失，在产出利益上有所获利，美国居民则是相反情形。当然，也有不同的意见，贺京同等（2008）[2] 探讨了出口贸易对消费市场影响的传导机制为，出口贸易增长，基础货币的投放量增加，通货膨胀预期增加，消费减少，增加储蓄。张国军（2014）[3] 运用 Michaely 指数，分析发现中国境外消费教育服务贸易处于竞争劣势，逆差大，发展不平衡。也有一些学者关注于能源消费与进出口结构之间的互动关系，研究认为中国能源消费与出口贸易之间存在从出口贸易到能源消费的单向因果关系，能源消费受到出口贸易波动的持续影响，出口贸易对能源消费具有较强的依赖性（张传国等[4]，2009；苏梽芳等[5]，2009），出口贸易与能源消费之间存在长期均衡，二者互为因果关系（吴献金等，2008）[6]，或者二者之间短期存在互为因果关系。田晖等（2012）[7] 以 1995～2008 年数据为基础，运用协整检验及误差修正模型对美国消费需求与中国对美出口贸易的关系进行研究。结果表明，美国消费需求变动与中国对美出口贸易之间存在一个正相关的稳定的协整关系，且二者互为格兰杰因果关系，因此我们应正确认识美国消费需求对中国对美出口影响的两面性，调整对美出口商品

---

① 郭其友，王春雷. 中美贸易的利益分配——基于产出与消费视角的理论经验分析［J］. 厦门大学学报（哲学社会科学版），2011（4）：34－42.

② 贺京同，战昱宁. 重新审视中国出口贸易对国内消费市场的影响［J］. 对外经贸实务，2008（12）：47－49.

③ 张国军. 中国境外消费教育服务贸易发展现状及对策［J］. 中国高教研究，2014（1）：18－23.

④ 张传国，陈蔚娟. 中国能源消费与出口贸易关系实证研究［J］. 世界经济研究，2009（8）：26－30.

⑤ 苏梽芳，蔡经汉. 中国能源消费与出口贸易非线性协整关系实证研究［J］. 中央财经大学学报，2009（12）：69－74.

⑥ 吴献金，黄飞，付晓燕. 中国出口贸易与能源消费关系的实证检验［J］. 统计与决策，2008（16）：101－103.

⑦ 田晖，李淼. 美国消费需求对中美出口贸易的影响研究——基于中国对美出口的实证分析［J］. 消费经济，2012（1）：41－44.

结构，开拓美国高端产品市场。宫安铭（2013）① 分析发现消费需求对进口贸易具有正向作用，效果由弱变强，消费结构对进口贸易具有负向作用，效果由强转弱。

关于消费如何受到出口贸易或进口贸易的影响以及其相关影响途径，从定性分析研究逐步深入因果关系以及跨期效应研究。姜少华（1991）② 研究得出消费品贸易有利于平衡和改善国内消费资料市场，并且通过影响国内市场、生产、产业结构，又影响到国内消费结构，这是积极的作用。同时，负向作用则是表现在可能出现的进口依赖、消费扭曲消费、生产关系扭曲。陈清（2009）③ 认为出口贸易对消费的影响途径有：就业和收入分配产生的收入效应、价格变化和通货膨胀预期产生的替代效应，构建新的当期消费模型，以福建省的数据分析发现对当期消费影响最大的是前期消费，其次是进口，每增加 1 元的进口，随之增加的消费超过了 0.5 元。另外，出口对当期消费也有较小的负向作用，每增加 1 元的出口，随之减少的当期消费约为 0.19 元。林永生等（2006）④ 认为进口贸易的国民福利效应，通过消费这一中间因素表现为进口增加了消费者可选择的商品种类，消费者的选择行为发生改变，这一派生效应将增进福利，具体实证检验中将居民消费总额、居民消费增长率、消费品进口总额、消费品进口增长率为研究变量，回归分析发现消费品进口每增加 1%，国内消费水平上升 0.7%。厉英珍（2013）⑤ 认为进口贸易促进消费增长的路径是通过改变居民消费观念和习惯、增加商品种类，而同时增长的居民消费需求也会促进进口贸易增长，选取

---

① 宫安铭. 中国居民消费需求、消费结构与进口贸易的关联性探究——基于 VAR 模型的分析 [J]. 哈尔滨师范大学社会科学学报，2013（2）：54 – 58.

② 姜少华. 国际贸易与消费调控 [J]. 消费经济，1991（2）：9 – 14.

③ 陈清. 出口贸易增长对消费的影响——基于福建省数据的经验研究 [C]. 中国国际贸易与投资高层论坛，2009，北京：6.

④ 林永生，张生玲. 论中国进口贸易对消费与投资的促进作用 [J]. 国际贸易，2006（5）：25 – 27.

⑤ 厉英珍. 浙江进口贸易与城镇居民消费增长关系变动研究 [J]. 浙江树人大学学报（人文社会科学版），2013（2）：63 – 66.

浙江省1978～2010年的人均进口额和人均消费支出等数据，研究发现进口贸易与消费支出二者互为格兰杰原因，短期来看进口贸易对居民消费的影响较慢但强度较大，长期来看二者之间的协整关系是均衡的。胡延平等（2008）① 采用1979～2006年的广东省的数据研究发现进口贸易和出口贸易都是居民消费的格兰杰原因，对于非农业居民，进口比出口对于居民消费的影响更大，对于农业居民，出口比进口对居民消费的影响更大。袁丹等（2016）② 利用中国1995～2014年的数据构建SVAR模型分析发现，在即期效果方面，国际贸易对国内居民消费的影响不显著，在跨期效果方面，二者之间的相互影响从负向变化为正向，直到第6期以后呈现出稳定状态，并测度得出跨期变动中居民消费水平对国际贸易变化的贡献率为18%，因此，发展国际贸易有利于提升居民消费水平，居民消费水平提升又将促进国际贸易发展。

另外，许多学者着力于分析中国的贸易顺差与居民消费之间的关系。王启云（2009）③ 认为贸易顺差对居民消费需求、消费结构、消费环境都有着不利影响。廖鹏等（2013）④ 采用VAR模型研究得出，中国贸易顺差、消费支出和经济增长之间是协整关系，贸易顺差和消费支出增长对经济增长都有促进作用；贸易顺差和经济增长、消费支出和经济增长都是互为原因，中国贸易顺差对经济增长的影响为较弱，而消费支出对其影响则是相对较强。

有些学者从区域研究的角度或者以农村和城镇作为比较范围，将贸

---

① 胡延平，范洪颖. 对外贸易、国内贸易与广东省经济增长关系解析 [J]. 国际经贸探索，2008（9）：34－37.

② 袁丹，占绍文，雷宏振. 国际贸易、国内居民消费与产业结构——基于SVAR模型的实证分析 [J]. 工业技术经济，2016（8）：100－106.

③ 王启云. 缩小中国居民收入差距扩大居民消费需求 [J]. 中国流通经济，2009（5）：59－62.

④ 廖鹏，殷功利，谢娟娟. 中国经济增长中贸易顺差及消费支出的经验论证 [J]. 统计与决策，2013（10）：138－140.

易开放度、贸易额与消费水平进行研究。刘英（2007）[①] 采用 2000～2004 年的 31 个省份的对外贸易额、人均可支配收入、人均总消费以及 8 大类消费指标衡量消费水平，以聚类分析得出地区的贸易开放程度关系着地区经济发达程度和居民消费水平，东南沿海是高消费区域，中西部地区是低消费区域。王彦（2014）[②] 采用 1991～2011 年的数据，以"平均每人全年消费性支出"衡量居民消费，以"家庭平均每人可支配收入"衡量居民收入，以"进出口贸易占 GDP 百分比"衡量地区的贸易开放度，研究发现贸易开放度每提升 1%，城镇居民人均消费将增加约 1.6 元，农村居民人均消费将增加约 0.9 元。

### 3.4.3　国际贸易通过消费结构影响国民幸福

国际贸易不仅通过消费支出水平影响国民幸福，并且对于不同区域的不同程度影响，随着贸易自由化、物流、电子商务的发展，区域差别化程度将逐步缩小，城镇和农村的消费者，都将享受贸易和信息化发展带来的选择多样化和品质更优的商品，可由于消费需求、消费观念、消费习惯，消费环境的差异性仍然存在，消费同样一款产品所带来的幸福感肯定存在个人化差异。因此，学者们关注于研究国际贸易如何通过影响消费结构来提升国民幸福。

范金（2012）[③] 以 22 个 OECD 国家为研究对象得出结论，居民消费结构的升级方向从可贸易商品的需求（食品、衣着、家庭耐用品）变化为对不可贸易商品的需求（医疗保健、交通通信、文化教育等），经济全球化对可贸易商品消费的影响程度更大，并且在国家之间这种影响程

---

① 刘英. 地区开放因素对中国城镇居民消费影响的实证分析 [J]. 国际贸易问题，2007（1）：30－37.

② 王彦. 论贸易开放度对城乡居民消费的影响 [J]. 商业时代，2014（6）：27－29.

③ 范金. 经济全球化对发达国家居民消费结构变化影响研究 [J]. 南京社会科学，2012（1）：9－16.

度差异十分明显。[1] 科尼亚（Konya et al.，2004）[2] 以八大类消费品作为研究对象，发现贸易促进了 OECD 国家之间居民消费结构的收敛。袁欣（2005）[3] 也从消费结构角度考察了国际贸易发挥的作用，分析认为进口糖果、沙拉油等高档食品会对国内的食品消费结构有所影响，进口服装类商品使得其消费品种更丰富。罗知等（2010）[4] 认为贸易主要通过收入和支出影响城镇居民福利，通过分析消费品、中间品、资本品的进口价格变动对国内居民消费品的价格传递效应，31 个省级层面的数据验证发现影响程度从大到小依次为食品、医药、交通、家庭设备和衣着，同时进口商品价格波动明显影响着居民消费支出，对高收入家庭的影响程度小于低收入家庭。进一步分析原因，低收入家庭在贸易自由化的发展下得到的工作机会更多，有利于其收入增长以支持消费。刘德学等（2011）[5] 用恩格尔系数衡量城镇居民消费结构，研究发现对于城镇居民而言，出口不利于消费结构优化，进口则对优化消费结构有积极作用。而对于农村居民，进口和出口对消费结构的影响都不显著。韩秀兰（2015）[6] 采用 2011 年中国家庭金融调查的家庭消费数据，实证分析得出分项消费的贫困弹性和益贫指数对改善居民消费结构有指导意义，政府应利用财税政策的边际效应加强减贫效应。

综上所述，消费结构优化过程中国际贸易发挥着一定的作用，贸易对于消费结构的影响其途径是较为复杂的，贸易开放度、进出口商品结

---

① 银辉. 全球化时代消费者视角的幸福经济学研究述评 ［J］. 技术经济与管理研究，2017（8），89－93.

② Kónya，I. and H. Ohashi. Globalization and Consumption Patterns among the OECD Countries ［J］. Social Science Electronic Publishing，2004.

③ 袁欣. 近代中国对外贸易对消费结构的影响分析 ［J］. 内蒙古社会科学（汉文版），2005（1）：109－113.

④ 罗知，郭熙保. 进口商品价格波动对城镇居民消费支出的影响 ［J］. 经济研究，2010（12）：111－124.

⑤ 刘德学，陈必伟，毛峙. 中国居民消费结构与国际贸易实证关系研究 ［J］. 中国市场，2011（10）：145－146，149.

⑥ 韩秀兰. 基于消费结构的居民家庭福利益贫性改善研究 ［J］. 统计与决策，2015（22）：119－122.

构及其收入支出效应都在产生一定影响，并且在短期和长期也出现着不同的效果，各个国家之间和农村城镇居民之间，贸易对于居民消费结构的影响的差异性还很明显，随着消费品类的细化、消费形式的转换、消费环境的国际化，这种结构性影响将从基本的生活类物质类消费品扩展到文化、旅游、教育等精神类消费品，作为消费者，也会从消费习惯和消费选择中体验到国际贸易在全面深入的结构性影响，其幸福感也在逐步发生变化。

## 3.5 国际贸易通过就业影响国民幸福

### 3.5.1 国际贸易的就业效应

随着全球化的深入，贸易自由化程度越来越高，各国之间的贸易往来更为密切，竞争也愈加激烈，共赢是贸易伙伴们期望达到的目标，但是由于各种历史政治因素和经济发展条件的约束，使各个国家在贸易当中的获益是有所区别的，甚至有反对全球化的人士提出，贸易利益分配的不均衡使得一些国家的国民福利受到损害，对其幸福感无益。国际贸易的收入分配效应和资源重置过程如何对各国的经济增长产生影响，并进而作用于国民幸福感的变化，这是值得探讨的。在就业效应方面，国际贸易的发展会带来更多的技术外溢和竞争，对于国内就业岗位需求在数量和质量上都有新的调整和要求，劳动力市场的国际流动和竞争，也使得劳动者的幸福感在发生着变化。

关于国际贸易的就业效应，从凯恩斯主义的对外贸易乘数理论表明，一国的贸易顺差越大，有利于增加国民收入，以促进解决失业问题，如果一国的贸易逆差越大，往往会带来是经济增长减缓甚至衰退，国内失业率会上升。戴翔（2010）[①] 对美国贸易逆差的福利效应进行实证分析得出，持续的贸易逆差能够改进当前和将来的国民福利水平，但不产生福利水平的代际转移，因此中美两国贸易是互利双赢的局面。魏浩等（2013）[②] 以全球 63 个国家为研究对象考察国际贸易的就业效应，全样本分析得出，第一，出口贸易对就业有显著的正向影响，进口贸易对就业的影响是负向的但不显著；第二，如果将样本区分为发达国家和发展中国家两组，出口贸易对国内就业都有积极促进作用，只是前者的效应强度更大一些，在进口贸易对就业的影响方面，两组样本都是显示负向影响，只是前者是强度较大的和显著的，后者则是强度较小的和不显著的；第三，将国家样本进行区域化分组比较，出口贸易对就业都是正向效应，其中东亚、东南亚的发展中国家有着最大的效应强度，而拉美国家此方面却不显著，在进口贸易的就业效应来看，除了拉美国家存在着较强的正向效应，其他国家的就业效应都是负向的、强度较小的，且不显著。

早期关于国际贸易就业效应的研究，通常是关注于贸易顺差或逆差，或出口导向和进口替代等不同的贸易政策对于国内就业环境的影响，随着研究的深入发展，更多的理论深入产业和企业层面，在充分考虑国际劳动力市场的供求和竞争的条件下，对于不同技术含量的劳动力进行了分类研究。

## 3.5.2　国际贸易通过就业水平影响国民幸福

就业水平的变化，宏观层面反映在国内失业率的波动，中观层面反映在不同产业的劳动力供需的变化和发展，国际贸易带来的知识和技

---

① 戴翔. 美国贸易逆差的福利效应研究——基于 OLG 和 R—C—K 理论的实证分析［J］. 世界经济研究，2010（12）：54－59，85.

② 魏浩，黄皓骥，刘士彬. 对外贸易的国内就业效应研究——基于全球 63 个国家的实证分析［J］. 北京师范大学学报（社会科学版），2013（6）：107－118.

术、商品和服务的广泛交流，使其对就业水平产生了很大的影响，并对劳动者幸福感产生着影响。

唐东波（2012）①采用2004年中国工业企业的数据，从全球化纵向交叉协作这一理论研究垂直专业化贸易如何影响国内就业，主要结论有：增加进口发达国家的中间品将促进中国制造业中高技能劳动力就业比例的提高，而增加进口低收入国家的中间品将一定程度降低中国劳动力技能水平。对于高技能劳动力就业，随着企业出口比例的提升，在一般贸易出口中其积极作用得以加强，但在加工贸易出口中并不产生这种加强效果，一般情况下资本深化与高技能劳动力就业相互促进，但港澳台资本是以加工贸易为主，因此它对高技能劳动力的相对需求有所削弱。阚大学（2010）②采用回归分析方法，发现贸易额增加1%，就业增加约0.1%，并且从1985～1995年的总弹性来看，贸易额增加对就业的促进作用有减弱的趋势。范爱军等（2008）③采用向量自回归、脉冲响应函数及方差分解方法，研究发现出口贸易促进了第二产业和第三产业的就业水平，也有利于劳动力在产业间的转移、劳动力升级和就业结构优化；周申等（2006）④构建偏差分析模型研究贸易结构变化与就业的关系，从投入产出分析得出，在1992～2003年中国工业制成品贸易结构变化对就业有着消极的影响。格林威等（Greenaway et al.，1999）⑤利用英国167个制造业的数据分析了贸易对动态就业需求的影响，发现

---

① 唐东波. 垂直专业化贸易如何影响了中国的就业结构？［J］. 经济研究，2012（8）：118-131.

② 阚大学. 中国贸易结构与就业结构的动态关系研究［J］. 国际贸易问题，2010（10）：17-23.

③ 范爱军，刘伟华. 出口贸易对中国三次产业劳动力流向的影响分析［J］. 世界经济研究，2008（5）：20-24，50，87.

④ 周申，李春梅. 工业贸易结构变化对中国就业的影响［J］. 数量经济技术经济研究，2006（7）：3-13，108.

⑤ Greenaway, D., R. C. Hine and P. Wright. An empirical assessment of the impact of trade on employment in the United Kingdom ［J］. European Journal of Political Economy, 1999. 15（3）：485-500.

贸易量的增加无论是进口还是出口都会减少这些行业的劳动力需求，再进行国别分析发现从欧盟和美国的进口贸易的影响明显大于东亚的进口贸易影响。埃格等（Egger et al.，2012）[①] 建立了一个多行业寡头垄断的一般均衡模型，分析得出贸易开放程度的提高通过降低工会组织的工资要求来提高就业和福利，并减少了生产工人之间收入不平等，企业在开放经济中的产出水平会有所提高，贸易规模差异和贸易伙伴的技术差异性也会对此产生影响。金等（Kim et al.，2014）[②] 采取一般均衡模型（小型开放经济，多部门，动态的）研究贸易自由化和财政改革的福利效应，发现贸易自由化计划通过消费和劳动所得税往往导致实质性的福利收益，但资金通过资本收入、关税收入的损失对福利产生不利的影响。维洛勃格（Vannoorenberghe，2014）[③] 建立一个一般均衡模型和三个关键假设，分析出国际贸易增加了失业率，增加了部门销售，增加了福利比例的波动性，并使用经济合作与发展组织的 1991～2008 年的数据进行实证，在失业福利越好的国家中，一个部门的贸易开放度和销售波动之间的正相关关系越强。伊斯特林（2002）[④] 以相比而言 5 年以来幸福感的变化为研究对象，分析得出它与通货膨胀和失业率的增长幅度都存在显著的负相关关系，现在和过去的幸福之间的差异主要是对目前的经济状况敏感程度的反映，对比居民消费价格指数和失业率对幸福的影响，只有居民消费者价格指数具有显著的影响。张艺影等（2015）[⑤] 基于中美双边贸易的特点，中美贸易一直在两国经济中占据重要地位，

① Egger，H.，P. Egger and J. R. Markusen. Internatinal welfare and employment linkages arising from minimum wages [J]. International Economic Review，2012. 53（3）：771 – 790.

② Kim，S. H. and M. A. Kose. Welfare implications of trade liberalization and fiscal reform：A quantitative experiment [J]. Journal of International Economics，2014. 92（1）：198 – 209.

③ Vannoorenberghe，G. International trade，risk taking and welfare [J]. Journal of International Economics，2014. 92（2）：363 – 374.

④ Easterlin，R. A. Is Reported Happiness Five Years Ago Comparable to Present Happiness? [J]. A Cautionary Note，2002. 3（2）：193 – 198.

⑤ 张艺影，姜鸿. 中美贸易、就业创造与要素报酬 [J]. 世界经济与政治论坛，2015（5）：62 – 75，109.

贸易额一直在增长，贸易逆差自 1993 年起也在逐步扩大，由 62.7 亿美元增加到 2013 年的 2 158.5 亿美元，研究了中美贸易对于两国的就业效应和对要素报酬创造的贡献，采用投入产出分析方法计算得出，2011 年中国对美国的出口为中国创造就业 1 629.51 万个，同时美国对中国的出口为中国创造就业岗位 7.29 万个。美国对中国的出口为美国创造的就业岗位在第二和第三产业的分别有 13.41 万个和 8.12 万个，同时中国对美国出口为美国创造了就业岗位 3.93 万个，2011 年中美贸易为两国创造的劳动力报酬分别是 551.25 亿美元和 156.55 亿美元，创造的资本报酬分别是 1 039.76 亿美元和 116.77 亿美元。鲍姆加特（Baumgarten et al.，2015）[1] 认为企业净增长与国际贸易之间关系的经验证据近来一直在增加，但只有明确地关注工人流动，才能获得与贸易有关的调整动态的完整情况，使用德国就业研究所提供的关于雇主雇员的数据，研究工人流动与企业国际贸易的关系，结论显示，在 1999 ~ 2003 年在就业净增长率方面，贸易公司和非贸易公司并没有明显差别，但是对于前者，其工人流动率较低，就业稳定性更强，企业出口状况对就业增长率有显著的正向作用，出口企业的离职率较低主要与高技能人员相关，进口企业与其就业增长之间则是微弱的负相关关系。

### 3.5.3　国际贸易通过就业质量影响国民幸福

关于国际贸易影响就业质量的研究，目前而言较多是从关注就业结构开始，逐步在微观、中观、宏观的视角进行扩展的，近期的研究已经从就业质量的视角有所发展。

舒马赫（Schumacher et al.，1996）[2] 探讨了在 20 世纪 90 年代前半

---

① Baumgarten, D. International trade and worker flows: empirical evidence for Germany [J]. Review of World Economics, 2015. 151 (3): 589 –608.

② Schumacher, D. More employment in the EU through foreign trade with the transition countries [J]. Economic Bulletin, 1996. 33 (9): 3 –10.

期，在经济合作委员会解体之后，中欧和东欧的中央计划经济体之间的
贸易关系面临崩溃，转轨时期与西方工业化国家的贸易却大幅增加特别
是欧盟国家，货物贸易增长强劲，对欧盟国家就业的影响是积极的。由
于对中欧和东欧的出口增加以及进口国内生产商的竞争压力较大，欧盟
国家的就业受到了积极的影响，但是由于出口的货物结构与进口的货物
结构大不相同，使不同行业之间的就业效应差异很大，出口贸易集中在
工程、汽车、化工、纺织工业和精密机械，进口贸易集中于服装、家
具、木制品等以及其他一些消费品和中间产品。同时，与中欧和东欧的
贸易往往导致欧盟国家的部门就业模式从消费者良好的行业转向投资良
好的行业。部门就业结构的这种转变提高了整体劳动生产率，失业人数
主要集中在技术水平较低的劳动力上，而对高技能人才的需求则在增
加，贸易的结构性变化要求提高欧盟国家的劳动力质量，加剧了西方工
业化国家多年来出现的劳动生产率和人力资本密集度上升的结构性趋
势。斯劳特（Slaughter et al.，2001）[1] 分析美国贸易自由化对产业劳
动力就业结构的影响，研究认为若是考虑时间因素，生产性劳动力就业与
贸易开放的关系不显著，不同的是，非生产性劳动力就业与贸易开放的
关系则非常显著。伯斯坦（Burstein et al.，2010）[2] 通过研究发现贸易
开放对于发达国家和发展中国家的就业结构的影响是有差异的，对于前
者，贸易促进其高技术劳动力的需求比重，对于后者，贸易促进的是中
低技能劳动力的需求比重。然而，这类观点随着贸易的发展尤其是加工
贸易的深入不断扩大了产品的同质化，学者们认为不能再用 H—O 等传
统理论来解释新的现象和解决新的问题，新的理论开始形成包括产业内
贸易理论、技术差距论、产品生命周期、国家竞争优势、新地理经济、
企业异质性等理论，其中也不乏关于于对就业效应的研究。

---

[1]　Slaughter，M. J. International trade and labor-demand elasticities [J]. Journal of International Economics，2001. 54（1）：27 - 56.

[2]　Burstein，A. and J. Vogel. Globalization，Technology，and the Skill Premium：A Quantitative Analysis [M]. 2010. DOI：10. 3386/w16459.

刘素华等（2007）[①] 首先分析了全球化的背景对就业质量影响的机理，工会和资本力量失衡，由此导致隐性失业显性化、失业率上升，对外资的强烈需求，劳资关系不平衡，提出提高中国就业质量的策略有劳动法制的国际接轨、产业结构加快调整、加强企业社会责任感、以人为本、加强工会建设和作用发挥。刘玉等（2014）[②] 分析了外商直接投资对就业质量的影响机制，包括对劳动力的需求偏好于高技术含量的劳动力，为东道国改善其就业质量提供动力，基于技术溢出和竞争效应，伴随着市场开放度企业对就业质量改善的积极性提高及产业聚集效应和劳动力流动效应，有利于地区就业环境改善，为就业质量提高创造条件，通过对教育的要求和投入的提升以产生人力资本积累效应改善就业质量。他们以 2000 ~ 2010 年共 30 个地区的劳动力抽样进行实证检验，外商直接投资、人力资本、资本对于就业质量指数的影响，得出 FDI 对就业质量具有显著的正向效应，FDI 水平变化每增加 1%，就业质量随之增加 0.9%，从该效应的发展趋势来看，目前处于"N"型的前面两个阶段的转换期，同时 FDI 通过人力资本这一途径产生效应也得以验证，并且通过对于该效应的三大区域比较研究，又得出 FDI 对于就业市场的传导效果随着地区经济发展程度更高而效果更明显。刘婧等（2016）[③] 依据总需求—总供给模型，从宏观层面构建了经济增长、经济结构、就业质量的指标体系，采用邓氏灰色关联计算评价模型计算 2005 ~ 2014 年两者之间的耦合关联度。研究得出经济增长、经济结构与就业质量之间的关联度较好，总体上是协调发展，呈现倒 U 型关系，在 2005 ~ 2010 年，两个系统的发展速度相似度提高，关联程度得到改善，在 2010 年之后，相似度并没有继续保持，呈现出相反的走势。进一步分析

---

① 刘素华，韩春民，王龙. 全球化对中国就业质量的影响机理及走势透析 [J]. 人口与经济，2007（2）：30 – 34.

② 刘玉，孙文远. FDI 的就业质量效应：基于省级面板数据的分析 [J]. 审计与经济研究，2014（6）：103 – 110.

③ 刘婧，郭圣乾，金传印. 经济增长、经济结构与就业质量耦合研究——基于 2005 ~ 2014 年宏观数据的实证 [J]. 宏观经济研究，2016（5）：99 – 105.

发现就业质量中的劳动保护、劳动关系、就业能力三个指标与经济增长、经济结构的耦合关联度相对较弱。樊长科等（2017）[①] 在迪瓦特（Diewert，1974）提出的超对数成本函数的基础上进行改进，重点考察贸易开放度、生产开放度、投资开放度对就业企业结构、行业结构的影响，样本数据主要针对 2000 ~ 2014 年中国东部地区工业对外经济比较发达的省市，研究得出，从企业层面而言，生产开放度对降低国有企业人数比重显著的作用，强度为 0.116，而贸易开放和投资开放的作用并不明显，从行业层面来说，贸易开放度对就业结构即资本技术密集型行业相对就业比重的扩大有着显著的正向影响，而生产开放度、投资开放度对其只有微弱的负向作用。

## 3.6　本章小结

本章回顾了国际贸易和国民幸福相关性的研究，对于二者直接相关性的文献十分缺乏，相近的研究主要是围绕着国民福利展开，包括生产者福利、消费者福利、社会整体福利，该研究经过一定的积累和发展，目前新的焦点是比较关注于社会整体福利改进，以及福利水平的分布，对于贸易政策和环境视角的国民幸福效应，主要围绕着贸易开放度、贸易利益分配、贸易结构优化来展开，但是这些研究对于贸易作用于国民幸福的路径还是不够深入和全面，因此，要集中探讨贸易对幸福感的影响，更需要从影响路径上的一些中间因素来切入，有些学者已经关注到这点，因此消费和就业已经作为两个比较关注的热点去探讨国际贸易的幸福效应，本章一方面先梳理了国际贸易对消费者福利的影响，包括贸易政策、贸易规模、消费者异质性视角的消费者福利在国际贸易下的变

---

① 樊长科，杨镇标，林国彬. 中国东部工业对外开放对其就业影响的比较分析［J］. 金融与经济，2017（2）：29 – 34.

化，也通过影响消费水平和消费结构两个层面来影响国民幸福。另外，本章也梳理了国际贸易通过就业影响国民幸福的相关研究，主要是围绕着贸易利益分配和贸易结构优化两个角度，以及从就业水平和就业质量的层面的研究。

综上所述，贸易对于消费和就业的影响机制是有研究基础的，也形成了许多理论发展，同时消费和就业对于国民幸福的影响机制也是有一定研究积累的，但是将上述机制合二为一，探讨国际贸易的国民幸福效应的作用路径，还需要更多的理论探索予以支持，这正是本书基于文献分析后所力争拓展的新的研究思路。

# 第4章

## 中国对外贸易通过消费影响国民幸福

## 4.1　国际贸易影响国民幸福的消费路径理论分析

### 4.1.1　研究问题的提出

国际贸易影响国民幸福的路径有很多，如果仅仅考虑消费这一路径，其发生机制和效果究竟如何，克鲁格曼（Krugman，1979）[①] 认为贸易的动力可以是规模经济和视场不完全竞争，而不需要是技术或要素禀赋方面存在差异的比较优势，并且构建简单的数理模型分析了消费路径上的贸易获利，认为一国在贸易中是通过增加进口商品的品类多样性来获得更多贸易利益，因为消费者选择更多会带来幸福感有所提升。霍

---

[①] Krugman, P. R. Increasing returns, monopolistic competition, and international trade [J]. Journal of International Economics, 1979. 9 (4): 469 – 479.

斯曼（Hausman et al.，1981）① 是从价格效应进行研究，分析了国际贸易条件下单个新产品的出现，会直接影响消费者福利，或者通过间接影响替代商品价格改变消费者福利，并且他运用这一消费价格路径的分析方法进一步去研究关于新品牌、新类型、新的购物中心如何影响消费者福利，该类研究也为国际贸易通过消费路径影响国民幸福提供更多思路。西尔吉（2004）② 则是以居民生活质量为研究目标，分析了贸易全球化对其的影响，其中包括了货物、服务、资本、技术、劳动力的进出口贸易方面的探讨，首先，在出口贸易方面，出口贸易增长有利于提升消费者幸福感，因为居民消费能力有所提升以支持消费更高质量的产品，并且国际贸易促进企业生产效率和研发水平改进，使消费者获得高品质产品相对更容易，价格也更优惠，有利于增加关于消费者的公共政策。其次，在进口贸易方面，也对消费者幸福感有积极效应，因为消费者获得优质产品的渠道增加，选择范围更大，品类更丰富。霍夫斯特泰尔等（Hofstetter et al.，2006）③ 探讨幸福与可持续消费之间的关联，考虑到可能限制消费的六个因素：成本、时间、空间、稀缺资源、信息和技能，并建立评估表从心理满足需求的角度评估各因素细分后对于提高幸福程度的贡献，发现消费不是在于花费时间和金钱，也不是通过增加或减少消费去提升幸福感，还要关注可持续的消费，不仅是生态方面，也是个人消费需求和能力的效用最大化。塞克耶尔维等（Sääksjärvi et al.，2016）④ 以消费体验对于幸福的长期和短期影响进行研究比较，发现物质消费体验对短期幸福感有正面的影响，但对长期幸福感即感受到有意

---

① Hausman，J. A. Exact Consumer Surplus and Deadweight Loss [J]. American Economic Review，1981. 71 (4)：662 – 676.

② Sirgy，M. J.，et al. The Impact of Globalization on a Country's Quality of Life：Toward an Integrated Model [J]. Social Indicators Research，2004. 68 (3)：251 – 298.

③ Hofstetter，P. et al. Linking change in happiness，time-use，sustainable consumption，and environmental impacts：An attempt to understand time-rebound effects. 2006. http：//www. wsis. ethz. ch/hofstettermadjar. pdf.

④ Sääksjärvi，M.，K. Hellén and P. Desmet. The effects of the experience recommendation on short-and long-term happiness [J]. Marketing Letters，2016. 27 (4)：675 – 686.

义则没有影响，建议改进物质消费的形式和内容以促进长期幸福感增加。

但是，以同一国家内的个人进行比较，当收入能够满足基本需求水平时，较高消费可能不一定会与更高水平的幸福感相联系，高消费也可能带来经济支出压力或造成更大的创造收入压力，国家可以通过贸易和经济发展创造提供一个更多元化的物质和文化选择环境来增加社会福利，不同群体根据其意愿和条件做出选择来最大化他们的幸福感。诺尔等（Noll et al.，2015）① 基于德国社会经济研究小组2010年的数据深入分析消费支出与幸福感的关系，得出结论，生活满意度随着消费支出的增加而增加，消费支出最低的1/10的人相比起收入最低的1/10的人，他们的生活不那么不满意。不仅仅是消费数量或水平，而且消费的商品和服务的种类也会影响到幸福感，各种消费支出中，服装和休闲消费被证明与生活满意度呈正相关，它们成为了幸福的驱动因素，但是食品和住房的支出则可能更多需求驱动，不会显著影响生活满意度。此外，因自愿减少消费支出而导致低消费的人生活满意度并没有降低。

上述研究从不同角度探讨了国际贸易通过消费影响国民幸福，包括了消费水平、消费结构、消费形式、消费支出、消费观念、消费习惯、消费体验等，然而本章的研究问题是，若是仅仅着眼于消费支出这一路径，国际贸易通过其产生的幸福效应将会如何，进口和出口贸易在此路径的幸福效应上又会有何异同。

## 4.1.2 国际贸易通过消费支出影响国民幸福的理论分析

从国际贸易影响消费水平的机理来探讨其对国民幸福的影响，其基本逻辑是国际贸易会引起国内产品价格的变化，可以表现为国内物价水平的波动，而物价水平的变化对人们的幸福感变化会产生影响，在探讨

---

① Noll, H. and S. Weick. Consumption expenditures and subjective well-being: empirical evidence from Germany [J]. International Review of Economics, 2015. 62（2）: 101–119.

其影响机制之前，本节首先需要假设：从消费者角色来探究国民幸福，国民幸福变化仅由居民消费物价水平的变化来影响，不考虑其收入水平、消费结构等差异。

具体来讲，有以下影响机制：第一，出口贸易影响国内物价水平，出口贸易作为国内总需求的重要组成部分，假设是在国内供给量和需求量不变的情况下，此时出口贸易增长会引致国内总需求扩大，供求变化为需求大于供给的情况，于是国内物价水平会上升，消费支出增加，这时国民幸福会因此而有所下降。第二，进口贸易影响国内物价水平可以通过对供给和对不同类别的产品的国际市场价格的传递效应来实现，首先，进口贸易作为国内总供给的重要组成部分，假设是在国内供给量和需求量都一定的情况下，此时进口贸易增长会引致国内总供给扩大，供求变化为需求小于供给的情况，于是国内物价水平会下降，消费支出减少，这时国民幸福会因此有所下降。另外，如果将不同商品的属性考虑进来，那么当国外经济处于通货膨胀时，国内的进口贸易增长就会受到国际市场商品价格变化的影响，在假定名义汇率不变时，进口贸易增长处于国外物价水平上涨时，会使得国内物价水平因为生产成本的提高以及对国内产品的相对需求增加而有所上升。由此看来，进口贸易对于国内居民物价水平的影响，以及由此对于国民幸福的影响应该是上述两种效应的综合结果（如图4-1所示）。

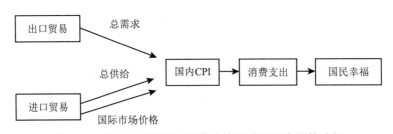

**图4-1 进出口贸易通过消费支出影响国民幸福的路径**

资料来源：作者绘制。

## 4.1.3　国际贸易通过消费结构影响国民幸福的理论分析

消费作为重要的经济活动，也作为重要的幸福影响因素引起关注，与关注"就业""收入"对于幸福的影响有所不同的是，前者是关注于拥有财富的方式和财富的多少，而后者则是通过衡量评估财富的使用过程对其效用产生评价和感受。关于消费影响幸福感的研究，始终围绕着消费水平和消费结构展开，一方面，多少消费能使幸福感最大，消费效用函数试图在找到最优消费点，使在一定的价格及财富等条件设定下消费者幸福感最大，节俭消费或过度消费的研究是以幸福为目标函数展开；另一方面，消费类型与幸福的关系，经验消费与物质消费的幸福效应比较，在现代社会中，消费者面临着几个主要的消费选择，例如当我们购买房子、汽车或保险时，对由此带来的幸福预期使得其消费行为有所差异，比如那些愿意住在大房子同时愿意付出更多收入承担更多贷款压力的人，是因为觉得住在小房子会感到不那么幸福，施蒂策（2008）[1] 提出幸福损失是由于错误的预测效用，比如那些在较远的距离上接受更好的工作的人，他预期着更好的工资能够增加他的快乐。另外，从生产者的商业利益考虑，他们很有兴趣对盈利产品进行大量宣传和消费者购买行为的引导，在复杂的商业环境下，消费者的购买数量增加成为一种购买过程的需求满足，而不是实际需求的满足，正如法国社会学家鲍德里亚指出的消费的目的不是为了实际需要的满足。消费成为一种"符号"，这类消费数量的增加对消费者幸福感提升不一定是有利的，反而会带来经济学上所谓的"水车效应"，即消费者付出更多工作精力和时间，得到更多收入支持消

---

① Stutzer, A., et al. Stress That Doesn't Pay: The Commuting Paradox [J]. The Scandinavian Journal of Economics, 2008. 110 (2): 339–366.

费，期望通过消费增加来提升幸福，可幸福感没有改变，甚至在长期还会有幸福损失。

基于上述分析，消费对于幸福影响的路径受到外界经济和社会环境的约束，及消费者个人经济水平、认知和决策的长期和短期影响。因此，本章将研究范围和假设进一步明确，研究国际贸易对幸福感的影响时，第一，只考虑贸易开放度通过文化与信息的传播影响消费观念及通过经济增长影响家庭收入的路径，如图4-2所示；第二，从影响机理来看，消费能力、消费结构、消费观念、消费形式等都将对幸福感产生影响，本章只着眼于考虑家庭消费结构的影响；第三，当研究消费结构的幸福效应时，假设消费者完全了解他的偏好，满足这些偏好会让他感到快乐，消费者做出的消费结构安排带来的是短期体验的幸福感，本章数据不涉及长期效应的分析；第四，由于本章考察的是汽车、住房、高档耐用品消费、品牌商场购物、餐馆就餐这些消费支出的幸福效应差异性，而这些产品的消费不仅由个人收入决定，也跟家庭收入有关，因此假设消费者的消费能力是以家庭人均年收入作为衡量的，不考虑个人在家庭收入中的贡献度和差异性。

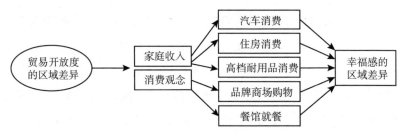

**图4-2 贸易开放度通过家庭消费结构对幸福感的影响路径**

资料来源：作者绘制。

# 4.2　中国对外贸易通过消费影响
# 国民幸福的实证分析

## 4.2.1　变量定义与模型设计

本章使用的数据及来源已在本书第 1 章中予以说明。其中，居民消费价格指数（CPI）是衡量消费支出水平的指标，本章选取与上一年度相比 CPI 增长率（cnCPI）来衡量消费水平的变动，进出口增长率（cntrade）为货物贸易总额的增长率、出口增长率（cnexport）为货物出口额增长率、进口增长率（cnimport）为货物进口额增长率均是相比上一年度的货物贸易额的增长来计算，衡量进出口贸易状况的变化，本节构建了两组幸福指数变化来分别衡量近期和远期的国民幸福，幸福指数 1（cnhappiness1）是以当年的幸福指数减去上一年的幸福指数，幸福指数 2（cnhappiness2）是以当年的幸福指数减去 3 年前的幸福指数。

由于人们通常会评价过去的快乐不如现在的快乐，或者说现在的快乐不如过去简单的快乐，如果现在的情况比较糟糕，又会觉得以前比较幸福，因为人们不仅会去拿自己和别人作比较，也会以自己的现状和自己的过去作比较，来感受到幸福的变化（Easterlin，2001）[1]。因此，探讨各种宏观经济因素的“变化”对于幸福“变化”的影响，是更有意义的。

参考伊斯特林（2002）[2] 构建的幸福指数变化、消费价格指数增长率、失业率之间的关联度研究的模型，针对本章研究的视角，构建以下模型。

---

[1]　Easterlin，R. A. Life Cycle Welfare：Trends and Differences［J］. Journal of Happiness Studies，2001. 2（1）：1 – 12.

[2]　Easterlin R. A. Is Reported Happiness Five Years Ago Comparable to Present Happiness? A Cautionary Note［J］. Journal of Happiness Studies，2002，3（2）：193 – 198.

首先，以幸福指数 1 为被解释变量，建立以下近期影响模型：

模型（4.1）：$\Delta cnhappiness1 = \alpha_0 + \alpha_1 \Delta cnCPI$

模型（4.2）：$\Delta cnhappiness1 = \alpha_0 + \alpha_1 \Delta cnCPI + \alpha_2 \Delta cntrade$

模型（4.3）：$\Delta cnhappiness1 = \alpha_0 + \alpha_1 \Delta cnCPI + \alpha_2 \Delta cnexport$

模型（4.4）：$\Delta cnhappiness1 = \alpha_0 + \alpha_1 \Delta cnCPI + \alpha_2 \Delta cnimport$

然后，以幸福指数 2 为被解释变量，建立以下远期影响模型：

模型（4.5）：$\Delta cnhappiness2 = \alpha_0 + \alpha_1 \Delta cnCPI$

模型（4.6）：$\Delta cnhappiness2 = \alpha_0 + \alpha_1 \Delta cnCPI + \alpha_2 \Delta cntrade$

模型（4.7）：$\Delta cnhappiness2 = \alpha_0 + \alpha_1 \Delta cnCPI + \alpha_2 \Delta cntexport$

模型（4.8）：$\Delta cnhappiness2 = \alpha_0 + \alpha_1 \Delta cnCPI + \alpha_2 \Delta cnimport$

### 4.2.2　描述性统计分析

首先，如图 4 - 3 所示，2006 年起 10 年之间中国国民幸福指数分布于 4 ~ 6，呈现出小幅波动后，于 2010 年达到峰值 5.85 后趋于平稳的状态。

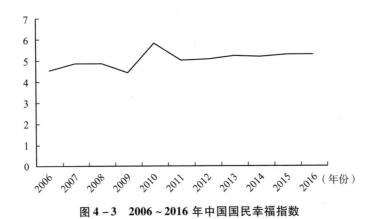

**图 4 - 3　2006 ~ 2016 年中国国民幸福指数**

资料来源：幸福指数是来自 world database of happiness 的数据整理计算而得。

其次，如表 4 - 1 所示，从国民幸福指数变化来看，与上一年度相比较，变化幅度是较小的，为 0.07，变化幅度范围是 - 0.39 ~ 1.4，与

3 年前相比较，变化幅度是较大的，为 0.18，变化幅度范围是 − 0.61 ~ 0.99，是波动起伏的。

表 4 − 1　　　　　中国 2006 ~ 2016 年消费价格和国民幸福指数

| 年度 | 出口增长率（%） | 进口增长率（%） | 进出口增长率（%） | CPI 增长率（%） | 幸福指数 1 | 幸福指数 2 |
|------|------|------|------|------|------|------|
| 2006 | 24.9 | 21.8 | 23.8 | 1.50 | 0.06 | − 0.3 |
| 2007 | 14.4 | 17.2 | 23.5 | 4.80 | 0.3 | 0.41 |
| 2008 | 8.4 | 17.4 | 17.8 | 5.90 | − 0.02 | 0.34 |
| 2009 | − 12.5 | − 4.8 | − 13.9 | − 0.70 | − 0.39 | − 0.11 |
| 2010 | 28.3 | 31.7 | 34.7 | 3.30 | 1.4 | 0.99 |
| 2011 | 14.5 | 19.6 | 22.5 | 5.40 | − 0.82 | 0.19 |
| 2012 | 8.4 | 8.8 | 6.2 | 2.60 | 0.06 | 0.64 |
| 2013 | 4.7 | 14.8 | 7.6 | 2.60 | 0.15 | − 0.61 |
| 2014 | 6.4 | 3.1 | 3.4 | 2.00 | − 0.04 | 0.17 |
| 2015 | 4.5 | − 5.4 | − 7.0 | 1.40 | 0.1 | 0.21 |
| 2016 | 0.0 | − 3.2 | − 0.9 | 2.10 | 0 | 0.06 |
| 平均值 | 9.27 | 11.00 | 10.70 | 2.81 | 0.07 | 0.18 |

　　资料来源：中国的货物贸易总额增长率、货物出口额增长率、货物进口额增长率、居民消费价格指数来自于中国国家统计局 http：//www.stats.gov.cn/，幸福指数是根据 world database of happiness 的数据整理计算而得。

　　这 10 年期间，中国货物出口的增长在 2007 ~ 2013 年都是略低于货物进口的增长的，在 2014 ~ 2016 年开始出现反转，货物出口的增长高于货物进口的增长，整体而言二者的差别不大，都在 10% 以内，差别最大的在 2013 年，并且，不论是进口还是出口，其增长率的变化趋势是相似的，从 2006 年开始，先是出现缓慢的回落，到了 2009 年，出口进口均出现了大幅度的负增长，但是 2010 年又同时出现了大幅度的回升，增长率都达到 28% 以上，接下来增长率都是逐步减小，意味着增速放缓，趋于平稳。而综合观察进出口贸易的增长变化，也是以正向增长为主，之前 5 年的变化幅度都是在 10% 以上，甚至在 2010 年达到了 34.7% 的增幅，而近 5 年的变化幅度有所放缓，在 8% 以内。从消费水平的变化来看，仅仅在 2009 年出现了小幅度的负增长，平均变化幅度为 2.81%，表现得比较平稳（如图 4－4 所示）。

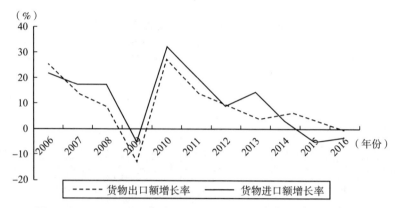

图 4－4　2006～2016 年中国货物贸易出口增长率与进口增长率

资料来源：根据中国国家统计局 http：//www.stats.gov.cn/的中国货物出口额增长率、货物进口额增长率。

而观察这 10 年来中国进出口贸易总额的增长率与 CPI 增长变化，则发现比较而言后者的幅度是较小的，属于比较稳定的。从趋势变化看，2009 年二者同时出现了增幅下降的情况，这也是近 10 年来 CPI 首次出现不增反降，而 2011 年二者又出现了同时的大幅度增长，如图 4－5 所示。

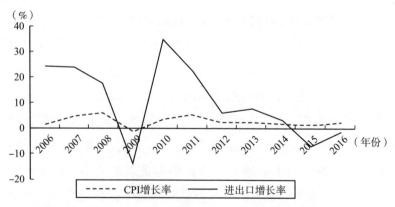

图 4－5　2006～2016 年中国进出口贸易增长率与 CPI 增长率

资料来源：根据中国国家统计局 http：//www.stats.gov.cn/的中国货物贸易总额的增长率、居民消费价格指数计算而得。

### 4.2.3 回归结果分析

分析近期影响模型，表4-2中以普通最小二乘法 OLS 分析了幸福指数1、进出口增长率、CPI 增长率之间的关联度。

表4-2 贸易、消费与幸福指数1的 OLS 估计

| 幸福指数1 | 模型（4.1） | 模型（4.2） | 模型（4.3） | 模型（4.4） |
| --- | --- | --- | --- | --- |
| CPI 增长率 | 0.006<br>(0.07) | -0.148<br>(-1.38) | -0.081<br>(-0.91) | -0.111<br>(-1.08) |
| 进出口增长率 | | 0.029*<br>(2.09) | | |
| 出口增长率 | | | 0.032*<br>(2.09) | |
| 进口增长率 | | | | 0.030*<br>(1.88) |
| 常数项 | 0.055<br>(0.18) | 0.177<br>(0.66) | 0.004<br>(0.02) | 0.049<br>(0.18) |

注：括号里为 t 值，*分别表示10%的显著性水平。

根据表4-2的回归结果，考察贸易通过消费对国民幸福的近期影响，从统计学上来看，消费水平的幸福效应并不显著，这结论不同于与伊斯特林（2002）[1] 所考量的美国的消费水平在就业的作用下的幸福效应是显著的。但是，从贸易的作用来看，通过消费这一路径，无论是总量增长还是出口或者进口增长的幸福效应都是显著的，都是正向的。分析各相关系数，首先，进出口贸易总量、出口贸易、进口贸易的幸福效应强度基本都在 0.03 左右，相差不大，其中出口贸易通过消费产生的

---

[1] Easterlin R. A. Is Reported Happiness Five Years Ago Comparable to Present Happiness? A Cautionary Note [J]. Journal of Happiness Studies, 2002, 3 (2): 193-198.

幸福效应相对略高；其次，不考虑贸易时，消费的幸福效应是正向的，强度非常微弱，仅为 0.006，在贸易的作用下，消费对幸福产生的影响由正转负，强度明显增大了许多，其中在考虑进出口贸易总量的情况下，消费的幸福效应强度最大，为 0.148，其次在独立考虑进口贸易影响消费时，消费的幸福效应强度为 0.111，最后是在独立考虑出口贸易影响消费时，消费的幸福效应强度为 0.081。

根据表 4 – 3 的回归结果，可以发现，考察这个时期贸易和消费的共同作用对国民幸福的远期影响，可以得出和近期影响时不同的结论，首先从统计学来看消费和贸易的幸福效应都不显著；其次，无论是否考虑贸易的作用，消费的幸福效应都是正向的，当考虑贸易的作用时消费产生的幸福效应的强度会有所减小。在远期影响中比较分析可以发现，独立考虑进口贸易影响消费时，消费的幸福效应强度为 0.067，在独立考虑出口贸易影响消费时，消费的幸福效应强度为 0.053，最后考虑进出口贸易总量影响时，消费的幸福效应强度为 0.042。另外，也可以得出和近期影响时相同的结论，贸易通过消费这一途径，无论是总量增长还是出口或者进口增长的幸福效应都是正向的，其幸福效应强度基本都在 0.01 左右，近期影响是远期影响的 3 倍，其中出口贸易通过消费产生的幸福效应相对略高。

表 4 – 3　　　　　　　贸易、消费与幸福指数 2 的 OLS 估计

| 幸福指数 2 | 模型（4.5） | 模型（4.6） | 模型（4.7） | 模型（4.8） |
|---|---|---|---|---|
| CPI 增长率 | 0.083<br>（1.20） | 0.042<br>（0.43） | 0.053<br>（0.66） | 0.067<br>（0.73） |
| 进出口增长率 | | 0.007<br>（0.60） | | |
| 出口增长率 | | | 0.011<br>（0.80） | |

续表

| 幸福指数 2 | 模型 (4.5) | 模型 (4.6) | 模型 (4.7) | 模型 (4.8) |
|---|---|---|---|---|
| 进口增长率 | | | | 0.004<br>(0.28) |
| 常数项 | − 0.053<br>(− 0.23) | − 0.021<br>(− 0.08) | − 0.071<br>(− 0.29) | − 0.054<br>(− 0.22) |

注：括号里为 t 值。

综上所述，从中国贸易通过消费产生的幸福效应而言，出口贸易的幸福效应强度总是高于进口的，分析其原因，第一，由于中国以往实行的是出口鼓励政策，出口进口的发展并不均衡，"十二五"期间，中国出口年均增速达 6.5%，远高于世界贸易平均增速，[①] 并且中国贸易的国际市场份额也在不断提升，因此可见从政策环境效应上出口贸易的影响力会稍强于进口贸易的。第二，近年来中国外贸发展中针对新形势注重于调结构，进口商品价格下降，出口价格相对上升，贸易条件不断改善，这些都是有利于企业提高效益、提升国际竞争力、增加国民福利，在结构化平衡发展出口与进口的政策导向下，也使得出口和进口产生的幸福效应差距并不大。第三，在近期影响和远期影响的对比中，贸易通过消费路径的幸福效应存在着强度上的差别，分析其原因，是由于贸易作用于消费支出的近期效果是比较突出的，而在远期来看，由于消费结构等发生了更多的变化，使对消费支出的影响也同时受到对消费结构的影响，强度上有所减弱，在不同消费结构中体现出幸福效应的结构化差异性。因此，接下来，将从微观层面，从家庭消费结构对幸福感的影响来进行分析，以进一步补充说明。

---

① 引自对外贸易发展"十三五"规划，由中华人民共和国商务部印发，http://www. mofcom. gov. cn/article/h/redht/201701/20170102498080. shtml.

## 4.3　中国家庭消费结构影响国民幸福的实证分析

　　商品和服务的消费是人们生活的重要组成部分，也被认为是西方世界流行生活方式的标志，将消费视为国民幸福的潜在驱动因素似乎相当明显，但是目前十分缺乏关于这一主题的实证研究。无论如何，有足够的证据表明，消费不仅可以成为快乐和满足的源泉，而且如果必要的经济手段不足以造成困扰，国民幸福的确在很大程度上受到家庭消费支出水平和构成的影响。赫勒维克（Hellevik，2003）[1] 使用来自挪威的 Norwegian Monitor（NM）调查数据，其中对于人们幸福感的提问是"总体上而言，你的生活感受是很幸福？相当幸福？不太幸福或不幸福"，分析表明，在 1985 ~ 2001 年，挪威居民中"相当幸福"的比例为 2/3，"很幸福"的居民比例为 20% 左右，该研究认为幸福感不是完全由人格特质决定，而是受个人情况变化的影响，其中主要因素不是物质改善或经济发展，而是价值取向影响预期幸福水平的变化，比如挪威居民1985 ~ 2001 年的物质条件改善（拥有录像机居民比例从 18% 上升到 76%，拥有微波炉居民比例从 9% 上升到 68%，拥有洗碗机居民比例从 41% 上升到 71%），幸福感并没有明显的提升。刘易斯（Lewis，2014）[2] 研究了家庭支出和个人福利之间的关系，根据来自英国 5 500 个家庭"生活费用和食品调查"的调查数据分析发现家庭支出与生活满意度之间的关系要稍微强于家庭收入与生活满意度之间的关系，家庭支出所导致的生活满意度差异为 0.125，而家庭收入的相应影响则为 0.121。李江一等

---

　　[1]　Hellevik O. Economy, Values and Happiness in Norway ［J］. Journal of Happiness Studies, 2003, 4（3）: 243 – 283.

　　[2]　Lewis, J. Income, Expenditure and Personal Well-being, 2011/12. ［J］. Office for National Statistics, 2014: 1 – 33.

（2015）① 利用中国家庭金融调查（CHFS）的调查数据通过固定效应模型研究得出，家庭资产每提高 1 倍，家庭从不幸福变得幸福的概率将增加 0.018，其中，房产、汽车、耐用品资产呈现显著的正向影响，家庭负债每增加 1 倍，家庭变得幸福的概率将减少 0.005，并且发现住房负债、工商业负债呈现出显著的负向影响。奥库利兹（Okulicz et al.，2015）② 利用 2011 年美国收入动态研究小组的研究来分析汽车消费与幸福感之间的关系，将汽车消费按照有无汽车和汽车的市场价格分为没有汽车至豪华汽车共 6 个档次，研究得出，豪华汽车并不比平价汽车能够带给人们更多幸福，不能带来更多幸福的原因可能是由于得到更好的汽车人们所付出的更多工作时间和闲暇损失，但是人们仍然如此付出的原因是由于通常认为的汽车价值是身份和社会地位的象征，人们对于社会认可的需求促使他们还是想要拥有更好的汽车。胡晨沛等（2017）③ 则是基于 CGSS2013 数据分析得出房产数量以及有汽车都能够显著提高农村居民幸福感，这两项家庭资产每增加 1%，农村居民幸福感将分别提升 0.42% 和 0.16%。

除了"家用电器""汽车"等家庭消费品对于幸福感的影响研究，"住房"作为家庭消费或者投资的项目之一，也引起了较多学者的关注，对于住房与幸福的相关性的研究，也在多角度多层次的展开，相对集中的讨论焦点在于住房价格、住房面积、产权、房屋数量对居民幸福的影响。李涛等（2011）④ 分析了住房影响居民幸福的两种新机制，即流动性约束和预防性储蓄，利用 2009 年"中国城市居民经济状况与心态"

---

① 李江一，李涵，甘犁. 家庭资产—负债与幸福感："幸福—收入"之谜的一个解释 [J]. 南开经济研究，2015（5）：3 – 23.

② Okulicz – Kozaryn, A. T. Nash and N. O. Tursi, Luxury car owners are not happier than frugal car owners [J]. International Review of Economics，2015. 62（2）：121 – 141.

③ 胡晨沛，朱玮强，顾蕾. 个人收入、家庭资产与农村居民幸福感——基于 CGSS2013 的实证研究 [J]. 调研世界，2017（4）：41 – 49.

④ 李涛，史宇鹏，陈斌开. 住房与幸福：幸福经济学视角下的中国城镇居民住房问题 [J]. 经济研究，2011（9）：69 – 82，160.

调查数据研究得出，从产权角度而言，拥有大产权住房的居民幸福感更强，拥有更多数量的产权住房的居民幸福感更强，首次置业与否对居民幸福的影响并没有显著差异，而小产权住房的拥有权和数量对居民幸福感没有显著影响。并且预防性储蓄动机较弱和受流动性约束可能性更低的家庭，由大产权住房数量产生的幸福效应呈现出边际作用递减的情况。关于住房产权的幸福效应，埃尔辛（Elsinga et al.，2005）① 对 8 个欧盟国家的产权房主和租户之间的住房满意度进行比较，发现只有在奥地利二者的住房满意度一样，其他 7 个国家的调查样本都显示了产权房主比租户具有更高的住房满意度。彭代彦等（2015）② 基于 CGSS2013 数据研究住房消费与国民幸福之间的关系，分析得出住房价格具有负向的幸福效应，住房面积和住房数量具有正向的幸福效应，房价上涨的幸福效应存在明显的区域性差异，东部地区由于"示范效应"使居民幸福感较高，中西部地区则由于"挤出效应"使居民幸福感相对较低。宁薛平等（2011）③ 采用自行设计搜集的 523 份调查问卷研究房贷对于幸福的影响体现在首付款、贷款期限、还款方式、未来房贷政策预期四个方面。

综上所述，虽然已有文献从住房、汽车消费等方面来研究家庭因素对居民幸福的影响，也有一些学者综合性考虑家庭因素的各个方面对幸福感的影响，比如陶涛等（2014）④ 利用"中国家庭幸福发展指数研究"的调查数据对影响家庭幸福的因素进行实证分析，构建出涵盖经济、健康、文明、社会四大维度的家庭幸福主观指标 20 个和客观指标 15 个，但是却少有文献集中于探讨各项家庭消费对居民幸福感的影响。

---

① Elsinga, M. and J. Hoekstra. Homeownership and housing satisfaction ［J］. Journal of Housing and the Built Environment, 2005（20）: 401 – 424.

② 彭代彦，闵秋红. 住房消费与国民幸福——基于 CGSS2013 的实证分析 ［J］. 广西社会科学，2015（12）: 85 – 90.

③ 宁薛平，文启湘. 中国居民房贷幸福指数影响因素及作用路径——理论分析与实证研究 ［J］. 财经研究，2011（11）: 27 – 38.

④ 陶涛，杨凡，张浣珺，赵梦晗. 家庭幸福发展指数构建研究 ［J］. 人口研究，2014（1）: 63 – 76.

家庭消费结构主要包括了日常生活的吃穿住行游购娱等多个方面，考虑消费者的异质性以及由此产生的消费结构差异性，那么各类消费项目对幸福感的影响程度有何差别和联系，以及不同户籍不同区域的居民，家庭消费结构对幸福感的影响程度又有怎样的变化，这是本节将要探讨的问题，也正是将居民界定为"消费者"这样一个角色中去探讨其消费结构对幸福感的影响。

## 4.3.1　变量定义与模型设计

本节数据来自2013年中国人民大学社会学系和香港科技大学社会科学部联合开展的"中国社会综合调查"（CGSS），此次调查涵盖中国28个省（区、市）的农村和城市，共计11 438个样本，根据研究内容，剔除了信息缺失的样本，最终得到9 386个数据样本。

被解释变量为居民幸福感（happy），CGSS2013中"社会态度"部分设置了关于幸福感的问题"总体而言，您觉得您的生活是否幸福？"，回答有"非常不幸福""比较不幸福""说不上幸福与不幸福""比较幸福""非常幸福"5个选项，本章对应将此5个回答的幸福感程度依次设置为1至5的整数。CGSS2013中"家庭消费"相关的调查问题，涉及了住房消费、汽车消费、高档耐用品消费、品牌商场购物、餐馆聚餐这5个方面，本章就以此作为家庭消费的主要指标，另外，选取了此次调查数据中搜集的"2012年家庭人均年收入"作为衡量家庭消费能力的指标。如表4-4所示。

表4-4　　　　　　　　　　变量的名称及含义

| 变量名称 | 变量含义 |
| --- | --- |
| | 被解释变量 |
| 居民幸福感 | 非常不幸福＝1，比较不幸福＝2，说不上幸福不幸福＝3，比较幸福＝4，非常幸福＝5 |

续表

| 变量名称 | 变量含义 |
|---|---|
| 解释变量 | |
| 汽车消费 | 家庭有没有汽车：有 = 1，没有 = 0 |
| 住房消费 | 人均住房的套内建筑面积：现住房的套内建筑面积/目前住在一起的有几人 小于或等于 5 平方米 = 1，6 ~ 10 平方米 = 2，11 ~ 15 平方米 = 3，16 ~ 20 平方米 = 4，21 ~ 25 平方米 = 5，26 ~ 30 平方米 = 6，30 平方米以上 = 7 |
| 高档耐用品消费 | 家中耐用消费品大都是名牌、高档：很不符合 = 1，不太符合 = 2，较符合 = 3，很符合 = 4 |
| 品牌商场购物 | 我总是到较有名气的商店去购物：很不符合 = 1，不太符合 = 2，较符合 = 3，很符合 = 4 |
| 餐馆聚餐 | 我和我的家人过生日或遇上重要节日时，总是到附近餐馆去聚餐：很不符合 = 1，不太符合 = 2，较符合 = 3，很符合 = 4 |
| 家庭人均年收入 | "2012 年全年家庭总收入/目前住在一起的有几人"的自然对数 |
| 控制变量 | |
| 年龄 | |
| 年龄二次方 | |
| 健康 | 很不健康 = 1，比较不健康 = 2，一般 = 3，比较健康 = 4，很健康 = 5 |
| 性别 | 女 = 1，男 = 0 |
| 婚姻 | 有配偶（初婚或再婚有配偶、同居、分居未离婚） = 1，无配偶（未婚、离婚、丧偶） = 0， |
| 教育 | 没有受过任何教育 = 0，私塾 = 2，小学 = 6，初中 = 9，中专和技校 = 11，高中（普通和职业高中） = 12，大专（成人和正规） = 15，本科（成人和正规） = 16，研究生及以上 = 19； |
| 户籍 | 城镇户口 = 1，包括非农业户口、居民户口（以前是非农业户口）和居民户口（以前是农业户口），农业户口 = 0； |
| 社会层级 | 最底层 = 1，第二层 = 2，第三层 = 3，第四层 = 4，第五层 = 5，第六层 = 6，第七层 = 7，第八层 = 8，第九层 = 9，最高层 = 10 |
| 近 3 年社会层级变化 | 下降了 = 0，差不多 = 1，上升了 = 2 |

为了考察家庭消费结构对居民幸福感的影响，可构建以下模型：

$$happy_i = \alpha_0 + \alpha_1 family\text{-}consumption_i + \beta x_i + \varepsilon_i \quad （模型4.9）$$

其中，$happy_i$ 是被解释变量，衡量被调查者当前对自身幸福感的主观评价，$family\text{-}consumption_i$ 是解释变量，包括居民家庭消费的主要方面，即住房消费、汽车消费、高档耐用品消费、品牌商场购物、餐馆聚餐以及衡量消费能力的指标家庭人均年收入，$X_i$ 则是控制变量，包括年龄、婚姻、性别、教育、健康、户口、社会层级、近3年社会层级变化。$\varepsilon_i$ 是随机扰动项。

### 4.3.2　描述性统计分析

表4-5是各变量的描述性统计，根据样本数据的分析，居民幸福感的平均值约为3.77，接近于"比较幸福"。以"家庭人均年收入"作为衡量家庭消费能力的指标，其平均值为9.46，处于中上水平，可见样本家庭的消费行为还是具备一定条件的。从家庭各项主要消费的平均值和标准误来看，各项消费存在明显的差异，其中，住房消费作为居民生活中的重要一项，比其他家庭消费例如汽车、高档耐用品、品牌商场购物、餐馆聚餐显现出更高的消费水平。

表4-5　　　　　　　　　各变量的描述性统计

| 变量 | 平均值 | 标准误 | 最小值 | 最大值 | 样本数（个） |
| --- | --- | --- | --- | --- | --- |
| 居民幸福感 | 3.77 | 0.83 | 1 | 5 | 9 386 |
| 汽车消费 | 0.16 | 0.37 | 0 | 1 | 9 386 |
| 住房消费 | 5.75 | 1.60 | 1 | 7 | 9 386 |
| 高档耐用品消费 | 1.44 | 0.66 | 1 | 4 | 9 386 |
| 品牌商场购物 | 1.61 | 0.74 | 1 | 4 | 9 386 |
| 餐馆聚餐 | 1.95 | 0.88 | 1 | 4 | 9 386 |
| 家庭人均年收入 | 9.46 | 1.07 | 4.61 | 13.30 | 9 386 |

续表

| 变量 | 平均值 | 标准误 | 最小值 | 最大值 | 样本数（个） |
|---|---|---|---|---|---|
| 年龄 | 48.69 | 15.90 | 17 | 97 | 9 386 |
| 年龄 2 次方 | 2 623.72 | 1 614.50 | 289 | 9 409 | 9 386 |
| 健康 | 3.73 | 1.07 | 1 | 5 | 9 386 |
| 性别 | 0.49 | 0.50 | 0 | 1 | 9 386 |
| 婚姻 | 0.81 | 0.39 | 0 | 1 | 9 386 |
| 教育 | 8.78 | 4.56 | 0 | 19 | 9 386 |
| 户籍 | 0.45 | 0.50 | 0 | 1 | 9 386 |
| 社会层级 | 4.35 | 1.67 | 1 | 10 | 9 386 |
| 近 3 年社会层级变化 | 1.32 | 0.64 | 0 | 2 | 9 386 |

资料来源：来自 2013 年中国人民大学社会学系和香港科技大学社会科学部联合开展的"中国社会综合调查"（CGSS）根据本节研究内容筛选的 9 386 个数据样本统计而得。

对于样本进行分类，比较其幸福感的差异，可以发现：按性别划分来看，女性处于比较幸福和非常幸福的比例均高于男性，但差距并不明显，约为 2%。按户籍划分来看，城镇户口居民的幸福感略高于农业户口居民，但差距较小。按婚姻状况来看，在感到"非常幸福"的居民中，有无配偶的居民比例并无差异，但是对于有配偶的居民，感到"比较幸福"的比例就远远高于无配偶的居民，差距达到 10%。按地区划分来看，感到不幸福的人群比例，西部地区的高于中部地区的，中部地区的高于东部地区的，但是差距都在 2% 左右；感到比较幸福的人群比例，却是以中部地区的最高，东西部地区的比较接近；感到非常幸福的人群比例，中部地区的最低，东西部地区的比较接近。按年龄划分来看，40 岁及以下和 60 岁以上的居民，感到"比较幸福"和"非常幸福"的比例相对较高，比例都达到了 75% 左右，而同等幸福程度的 41~60 岁的居民由于面临着上有老下有小、家庭工作两头兼顾的状况，比例要略低 5% 左右。表 4-6 描述了此次调查中居民幸福感的概况。

表 4 - 6　　　　　　　居民幸福感分布概况　　　　单位：%

| 居民幸福感 | | 非常不幸福 | 比较不幸福 | 说不上幸福不幸福 | 比较幸福 | 非常幸福 |
|---|---|---|---|---|---|---|
| 性别 | 男 | 1.58 | 7.63 | 18.69 | 59.31 | 12.78 |
| | 女 | 1.39 | 6.80 | 16.95 | 59.94 | 14.92 |
| 户籍 | 农业户口 | 1.52 | 7.95 | 17.23 | 60.75 | 12.55 |
| | 城镇户口 | 1.46 | 6.35 | 18.57 | 58.26 | 15.37 |
| 婚姻 | 无配偶 | 2.18 | 11.74 | 20.90 | 51.32 | 13.86 |
| | 有配偶 | 1.34 | 6.19 | 17.13 | 61.52 | 13.82 |
| 区域 | 东部地区 | 1.19 | 5.88 | 19.82 | 56.62 | 16.48 |
| | 中部地区 | 1.51 | 7.99 | 17.55 | 63.39 | 9.56 |
| | 西部地区 | 2.08 | 8.73 | 14.16 | 59.54 | 15.48 |
| 年龄 | 17~30 岁 | 0.73 | 4.97 | 16.29 | 62.38 | 15.63 |
| | 31~40 岁 | 1.36 | 6.52 | 17.96 | 60.11 | 14.05 |
| | 41~50 岁 | 1.54 | 9.19 | 19.08 | 60.31 | 9.89 |
| | 51~60 岁 | 1.88 | 7.70 | 19.10 | 58.36 | 12.96 |
| | 61~70 岁 | 1.48 | 6.80 | 17.53 | 59.39 | 14.79 |
| | 70 岁以上 | 2.00 | 7.05 | 15.05 | 55.89 | 20.00 |

资料来源：来自 2013 年中国人民大学社会学系和香港科技大学社会科学部联合开展的"中国社会综合调查"（CGSS）根据本节研究内容筛选的 9 386 个数据样本统计而得。

### 4.3.3　回归结果分析

**1. 全样本分析**

首先，采用 Ordered Probit 方法对模型 4.9 进行回归，可以得出表 4 - 7 的结果。

表 4 - 7　　中国家庭消费对居民幸福感影响的 Ordered Probit 模型回归结果

| 居民幸福感 | （1）回归系数 | （2） | （3） | （4） | （5） | （6） |
|---|---|---|---|---|---|---|
| | | 边际效应 | | | | |
| | | 非常不幸福 | 比较不幸福 | 说不上幸福不幸福 | 比较幸福 | 非常幸福 |
| 住房消费 | 0.031 ***<br>（0.007） | - 0.001 ***<br>（0.001） | - 0.003 ***<br>（0.001） | - 0.005 ***<br>（0.001） | 0.003 ***<br>（0.001） | 0.006 ***<br>（0.0015） |
| 汽车消费 | 0.153 ***<br>（0.035） | - 0.005 ***<br>（0.001） | - 0.017 ***<br>（0.004） | - 0.024 ***<br>（0.005） | 0.014 ***<br>（0.003） | 0.031 ***<br>（0.0070） |
| 高档耐用品消费 | 0.017<br>（0.022） | - 0.001<br>（0.001） | - 0.002<br>（0.002） | - 0.003<br>（0.004） | 0.002<br>（0.002） | 0.003<br>（0.005） |
| 品牌商场购物 | 0.021<br>（0.021） | - 0.001<br>（0.001） | - 0.002<br>（0.002） | - 0.003<br>（0.003） | 0.002<br>（0.002） | 0.004<br>（0.004） |
| 餐馆聚餐 | 0.058 ***<br>（0.017） | - 0.002 ***<br>（0.001） | - 0.006 ***<br>（0.002） | - 0.009 ***<br>（0.003） | 0.005 ***<br>（0.002） | 0.012 ***<br>（0.003） |
| 家庭人均年收入 | 0.048 ***<br>（0.014） | - 0.002 ***<br>（0.001） | - 0.005 ***<br>（0.002） | - 0.008 ***<br>（0.002） | 0.005 ***<br>（0.001） | 0.010 ***<br>（0.003） |
| 年龄 | - 0.040 ***<br>（0.004） | 0.001 ***<br>（0.001） | 0.004 ***<br>（0.001） | 0.006 ***<br>（0.001） | - 0.004 ***<br>（0.001） | - 0.008 ***<br>（0.001） |
| 年龄2次方 | 0.001 ***<br>（0.001） | - 0.000 ***<br>（$1.85e-06$） | - 0.000 ***<br>（$5.17e-06$） | - 0.000 ***<br>（$7.09e-06$） | 0.000 ***<br>（$4.74e-06$） | 0.000 ***<br>（$9.26e-06$） |
| 健康 | 0.211 ***<br>（0.012） | - 0.007 ***<br>（0.001） | - 0.023 ***<br>（0.002） | - 0.033 ***<br>（0.0019） | 0.020 ***<br>（0.001） | 0.043 ***<br>（0.003） |
| 性别 | 0.107 ***<br>（0.024） | - 0.003 ***<br>（0.001） | - 0.012 ***<br>（0.003） | - 0.017 ***<br>（0.004） | - 0.010 ***<br>（0.002） | 0.022 ***<br>（0.005） |
| 婚姻 | 0.312 ***<br>（0.033） | - 0.010 ***<br>（0.001） | - 0.034 ***<br>（0.004） | - 0.048 ***<br>（0.005） | 0.029 ***<br>（0.003） | 0.063 ***<br>（0.007） |
| 教育 | - 0.001<br>（0.004） | 0.000<br>（0.000） | 0.000<br>（0.000） | 0.000<br>（0.001） | - 0.000<br>（0.000） | - 0.000<br>（0.001） |
| 户籍 | - 0.089 ***<br>（0.029） | 0.003 ***<br>（0.001） | 0.010 ***<br>（0.003） | 0.014 ***<br>（0.005） | - 0.008 ***<br>（0.003） | - 0.018 ***<br>（0.006） |

续表

| 居民幸福感 | （1）回归系数 | （2） | （3） | （4） | （5） | （6） |
|---|---|---|---|---|---|---|
| | | 边际效果 | | | | |
| | | 非常不幸福 | 比较不幸福 | 说不上幸福<br>不幸福 | 比较幸福 | 非常幸福 |
| 社会层级 | 0.131 ***<br>（0.008） | -0.004 ***<br>（0.001） | -0.014 ***<br>（0.001） | -0.020 ***<br>（0.001） | 0.012 ***<br>（0.001） | 0.026 ***<br>（0.002） |
| 近3年社会层级变化 | 0.270 ***<br>（0.019） | -0.009 ***<br>（0.001） | -0.029 ***<br>（0.002） | -0.042 ***<br>（0.003） | 0.025 ***<br>（0.002） | 0.054 ***<br>（0.004） |

注："回归系数"列汇报的是各解释变量的回归系数，而"边际效果"五列汇报的是各解释变量的边际概率影响。\*\*\* 表示1%的显著性水平。括号中的是标准误。

在控制变量不变的条件下，住房消费、汽车消费、餐馆聚餐及家庭人均年收入对居民主观幸福感的影响均在1%统计意义上显著为正，其幸福效应的强度由大到小依次为汽车消费、餐馆聚餐、家庭人均年收入、住房消费，在边际效果方面，上述4项家庭消费指标对居民幸福均呈现出非常类似的影响，降低了居民感受到不幸福的概率，提升居民感受到更加幸福的概率。另外，对幸福感有显著正向影响的控制变量按其强度由大到小依次是：婚姻、近3年社会层级变化、健康、社会层级。

**2. 分地区、分户籍样本分析**

将全部样本分别按地区、户籍划分（详见表4-8），结论如下。

表4-8　家庭消费对居民幸福的影响比较：分地区、分户籍比较

| 居民幸福感 | （1）<br>东部地区 | （2）<br>中部地区 | （3）<br>西部地区 | （4）<br>农村居民 | （5）<br>城镇居民 |
|---|---|---|---|---|---|
| 住房消费 | 0.044 ***<br>（0.011） | 0.014<br>（0.014） | 0.005<br>（0.016） | 0.019 *<br>（0.010） | 0.037 ***<br>（0.011） |
| 汽车消费 | 0.090 **<br>（0.046） | 0.241 ***<br>（0.074） | 0.245 ***<br>（0.083） | 0.226 ***<br>（0.056） | 0.108 **<br>（0.045） |

续表

| 居民幸福感 | （1）<br>东部地区 | （2）<br>中部地区 | （3）<br>西部地区 | （4）<br>农村居民 | （5）<br>城镇居民 |
|---|---|---|---|---|---|
| 高档耐用品消费 | -0.020<br>(0.030) | 0.082*<br>(0.045) | 0.031<br>(0.051) | -0.002<br>(0.034) | 0.021<br>(0.030) |
| 品牌商场购物 | 0.028<br>(0.029) | 0.014<br>(0.041) | 0.029<br>(0.045) | 0.059*<br>(0.031) | 0.008<br>(0.029) |
| 餐馆聚餐 | 0.071***<br>(0.024) | 0.054*<br>(0.032) | 0.043<br>(0.036) | 0.021<br>(0.025) | 0.094***<br>(0.023) |
| 家庭人均年收入 | 0.023<br>(0.022) | 0.065***<br>(0.024) | 0.093***<br>(0.029) | 0.048***<br>(0.017) | 0.044*<br>(0.024) |
| 样本数 | 4 101 个 | 3 315 个 | 1 970 个 | 5 131 个 | 4 255 个 |
| 控制变量 | 有 | 有 | 有 | 有 | 有 |
| $R^2$ | 0.073 | 0.086 | 0.064 | 0.069 | 0.075 |

注：***、**、*分别表示1%、5%、10%的显著性水平。括号中的是标准误。

可以发现，对于不同地区不同户籍状况的居民，幸福效应最强的也是汽车消费。通过上述分样本的回归结果比较，一方面，我们可以发现家庭各项消费中的汽车消费、餐馆聚餐、家庭人均年收入、住房消费是影响居民幸福的重要因素；另一方面，在各项家庭消费的幸福效应强弱方面，还是具有一定的地区差异以及户籍差异。究其原因，消费是一项基于客观条件下的经济行为，但也受到消费者观念、习惯等因素的影响，① 中国的对外贸易发展有着显著的区域性特点，东部地区一直凭借着区位优势在外贸发展中占据中主要比重，在中国对外贸易"十二五"回顾中，"十二五"末中国外贸的国内区域布局更加均衡，中西部地区占全国外贸出口的比重达到16.5%，比"十一五"末提高7.8%。② 从上述

---

① 银辉. 家庭消费与居民幸福——基于 CGSS2013 的实证分析 [J]. 企业经济, 2017 (11)：81-88.

② 引自对外贸易发展"十三五"规划, 中华人民共和国商务部印发 http：//www. mof-com. gov. cn/article/h/redht/201701/20170102498080. shtml.

消费结构对居民幸福感的影响的差异性来看，区域之间的贸易开放度差异性也是其原因之一，比如高档耐用品消费对于中西部地区的居民幸福感有着正向效应，而对于东部地区居民则是有着负向效应，因为东部地区的进口贸易远远领先于中西部地区，并且随着大大小小的进口超市实体店以及网上海外代购等购物形式的结合，对于东部地区居民享受到更丰富的进口商品的幸福途径更容易，综合起来使得其幸福感的边际效果在减小，甚至由于高档耐用品消费带来的消费支出持续增加使得幸福感减弱，同时由于进口商品的供货渠道多种多样，有些质量监管不到位，一些报道中提到进口品牌产品的质量出现问题，也使消费者对于该产品所花费的资金觉得是幸福感受到损失，而对于中西部居民，由于进口贸易发展仍比较局限，进口商品的获取主要是借助于电子商务和物流的发展，因此从消费丰富品类和优良质量的进口商品中获得的幸福感还处于上升阶段。

### 4.3.4　稳健性检验

根据弗里吉特斯（Frijters，2004）[①] 的研究，本节在之前 Ordered Probit 回归的基础上，控制变量不变时，对样本进行 OLS 和 Ordered Logit 稳健性检验，回归系数显示的各项家庭消费对居民幸福效应的强度结果与之前一致，即住房消费、汽车消费、餐馆聚餐及家庭人均年收入对居民幸福的影响均在1%统计意义上显著为正，幸福效应强度由大到小依次为汽车消费、餐馆聚餐、家庭人均年收入、住房消费。如表4－9所示。

---

① Frijters, P., J. P. Haisken – Denew and M. A. Shields, Money Does Matter! Evidence from Increasing Real Income and Life Satisfaction in East Germany Following Reunification［J］. American Economic Review，2004. 94（3）：730－740.

表 4 - 9                                     稳健性检验结果

| 居民幸福感 | （1）<br>OLS 回归系数 | （2） Ordered Logistic<br>回归系数 | （3） Ordered Probit<br>回归系数 |
| --- | --- | --- | --- |
| 住房消费 | 0. 021 ***<br>（0. 005） | 0. 060 ***<br>（0. 013） | 0. 031 ***<br>（0. 007） |
| 汽车消费 | 0. 092 ***<br>（0. 023） | 0. 279 ***<br>（0. 062） | 0. 153 ***<br>（0. 035） |
| 高档耐用品消费 | 0. 006<br>（0. 015） | 0. 020<br>（0. 041） | 0. 017<br>（0. 023） |
| 品牌商场购物 | 0. 015<br>（0. 014） | 0. 045<br>（0. 038） | 0. 021<br>（0. 021） |
| 餐馆聚餐 | 0. 038 ***<br>（0. 011） | 0. 109 ***<br>（0. 030） | 0. 058 ***<br>（0. 017） |
| 家庭人均年收入 | 0. 037 ***<br>（0. 009） | 0. 083 ***<br>（0. 024） | 0. 048 ***<br>（0. 014） |

注： *** 分别表示 1% 的显著性水平。括号中的是标准误。

## 4.4  本章小结

近些年来，国际贸易领域研究发展以新新贸易理论进展为主，研究的焦点从产业层次转变到企业层次，同时开始关注于国际贸易的整体福利效应。阿科拉科斯等（Arkolakis et al. ，2012）[①] 开创性地提出无论国际贸易发生机制如何，无论是企业层次还是行业层次，都可以由国内消费占比、贸易弹性来测算国际贸易的整体福利水平。该研究引起了学者们的关注和讨论，并且最近的研究开始关注于消费者异质性和劳动者异

---

① Arkolakis, C. , A. Costinot and A. Rodríguez – Clare. New Trade Models, Same Old Gains? [J]. American Economic Review, 2012. 102 (1)： 94 – 130.

质性，即国际贸易将改进消费者福利和劳动者福利（Galle[①]，2017；Khandelwal et al. [②]，2013；施炳展等[③]，2017）。

本章的研究主题是国际贸易通过消费影响国民幸福，这是一个较新的视角，在论证了"贸易—消费水平和消费结构—国民幸福"的路径的理论可行性，然后对进出口贸易增长、消费水平、国民幸福的关联性进行了实证分析。具体来说，参考伊斯特林[④]（2002）以美国为样本，构建出幸福度增减（与5年前比）、消费价格指数增长率、失业率之间的关联度研究的模型，本章利用2006~2016年来中国的进出口增长率、出口贸易增长率、进口贸易增长率、居民消费价格指数增长率、幸福指数1（与上一年比）和幸福指数2（与3年前比）分别构建近期影响和远期影响模型，根据上述宏观模型分析，结论如下：

第一，从贸易的作用来看，通过消费这一路径，无论是总量增长还是出口或者进口增长的幸福效应都是显著的，并且都是正向的。第二，进一步分析各相关系数，可以发现，进出口贸易总量、出口贸易、进口贸易的幸福效应强度基本都在0.03左右，相差不大，其中出口贸易通过消费产生的幸福效应相对略高。第三，在不考虑贸易时，消费的幸福效应是正向的，强度非常微弱，仅为0.006，在贸易的作用下，消费对幸福产生的影响转变为负向的，强度明显增大了许多，其中在考虑进出口贸易总量的情况下，消费的幸福效应强度最大，为0.148，其次在独立考虑进口贸易影响消费时，消费的幸福效应强度为0.111，最后是在独立考虑出口贸易影响消费时，消费的幸福效应强度为0.081。

①　Galle，S.，A. Rodriguez - Clare and M. Yi. Slicing the Pie：Quantifying the Aggregate and Distributional Effects of Trade［J］. Nber Working Papers，2017.

②　Khandelwal，A. K. and P. D. Fajgelbaum. Measuring the Unequal Gains From Trade［J］. Quarterly Journal of Economics，2013. 21（23）：13.

③　施炳展，张夏. 中国贸易自由化的消费者福利分布效应［J］. 经济学（季刊），2017（4）：1421 - 1448.

④　Easterlin，R. A. Is Reported Happiness Five Years Ago Comparable to Present Happiness?［J］. A Cautionary Note，2002. 3（2）：193 - 198.

通过比较近期影响和远期影响两组模型的结果，又可以得出以下结论，一方面，两组模型中相同的结论是：第一，贸易通过消费这一途径，无论是总量增长还是出口或者进口增长的幸福效应都是正向的，其中出口贸易通过消费产生的幸福效应相对略高。另一方面，两组模型结论不同的是：第一，从统计学来看消费和贸易的幸福效应都不显著；第二，无论是否考虑贸易的作用，消费的幸福效应都是正向的，当考虑贸易的作用时消费产生的幸福效应的强度会有所减小；第三，在远期影响中比较分析可以发现，独立考虑进口贸易影响消费时，消费的幸福效应强度为 0.067，在独立考虑出口贸易影响消费时，消费的幸福效应强度为 0.053，最后考虑进出口贸易总量影响时，消费的幸福效应强度为 0.042；第四，从贸易通过消费产生的幸福效应强度来看，近期影响是远期影响的 3 倍。

综上所述，衡量贸易通过消费对国民幸福产生的影响，在本章的研究中分析了其理论上影响可以是"进出口贸易—居民消费价格指数—消费支出—国民幸福"，并且利用中国 2006～2016 年的相关数据进行实证检验得出，无论是进出口贸易总额，还是进口贸易总额或者出口贸易总额，通过消费对国民幸福的都有着正向的近期影响和远期影响，从幸福效应的强度来看，出口贸易通过消费产生的幸福效应强度高于进出口总额和进口贸易总额，近期影响是远期影响的 3 倍。本章研究中也得出了关于消费水平在贸易的作用下所产生的幸福效应的相关结论，发现当考虑到贸易的作用时，在近期影响中，消费的幸福效应会由正向转为负向，效应强度会明显增大，而在远期影响中，虽然考虑贸易的作用时并不会改变消费的幸福效应的正向作用，但是会使效应强度有所减弱。因此，进一步考察消费结构与国民幸福之间的关系，以作为对本章内容的深入和补充。

本章深入微观层面，研究家庭消费结构与居民幸福感之间的关系，不局限于"住房"这样的热点因素，利用 2013 年"中国社会综合调查"（CGSS）的数据，以"家庭人均年收入"作为衡量消费能力的指标，而"家庭消费项目"则是包括了吃、住、行、购四个方面的 5 项内容，构建 Ordered probit 模型，实证分析得出家庭消费结构影响幸福感的显著性和消费内容对于幸福感影响的差异性，其次，在考虑到家庭收入影响幸福的效果时，汽车消费和餐馆聚餐是比家庭收入的幸福效应更强。由此可见，消费支出的幸福效应不可忽视，某些项目的消费支出带来的幸福感甚至强于收入增加带来的幸福感，这也就说明了消费作为重要的经济活动，在日常生活中与个人家庭都密切相关，也受到经济文化发展的影响。尽管本章中研究的高档耐用品消费和品牌商场购物对幸福感的影响并不显著，家庭消费的内容和形式也在不断变化，消费者面临着的参照点在不断扩展和变动，制定更加均衡的进出口贸易政策来应对中国面临的消费环境变化，在拉动内需促进消费稳定经济增长时着重于考虑到消费的可持续性，以及消费对于国民幸福的长期效应，创造和引导绿色消费，同时再深入研究随着国际贸易发展消费商品和形式的多样化对于国民幸福的影响，减少参照点效应带来的盲目消费而引起的长期幸福损失，谨防"踏水车效应"所带来的幸福损失，即由于存在多样化的选择，人们在评估和选择时耗费更多时间和认知资源，由此时间压力带来不幸福，同时为了提高收入和消费水平而"踏水车"，但是无论怎么努力，收入增加却不再能带来幸福感的增加，应该重视经济环境的完善通过对家庭消费结构的积极引导和改善这一途径更好地促进居民幸福感提升。

# 第5章

## 中国对外贸易通过就业影响国民幸福

### 5.1 国际贸易影响国民幸福的就业路径理论分析

#### 5.1.1 研究问题的提出

关于国际贸易如何通过就业影响国民幸福，其相关研究主要是国际贸易的就业效应以及由此路径产生的国民福利影响。杨玉华（2007）[①]选取11个贸易大国包括美国、德国、法国、日本、英国、加拿大、韩国、中国、俄罗斯、巴西、印度在1990～2005年的数据进行国际比较分析，从失业和就业状况、贸易增长对就业影响、贸易顺差对就业影响来逐步展开，研究发现：一方面，以 H—O—S 理论来解释国际贸易的就业影响，即国际贸易是由于国家之间生产要素禀赋的差异而产生，进而引起的生产要素价格均等化，使劳动力价格和劳动力成本出现波动和差

---

[①] 杨玉华. 国际贸易就业影响的国际比较——H—O—S 及贸易乘数理论对贸易大国的适应性实证分析 [J]. 云南财经大学学报，2007. 23（4）：102－106.

异，通过分析得出 11 个国家中有 8 个国家存在这个路径的就业效应，另一方面，以对外贸易乘数效应来解释国际贸易的就业效应，即一国贸易获得顺差时，对其国内就业和国民收入都有正向的倍数效应。经过验证，上述样本国家中，对于发达国家只有半数的国家得到验证，存在这个路径的就业效应，其余的出现的是消极影响，而对于发展中国家，贸易顺差对失业率的积极影响存在于 60% 的样本国家，其余为消极影响，而贸易顺差对就业的积极影响存在于 80% 的样本国家中。伯斯坦（Burstein et al.，2010）[1] 通过研究发现贸易开放对于发达国家和发展中国家的就业结构的影响是有差异的，对于前者，贸易促进其高技术劳动力的需求比重，对于后者，贸易促进的是中低技能劳动力的需求比重。然而，这类观点随着贸易的发展尤其是加工贸易的深入不断扩大了产品的同质化，学者们认为不能再用 H—O 等传统理论来解释新的现象和解决新的问题，新的理论开始形成，包括产业内贸易理论、技术差距论、产品生命周期、国家竞争优势、新地理经济、企业异质性等理论，其中也不乏关于于对就业效应的研究，比如耶普尔（Yeaple et al.，2005）[2] 对企业异质模型进行推导，研究得出，参与国际贸易的企业在均衡的就业市场中对劳动者技能的要求相对更高，莫利纳等（Molina et al.，2009）[3] 则是以发展中国家为样本，基于技能偏向性技术进步模型展开分析，认为贸易开放程度对企业生产效率有正向影响，企业生产效率的差异性则是导致对于劳动者素质的要求的差异性。占华（2016）[4] 在要素禀赋理论框架内构建贸易与失业的理论模型，通过分析产品市场和劳动力市场在国际贸易条件下的供需和价格变化，以关税水平和非关税贸易壁垒分别代表贸易限制和贸易开放政策，研究发现贸易会对失业产生

---

[1]　Burstein, A. and J. Vogel. Globalization, Technology, and the Skill Premium：A Quantitative Analysis [J]. NBER working paper series, 2010. w16459.

[2]　Yeaple, S. R. A simple model of firm heterogeneity, international trade, and wages [J]. Journal of International Economics, 2005. 65（1）：1 – 20.

[3]　Molina, D, Muendler, M. A. Preparing to Export [M]. Mimeo：UC San Diego, 2009.

[4]　占华，于津平. 贸易政策、扩大进口与失业 [J]. 世界经济文汇，2016（1）：52 – 67.

显著的持续影响，具体来看，关税增加、进口依存度上升会增加失业率，增加非关税贸易壁垒则会降低失业率，并且比较分析发现，考虑不同国家的不同要素丰裕度来分析贸易与失业的相关性，关税、进口依存度、非关税贸易壁垒与失业的相关性结论是完全不同的。

上述研究从不同角度探讨了国际贸易的就业效应，从失业率这个角度来看，结论尚未统一，有的学者认为国际贸易降低了国内的失业率，从生产效率这一路径考虑，有的学者认为国际贸易提高了国内的失业率，从生产企业层面去考量工人的工资差距，也有的学者认为国际贸易对失业率的影响尚不确定，如果仅仅是从熟练劳动力和非熟练劳动力需求去做比较分析还不明确。作为劳动力资源相对丰富的发展中国家，又是贸易大国，以往的对外贸易中中国通常利用劳动密集型产品的价格优势，以劳动密集型产品去换取资本和技术密集型产品，在如何根据自身的发展阶段和国情特点去制定相关的进出口贸易策略，进口增多究竟是否就意味着国外劳动取代国内劳动，在某种程度上视为失业的输入，在贸易环境下，关于国际劳动力市场和商品市场的双重影响对中国的就业水平的研究还需要更多深入的探讨，但是不管如何，本书期望关注的重点不仅仅只是就业水平而已，而是再延伸到对国民幸福的影响，比如说，在国际分工中我们不希望只是以更低的工资水平去赢取更多的就业机会，而是要落实到如何在国际贸易政策制定和发展中切实通过这个途径提高国民幸福，尤其是劳动者幸福感。

因此，本章的研究问题是，若是仅仅考虑以失业率衡量就业水平，国际贸易通过这一路径产生的幸福效应将会如何，进口和出口贸易在此路径的幸福效应上又会有何异同，也就是试图探讨国际贸易如何通过对就业的影响进而对国民幸福产生影响。

### 5.1.2 国际贸易通过就业水平影响国民幸福的理论分析

本章从国际贸易影响就业水平的机理来探讨其对国民幸福的影响，

其基本逻辑是国际贸易政策的变化，会引起国内进出口需求以及国内生产需求的变化，从而影响就业水平的变化，可以表现为失业率的波动，而失业率的变化在国际贸易环境下由于参照点效应，可以从收入公平感、工作满意度、就业机会、就业竞争路径对人们的幸福感产生影响。在探讨其影响机制之前，本章首先需要假设：从劳动者角色来探究国民幸福，国民幸福变化仅由失业率水平的变化来影响，不考虑其收入水平、消费水平等差异。尽管在国际贸易的环境下，劳动力的国际流动是由于生产效率或是技术差异，也会对失业率产生影响，但是本章仅从国际贸易政策角度去进行研究。因此，本章进一步假设，国际贸易的限制和开放政策对国内生产需求产生变化，以影响国内失业率，进而影响国民幸福，并且假设进出口贸易、出口贸易、进口贸易通过失业率这一路径影响幸福的程度存在差异性。

　　具体来讲，从贸易政策角度进行分析，可以有以下影响机制：第一，一国采取贸易限制政策时，在国内外总需求既定的情况下减少进口，于是国内生产必须增加以满足需求，对于资本相对充裕的国家会利用资本替代劳动，此时国内失业率会上升，由此人们会认为就业环境相对困难，就业机会减少，就业竞争增加，使幸福感有所下降。对于劳动相对充裕的国家会利用劳动替代资本，此时国内失业率会下降，由此人们会认为就业环境相对容易，就业机会增加，就业竞争减少，使得幸福感有所增加。第二，一国采取贸易开放政策时，一方面增加进口资本密集型产品，对于资本相对充裕的国家会利用资本替代劳动会减少，增加了国内就业岗位供给，此时国内失业率会下降，由此人们会认为就业环境相对容易，就业机会增加，就业竞争减少，幸福感有所提升。另一方面，增加进口劳动密集型产品，也有利于缓解资本充裕国的就业压力，从而提升国民幸福。而对于劳动相对充裕的国家而言，当处于贸易政策开放时，进口增加资本密集型产品使得其利用劳动替代资本减少，此时国内失业率会上升，由此人们会认为就业环境相对困难，就业机会减少，就业竞争增加，使幸福感有所下降，但是进口增加劳动密集型产品时，劳动替代资本又增加，此时国内失业率会上升，由此人们会认为就业环境相对困难，就业机会减少，就业竞争增加，使得幸福感有所下降。在上述途径中再将出口贸易的变化考虑进来，则同样需要根据一国的贸易政策和要素禀赋进行讨论，并且最终由此路径产生的国民幸福效应是进出口综合效应的共同作用结果。如图 5-1 所示。

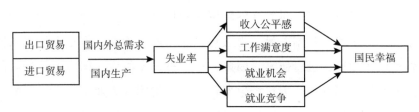

**图 5-1　进出口贸易通过失业率影响国民幸福的路径**

资料来源：作者绘制。

### 5.1.3　国际贸易通过就业质量影响国民幸福的理论分析

幸福通常是由人们如何体验和评价他们的整个生活所决定的，围绕着幸福感的研究，从一开始的"什么是幸福"，到"如何实现幸福""如何提升幸福"，而在现代社会中，大多数人的大部分时间都在工作中度过，工作是人们生活中的重要内容，在上一章着重分析了就业水平在国际贸易作用下对国民幸福的影响，而从失业率这一指标而言，只是就业因素的一个方面，在一定程度上作为宏观层面的就业条件和环境指标，而探讨就业质量对于幸福感的影响时，由于宏观层面的就业质量结构维度在理论上尚未形成统一，构建相应的指标体系还存在很多困难，因此本章将深入到微观层面的就业质量即工作因素构建的就业质量体系去研究其幸福效应。关于"幸福感"与"工作"之间的关系，学者们较多是从工作这一因素对于幸福感的影响去分析，不仅仅是着眼于"是否有工作"，并且逐步将工作中的各个方面展开进行深入研究，从"就业质量"所包含的各个因素来探讨。

首先，学者们从就业状态，即是否有工作去探讨幸福感差异，罗楚亮（2006）①采用中国社会科学院收入分配课题组2002年的调查数据分析得出，农村居民的主观幸福感高于城镇居民，究其原因，是由于收入变化预期、预期实现程度、与过去生活状态的比较等因素所引起的差异，而从就业状态细分城镇居民为失业或就业居民，他们之间的主观幸福感差异与上述因素无关，而是受到绝对收入和相对收入的影响。吉伦等（Gielen et al.，2014）②利用1994～2007年的德国社会经济组的数据（GSOEP）探讨一个问题"如果失业让人感到不幸福，为什么失业者还需要激励才能去更快实现再就业"，得出结论，近一半的失业人员并没有产生幸福感的下降，因为对于那些工作感到不高兴并且有足够的家庭收入来源的人而言，失业是自主选择，甚至有23%左右的人甚至还产生了幸福感的提升，一方面，失业者幸福感的下降不会影响未来的劳动力市场，另一方面，以个人的生活满意度来看，若是以幸福感下降的失业人群为研究对象，可以发现由于疤痕效应的存在，重新找到工作并不能使得他们完全恢复至原来的幸福程度，因此解释了他们需要更多激励政策去加快实现再就业。傅红春等（2016）③以职工平均工资衡量人均收入，以城镇登记失业率衡量就业水平，并且结合政府财政支出、图书拥有量、教育、交通这些反映生活质量的中间变量，将居民幸福感作为约束因子，通过不同路径取得的最优城市规模在500万～780万人之间。

其次，基于不同就业属性及其就业福利对劳动者幸福感进行分析比较，周闯等（2017）④基于中国劳动力动态调查（CLDS）2012年的数

① 罗楚亮. 城乡分割、就业状况与主观幸福感差异 [J]. 经济学（季刊），2006（2）：817－840.

② Gielen，A. C.，J. C. V. Ours，Unhappiness and Job Finding [J]. Economica，2014. 81（323）：544－565.

③ 傅红春，金俐，金琳. 幸福框架下的最优城市规模 [J]. 城市问题，2016（2）：14－24，58.

④ 周闯，曲佳霖. 公共部门与非公共部门就业选择的福利效应——基于幸福经济学的视角 [J]. 劳动经济研究，2017（2）：40－55.

据，将劳动者分类为公共部门与非公共部门进行比较分析，劳动者根据比较优势在两个部门中进行就业选择，公共部门就业者与其处于非公共部门相比，主观幸福的概率提升了 0.3268，非公共部门就业者与其处于公共部门相比，主观幸福的概率提升了 0.1433，另外分析得出受教育程度、家庭规模、已婚对就业者的幸福感具有正向影响。卢海阳等 (2017)[①] 选取工作时间、劳动报酬、劳动合同、工作类型、养老保险、医疗保险来测量农民工的就业质量，各项因素对幸福感产生的影响有所区别，其中产生负向影响有工作时间过长、劳动合同短期化，具有正向影响的是劳动报酬增加、参加养老和医疗保险。王海成等 (2015)[②] 将签订劳动合同并缴纳养老保险的界定为正规就业者，分析得出城镇居民由正规就业变为非正规就业，其幸福感为"幸福"和"非常幸福"的概率分别下降 6.5% 和 1.8%，而对于非正规就业劳动者，获得职业技能认证带来的收入效应可以有效减少幸福感的损失。

需要指出的是，上述研究中较多关注于就业质量的单一方面，并且在就业质量对幸福感影响的机制分析上还需要进一步确立具体路径。工作，让生活更美好，劳动者一定是以此为目标去寻找工作和参与工作，但是工作涵盖了各项因素，工作时间、收入、稳定性、环境等都会让劳动者首先对工作本身是否满意产生主观的分项目和综合性评价，比如工作收入满意度和工作整体满意度，而幸福感是个人对于生活的综合感受的自我评价，工作只是其中一个方面，那么，工作满意就一定感到幸福吗？工作的各个方面对工作满意度的影响会影响幸福感吗？幸福感对工作的积极性和满意度有影响吗？工作和幸福之间的关系究竟如何？

工作作为居民日常生活中的重要内容，也是获得收入和积累财富的重要方式之一，其对幸福感的影响路径可能是收入和财富带来的效应，

---

① 卢海阳，杨龙，李宝值. 就业质量、社会认知与农民工幸福感 [J]. 中国农村观察，2017 (3)：57-71.

② 王海成，郭敏. 非正规就业对主观幸福感的影响——劳动力市场正规化政策的合理性 [J]. 经济学动态，2015 (5)：50-59.

但是同时工作需要付出时间、精力、认知资源等，因此也有可能由这些路径对幸福感产生影响，深入到微观层面的就业质量的因素构建，以工作满意度首先衡量劳动者幸福感，再去评价工作各个因素对幸福感的作用，这是目前关注较多的研究方向。

一方面，学者们关注于构建工作满意度评价体系去分析劳动者幸福感，卿石松等（2016）[①] 采用 2003～2010 年多轮中国综合社会调查（CGSS）数据研究得出以"工作满意度"衡量就业质量，其对于幸福感的正向影响是十分显著的，但是幸福感对工作满意度没有显著的反向因果关系，如果以"是否受雇于固定雇主"衡量就业质量，工作稳定性高对幸福感具有显著的正向作用。吴伟炯（2016）[②] 构建工作时间对工作满意度的影响模型，选取了农民、产业工人、机关公务员三种典型职业的劳动者进行问卷调查，研究发现，工作时间与工作满意度之间存在倒U型关系，每天工作时间为 6～7 小时的劳动者工作满意度达到最大，同时认为影响路径是通过健康损耗过程、付出回报失衡过程，通过实证研究得出工作时间的平方项与收入之间具有显著的交互效应，在低收入情况下，二者呈现倒U型的显著影响，随着收入的增加，这种影响在减弱并存在职业差异，同样主观健康的中介效应也有职业差异。柯纳比等（Knabe et al.，2010）[③] 采用 1999～2006 年德国 GSOEP 的数据分析发现，工作时间对幸福感的影响呈现倒U型，但是这种影响的程度非常小，并且没有证据可排除工作时间导致了低估收入对于幸福产生的积极效应。科利斯乔（Collischon et al.，2017）[④] 采用德国社会经济调查

---

[①] 卿石松，郑加梅. 工作让生活更美好：就业质量视角下的幸福感研究 [J]. 财贸经济，2016（4）：134 – 148.

[②] 吴伟炯. 工作时间对职业幸福感的影响——基于三种典型职业的实证分析 [J]. 中国工业经济，2016（3）：130 – 145.

[③] Knabe, A. and S. Rätzel. Income, happiness, and the disutility of labour [J]. Economics Letters，2010. 107（1）：77 – 79.

[④] Collischon, M. Relative Pay, Rank and Happiness：A Comparison Between Genders and Part- and Full – Time Employees [J]. Journal of Happiness Studies，2017：1 – 14.

2015 年的数据探讨得出比较工资、就业状况、幸福感之间存在着重要的性别差异，个人职位对兼职女性的工作满意度很重要，而个人工资差距则是不相关的，相对职位以及相对薪酬与全职就业男性的工作满意度显著相关，兼职员工的相对收入或职位对生活满意度没有影响，而全职员工的影响反映了工作满意度的结果，上述结论支持个人福利（整体和工作场所）受到社会比较的影响，而不是工资水平，至少对于全职就业的男性来说是这样。辛哈等（Singha et al.，2016）[1] 利用来自多个公共部门（教育部门、银行部门、铁路部门、医疗部门、文书部门等）的 2 组样本（男性 175 人，女性 175 人），每组受访者的年龄在 22～35 岁之间，最少有 2 年的工作经验，研究发现，在工作满意度、主观幸福感、快乐、人际关系质量方面，并不存在性别差异，但是它们都对工作满意度有着显著的正向影响，强度分别为 0.46、0.506、0.73。

另一方面，学者们也开始关注于二者之间的逆向因果关系，即幸福感对于工作满意度的影响，认为幸福是寻找工作的驱动力，而不是结果。李树等（2015）[2] 从幸福状态影响人们行为的角度出发，认为幸福对于就业概率的影响途径包括三种：提高生产率、增加社会资本以及促进工作搜寻努力，并且以 2002 年和 2007 年中国家庭收入调查 CHIP 的数据分析得出，劳动力的主观幸福感每上升一个标准差（0.85），其就业概率会提高 2%，并且这种正向影响男性高于女性，中共党员高于非党员，受教育年数越长，其幸福感对于就业概率的影响强度也逐渐增强。进一步分析失业劳动力实现隐性再就业的概率，可以得出，主观幸福感每上升 1 个标准差（0.85），其就业概率将会因此提高 32% 左右。

① Singha, P. and S. Raychaudhuri. Well – Being, Happiness and Interpersonal Relationship as Correlated Components of Job Satisfaction among the Public Sector Employees of India: A Brief Detail Focused into Gender Difference [J]. Indian Journal of Positive Psychology, 2016.7 (3): 11 – 23.

② 李树，陈刚. 幸福的就业效应——对幸福感、就业和隐性再就业的经验研究 [J]. 经济研究，2015 (3): 62 – 74.

关于幸福与工资之间关系的研究，莫汉蒂等（Mohanty et al. , 2009[①],
2012[②]）采用美国青年纵向调查 1980～1987 年的数据，研究发现劳动者
的幸福感不仅对工资水平有直接影响，而且通过个人积极态度和教育年
限产生的影响去间接影响工资水平。克劳斯（Krause et al. , 2013）[③] 采
用 2007～2009 年德国 IZA 的数据分析得出幸福是劳动者自主选择失业
后进行自我雇佣的主要预测指标，只有男性失业者在再就业中受到幸福
的影响。古兹玛（Guzma, 2014）[④] 以 300 名老龄菲律宾工人作为研究
样本，利用结构方程模型（SEM）进行数据分析，以测试幸福对工作满
意度的中介效应，发现幸福对老年工人的工作满意度有影响，并构建了
幸福的四个基本维度：第一，乐观主义是指个人在生活中所经历的充满
希望和满足的感觉，这种感受是由人对活动、他人和自己的正面信仰和
观点所决定的；第二，否定主义是对过去的经验，外表和人生观的反
感；第三，社会关系涉及个人对其他人以及在其环境中的依恋；第四，被
动情绪表现为个体缺乏热情，不活跃和无生气。鲍林等（Bowling et al. ,
2010）[⑤] 以 PsycINFO 数据库中 1967～2008 年发表的文献进行搜索，以
"工作满意度""生活满意度""幸福感""积极情绪"等术语进行筛选，
确定了 223 个文献样本，通过分析发现工作满意度与生活满意度、幸福
感、积极情感以及没有消极情绪之间存在正相关关系，具体来说，工作
满意度、监督满意度、同事满意度、晋升满意度都与幸福感有显著关

①　Mohanty, M. S. , Effects of positive attitude on happiness and wage: Evidence from the US data [J]. Journal of Economic Psychology, 2009. 30 (6): 884 – 897.

②　Mohanty, M. S. and A. Ullah, Direct and indirect effects of happiness on wage: A simultaneous equations approach [J]. The Journal of Socio – Economics, 2012. 41 (2): 143 – 152.

③　Krause, A. Don't worry, be happy? Happiness and reemployment [J]. Journal of Economic Behavior &Organization, 2013. 96: 1 – 20.

④　Guzman A B D, Largo E, Mandap L, et al. The Mediating Effect of Happiness on the Job Satisfaction of Aging Filipino Workers: A Structural Equation Model (SEM) [J]. Educational Gerontology, 2014, 40 (10): 767 – 782.

⑤　Bowling, N. A. K. J. Eschleman and Q. Wang. A meta-analytic examination of the relationship between job satisfaction and subjective well-being [J]. Journal of Occupational and Organizational Psychology, 2010. 83 (4): 915 – 934.

系，但是薪酬满意度与幸福感没有显著关系，并且深入分析发现，幸福感对工作满意度的影响大于工作满意度对于幸福感的影响。

基于上述分析，就业质量对于幸福感影响的路径受到外界经济和社会环境的影响而变化。随着社会分工的变化，劳动力供给和需求的改变，社会经济条件和人们工作目的和价值的改变，工作方式、就业环境和条件、就业福利政策也会随之变化，因此，本章将要研究的范围和假设将进一步明确，首先，从影响机理来看，就业环境、就业水平、就业质量、就业状态、就业属性等都将对幸福感产生影响，本章只着眼于考虑微观层面的就业质量的影响，如图 5-2 所示。

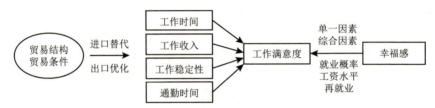

**图 5-2　国际贸易通过就业质量各因素对幸福感的影响路径**

资料来源：作者绘制。

因此，本章首先假设劳动者处于就业状态而不是失业状态下，其次假设由于工作收入、工作时间、工作稳定性、通勤时间等工作具体因素的不同导致了工作满意度的差异性，并且不同的工作满意度对幸福的影响存在差异性；其次，当研究工作满意度的影响因素时，本章进一步假设劳动者可以自主选择其工作地点、单位性质、合同性质等，并且假设劳动者做出的工作选择带来的是短期的体验的幸福感，本章数据不涉及长期效应的分析；再其次，由于本章考察的是工作收入、工作时间、工作稳定性、通勤时间这些工作因素的幸福效应差异性，因此本章假设劳动者评价工作满意度时的只考虑上述因素的综合作用，不考虑这些因素之间的交互影响关系；最后，虽然幸福感对工作满意度影响的路径可以是就业概率、工资水平、再就业等，本章研究中，是假设在不考虑就业意愿、就业概率、再就业的情况下，仅仅假设幸福感通过工资水平影响工作满意度。

## 5.2　中国对外贸易通过就业水平影响国民幸福的实证分析

### 5.2.1　变量定义与模型设计

本章选取失业率（cnunemployment，失业人口占劳动力人口的百分比）来衡量就业水平的变动，关于失业率的统计方法有两种，即行政登记失业率和劳动力抽样调查失业率，本章采用的是世界银行数据库提供的根据国际劳工组织模型进行估算的失业率。进出口增长率（cntrade）为货物贸易总额的增长率，出口增长率（cnexport）为货物出口额增长率，进口增长率（cnimport）为货物进口额增长率均是相比上一年度的货物贸易额的增长来计算，衡量进出口贸易状况的变化，本章构建了两组幸福指数变化来分别衡量近期和远期的国民幸福，幸福指数1（cnhappiness1）是以当年的幸福指数减去上一年的幸福指数，幸福指数2（cnhappiness2）是以当年的幸福指数减去3年前的幸福指数。

由于人们通常会评价过去的快乐不如现在的快乐，或者说现在的快乐不如过去简单的快乐，如果现在的情况比较糟糕，又会觉得以前比较幸福，因为人们不仅会去拿自己和别人作比较，也会以自己的现状和自己的过去作比较，来感受到幸福的变化（Easterlin，2001）[①]。因此，探讨各种宏观经济因素的"变化"对于幸福"变化"的影响，或许更有

---

① Easterlin, R. A. Life Cycle Welfare: Trends and Differences [J]. Journal of Happiness Studies, 2001. 2（1）: 1-12.

比较意义的。

参考伊斯特林（2002）[①] 构建的幸福指数变化、消费价格指数增长率、失业率之间的关联度研究的模型，针对本章研究的视角，构建以下模型。

首先，以幸福指数 1 为被解释变量，建立以下近期影响模型。

模型（5.1）：$\Delta cnhappiness1 = \alpha_0 + \alpha_1 cnunemployment$

模型（5.2）：$\Delta cnhappiness1 = \alpha_0 + \alpha_1 cnunemployment + \alpha_2 \Delta cntrade$

模型（5.3）：$\Delta cnhappiness1 = \alpha_0 + \alpha_1 cnunemployment + \alpha_2 \Delta cnexport$

模型（5.4）：$\Delta cnhappiness1 = \alpha_0 + \alpha_1 cnunemployment + \alpha_2 \Delta cnimport$

然后，以幸福指数 2 为被解释变量，建立以下远期影响模型。

模型（5.5）：$\Delta cnhappiness2 = \alpha_0 + \alpha_1 cnunemployment$

模型（5.6）：$\Delta cnhappiness2 = \alpha_0 + \alpha_1 cnunemployment + \alpha_2 \Delta cntrade$

模型（5.7）：$\Delta cnhappiness2 = \alpha_0 + \alpha_1 cnunemployment + \alpha_2 \Delta cnexport$

模型（5.8）：$\Delta cnhappiness2 = \alpha_0 + \alpha_1 cnunemployment + \alpha_2 \Delta cnimport$

## 5.2.2　描述性统计分析

首先，如图 5-3 所示，2006 年起 10 年之间中国国民幸福指数分布于 4~6 之间，呈现出小幅波动后，于 2010 年达到峰值 5.85 后趋于平稳的状态。

其次，如表 5-1 所示，从国民幸福指数变化来看，若是与上一年度相比较，平均变化幅度是较小的，为 0.07，变化幅度范围是从 -0.39 ~ 1.4，若是与 3 年前相比较，平均变化幅度是较大的，为 0.18，变化幅度范围是从 -0.61 ~ 0.99，是波动起伏，不是呈现出单一的上升或是下降的趋势。

① Easterlin R. A. Is Reported Happiness Five Years Ago Comparable to Present Happiness? A Cautionary Note [J]. Journal of Happiness Studies, 2002, 3 (2): 193 - 198.

图 5 - 3 2006 ~ 2016 年中国国民幸福指数

资料来源：幸福指数是来自 world database of happiness 的数据整理计算而得。

表 5 - 1 中国 2006 ~ 2016 年进出口贸易、失业率、国民幸福指数

| 年度 | 出口增长率（%） | 进口增长率（%） | 进出口增长率（%） | 失业率（%） | 幸福指数 1 | 幸福指数 2 |
|------|------------|------------|--------------|----------|----------|----------|
| 2006 | 24.9 | 21.8 | 23.8 | 4 | 0.06 | - 0.30 |
| 2007 | 14.4 | 17.2 | 23.5 | 3.8 | 0.30 | 0.41 |
| 2008 | 8.4 | 17.4 | 17.8 | 4.4 | - 0.02 | 0.34 |
| 2009 | - 12.5 | - 4.8 | - 13.9 | 4.3 | - 0.39 | - 0.11 |
| 2010 | 28.3 | 31.7 | 34.7 | 4.2 | 1.40 | 0.99 |
| 2011 | 14.5 | 19.6 | 22.5 | 4.3 | - 0.82 | 0.19 |
| 2012 | 8.4 | 8.8 | 6.2 | 4.5 | 0.06 | 0.64 |
| 2013 | 4.7 | 14.8 | 7.6 | 4.5 | 0.15 | - 0.61 |
| 2014 | 6.4 | 3.1 | 3.4 | 4.6 | - 0.04 | 0.17 |
| 2015 | 4.5 | - 5.4 | - 7.0 | 4.5 | 0.10 | 0.21 |
| 2016 | 0.0 | - 3.2 | - 0.9 | 4.6 | 0 | 0.06 |
| 平均值 | 9.27 | 11.00 | 10.70 | 4.34 | 0.07 | 0.18 |

资料来源：根据中国国家统计局 http：//www. stats. gov. cn/的中国货物出口额增长率、货物进口额增长率，失业率来自世界银行 http：//datatopics. worldbank. org/jobs/country/的数据，幸福指数是根据 world database of happiness 的数据整理计算而得。

从 2006 年起这 10 年之间，中国货物出口的增长在 2007 ~ 2013 年都

是略低于货物进口的增长的，在 2014～2016 年开始出现反转，货物出口的增长高于货物进口的增长，整体而言，二者的差别不大，都在 10% 以内，差别最大的在 2013 年，并且，不论是进口还是出口，其增长率的变化趋势是相似的，从 2006 年开始，先是出现缓慢的回落，到了 2009 年，出口进口均出现了大幅度的负增长，但是 2010 年又同时出现了大幅度的回升，增长率都达到 28% 以上，接下来增长率都是逐步减小，意味着增速放缓，趋于平稳。而综合观察进出口贸易的增长变化，也是以正向增长为主，之前 5 年的变化幅度都是在 10% 以上，甚至在 2010 年达到了 34.7% 的增幅，而近 5 年的变化幅度有所放缓，在 8% 以内。从失业率来看，中国这 10 年期间的平均失业率为 4.34%，仅在 2007 年下降到 4% 以下，一直表现比较平稳。如图 5-4 所示。

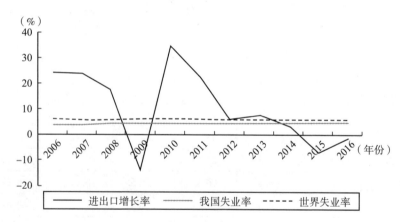

图 5-4　2006～2016 年中国进出口贸易增长率、失业率、世界失业率

资料来源：中国相关数据来自中国国家统计局 http://www.stats.gov.cn/，世界失业率来自 http://datatopics.worldbank.org/jobs/.

### 5.2.3　回归结果分析

分析近期影响模型，表 5-2 中以普通最小二乘法 OLS 分析了幸福指数 1、进出口增长率、失业率之间的关联度。

表5－2                          贸易、失业率与幸福指数1的OLS估计

| 幸福指数1 | 模型（5.1） | 模型（5.2） | 模型（5.3） | 模型（5.4） |
| --- | --- | --- | --- | --- |
| 失业率 | -0.417<br>（-0.63） | 0.253<br>（0.31） | 0.207<br>（0.29） | 0.198<br>（0.25） |
| 进出口增长率 | | 0.019<br>（1.30） | | |
| 出口增长率 | | | 0.028<br>（1.69） | |
| 进口增长率 | | | | 0.022<br>（1.31） |
| 常数项 | 1.883<br>（0.65） | -1.227<br>（-0.33） | -1.085<br>（-0.34） | -1.030<br>（-0.29） |

注：括号里为t值，***、**、*分别表示1%、5%、10%的显著性水平。

根据表5－2的回归结果，可以发现，考察这个时期贸易和就业的共同作用对国民幸福的近期影响，从统计学上来看都并不显著，这是类似于伊斯特林（2002）[①] 所考量的美国的失业率在消费的作用下的幸福效应也不是显著的，只是本章考量的是贸易对就业的作用。进一步针对本章的研究主题进行结果分析，从贸易对国民幸福的近期影响来看，通过就业这一途径，无论是总量增长还是出口或者进口增长的幸福效应都是不显著的，但从其相关性来看，都是存在正向影响。进一步分析各相关系数，首先，进出口贸易总量、出口贸易、进口贸易的幸福效应强度基本都在0.02左右，相差不大，其中出口贸易通过就业产生的幸福效应相对略高。其次，在不考虑贸易时，就业的幸福效应是负向的，强度为0.4，在贸易的作用下，就业对幸福产生的影响转变为正向的，强度明显减弱了许多，其中在考虑进出口贸易总量的情况下，就业的幸福效应强度最大，为0.253，其次是在独立考虑出口贸易影响就业时，就业

---

① Easterlin R. A. Is Reported Happiness Five Years Ago Comparable to Present Happiness? A Cautionary Note [J]. Journal of Happiness Studies, 2002, 3 (2)：193 - 198.

的幸福效应强度为 0.207，最后是在独立考虑进口贸易影响就业时，就业的幸福效应强度为 0.198。

根据表 5-3 的回归结果，可以发现，考察这个时期贸易和就业的共同作用对国民幸福的远期影响可以得出，首先，贸易通过就业影响国民幸福，无论是总量增长还是出口或者进口增长的幸福效应，都是产生正向影响，只是远期效应的强度略低于近期效应的强度，其幸福效应强度基本都在 0.015 左右，也和近期影响非常接近，其中也同样是出口贸易通过就业产生的幸福效应相对略高；其次，在不考虑贸易时，就业的幸福效应是负向的，强度为 0.193，在贸易的作用下，就业对幸福产生的影响转变为正向的，也同样是考虑进出口总量增长时的强度最大，其次是独立考虑出口贸易影响就业时，最后是独立考虑进口贸易影响就业时。另外，也可以得出和近期影响时不同的结论，关于就业产生的幸福效应强度，在不考虑贸易的作用时和考虑贸易的作用之后，在近期影响时这个强度是由强变弱，大约减弱 1 倍，在分别考虑进出口总量、出口贸易、进口贸易时都是这样，在远期影响时这个强度是由弱变强，仅仅在进出口总量影响时该强度是明显增强约 1 倍，而在考虑出口贸易或进口贸易时这个强度并没有明显变化。

表 5-3　　　　　　　贸易、失业率与幸福指数 2 的 OLS 估计

| 幸福指数 2 | 模型（5.5） | 模型（5.6） | 模型（5.7） | 模型（5.8） |
|---|---|---|---|---|
| 失业率 | -0.193<br>（-0.35） | 0.359<br>（0.53） | 0.207<br>（0.33） | 0.156<br>（0.23） |
| 进出口增长率 | | 0.016<br>（1.30） | | |
| 出口增长率 | | | 0.018<br>（1.22） | |
| 进口增长率 | | | | 0.013<br>（0.85） |
| 常数项 | 1.018<br>（0.42） | -1.545<br>（-0.51） | -0.885<br>（-0.32） | -0.638<br>（-0.20） |

注：括号里为 t 值，***、**、* 分别表示 1%、5%、10% 的显著性水平。

综上所述，中国外贸通过就业路径产生了正向的幸福效应，据估算，在"十二五"期间中国外贸直接或间接带动就业人数达到1.8亿左右，约占全国就业总数的23%，由此可见，出口贸易的稳定发展对于中国就业岗位的创造效应是十分明显的，对于劳动力市场和劳动者幸福感的提升作用是可以肯定的。但是，其近期影响和远期影响是十分接近的，因为随着技术进步引起的产业转移，发达国家的产业回归策略以及中国人口老龄化加速，使中国劳动力资源丰富的比较优势不如以往，劳动者在国际贸易新形势下面临的岗位需求和技术要求有了更大的挑战，使得劳动者幸福感呈现差异化发展，即对于技术含量水平和国际化市场需求符合程度不同的劳动者而言，其在国际贸易这个背景下获得的幸福感有所不同，出口前景好和发展程度快的行业其就业机会和工资回报都会有所增长，在中国鼓励外向型民营企业国际化发展的政策导向下，"十二五"期间民营企业已经成为外贸发展的重要力量，在中国出口中的比重首次超过外资企业，由2001年的7.3%提高到2015年的45.2%，比"十一五"期间提高14.7%，① 因此处于这个新的外贸发展促进点的行业、企业的劳动者面临着更好的就业环境和条件，也获得更多的幸福感。

接下来，将深入到微观层面，从就业质量的各个因素对幸福感的影响进行比较，来进一步探讨就业路径的幸福效应，作为对本章的补充说明。

## 5.3 中国就业质量影响国民幸福的实证分析

### 5.3.1 变量定义与模型设计

本节数据来自中国劳动力动态调查（China Labor-force Dynamic Sur-

---

① 引自对外贸易发展"十三五"规划，由中华人民共和国商务部印发，http://www.mofcom.gov.cn/article/h/redht/201701/20170102498080.shtml.

vey，CLDS），2014 年 CLDS 样本覆盖中国 29 个省市，涵盖了 14 226 户家庭和 23 594 个个体，本章主要根据工作时间、通勤时间、劳动合同、单位性质、工作评价等数据完整性进行筛选后，选定的样本为 2 873 个。

　　本节的被解释变量为居民幸福感，中国劳动力动态调查 CLDS 问卷中设置了关于幸福感的问题"总的来说，您认为您的生活过得是否幸福?"，回答按照幸福程度递增分为"非常不幸福"到"非常幸福"共 1、2、3、4、5 个级别。另外，受访者对目前或最后一份的工作状况进行评价"工作整体满意度"，回答以 1、2、3、4、5 分别表示由非常满意、比较满意、一般、不太满意、非常不满意，为了研究数据的一致性表述，本节中将此数据调整为 1、2、3、4、5 分别表示满意度递增的 5 个级别。如表 5 - 4 所示。

表 5 - 4　　　　　　　　　　　　　变量的名称及含义

| 名称 | 含义 |
|---|---|
| 被解释变量 | |
| 居民幸福感 | 非常不幸福到非常幸福分为 5 级，分别以数字 1 至 5 表示 |
| 生活满意度 | 非常不满意到非常满意分为 5 级，分别以数字 1 至 5 表示 |
| 经济满意度 | 非常不满意到非常满意分为 5 级，分别以数字 1 至 5 表示 |
| 解释变量 | |
| 年龄 | |
| 年龄二次方 | |
| 户籍 | 城镇户口 = 1，包括非农业户口、居民户口（以前是非农业户口）和居民户口（以前是农业户口），农业户口 = 0 |
| 健康 | 非常不健康 = 1，比较不健康 = 2，一般 = 3，健康 = 4，非常健康 = 5 |
| 婚姻 | 无配偶（未婚、离异、丧偶）= 0，有配偶（初婚、再婚、同居）= 1 |
| 教育 | 未上过学 = 0，小学或私塾 = 6，初中 = 9，中专和技校 = 11，高中（普通和职业高中）= 12，大专 = 15，大学本科 = 16，硕士研究生及以上 = 19 |
| 性别 | 女 = 1，男 = 0 |

续表

| 名称 | 含义 |
|------|------|
| 社会层级 | 最底层 = 1，第二层 = 2，第三层 = 3，第四层 = 4，第五层 = 5，第六层 = 6，第七层 = 7，第八层 = 8，第九层 = 9，最高层 = 10 |
| 工作稳定性 | 固定时段或短期合同 = 0，永久合同 = 1 |
| 通勤时间 | 上下班所需花费多少分钟 |
| 工作时间 | 一周工作的总小时数 |
| 工作年收入 | 2013 年度工资性收入（包括所有的工资、各种奖金、补贴，扣除个人所得税、社会保险、住房公积金） |
| 工作整体满意度 | 非常不满意 = 1，不太满意 = 2，一般 = 3，比较满意 = 4，非常满意 = 5 |
| 工作收入满意度 | 非常不满意 = 1，不太满意 = 2，一般 = 3，比较满意 = 4，非常满意 = 5 |

为了考察工作情况对居民幸福感的影响，可构建以下模型（5.9）：

$$happy_i = \alpha_0 + \alpha_1 workincome_i + \alpha_2 workhours_i + \alpha_3 commutingtime_i$$
$$+ \alpha_4 typeofcontract_i + \beta X_i + \varepsilon_i$$

其中，$happy_i$ 是被解释变量，衡量被调查者当前对自身幸福感的主观评价，解释变量包括工作年收入 workincome、工作时间 workhours、通勤时间 coummutingtime、工作稳定性 typeofcontract，$X_i$ 则是控制变量包括了年龄、性别、婚姻、教育、健康、户籍、社会层级。$\varepsilon_i$ 是随机扰动项。

## 5.3.2 描述性统计分析

表5-5 是各变量的描述性统计，根据样本数据的分析，从居民的各项满意度来看，作为综合主观感受的"居民幸福感"，均值达到 3.88，整体幸福水平较高，其次是"生活满意度"，均值是 3.77，显示了人们对于生活的整体状况满意程度也是较高的，但是具体指向"工作整体满意度"，均值只有 3.49，该调查的"工作整体满意度"是让劳动者从目前从事的工作各个方面对自己的感受进行满意度评价，每项都是按照 1~5 分为 5 个等级，代表其满意程度，包括的评价项目有 10 个方

面即收入、工作安全性、工作环境、工作时间、工作机会、晋升机会、工作有趣、工作合作者、能力和技能使用、他人给予工作的尊重、在工作中表达意见的机会，分项评价后再由受访者对自己的工作整体满意度进行评分。具体考虑到生活中的经济部分，可以发现，居民的"经济满意度"和"工作收入满意度"的均值都比较低，分别是 3.34 和 2.96，可见对于工资收入还不是很满意，对于增加工资有更多期望。

在工作中，工作时间、通勤时间、工作稳定性也一直是劳动者关注的问题，从样本数据来看，工作时间为一周工作小时数，均值为44.92，按照一般的 5 个工作日来测算，平均每天的工作时间在 9 小时左右，而根据世界经济合作与发展组织的同时期统计数据，OECD 国家平均的一周工作小时数为 36.7，工作时间与我们较为接近的是墨西哥 44.9、智利 44.3、南非 43.4、巴西 40.3，发达国家普遍工作时间都相对较短，美国 38.5、英国 36.3、澳大利亚 36.1。关于通勤时间，样本数据的均值为 37.06 分钟，从区域比较来看，东部和中部地区由于城市化进程对城市上下班交通压力的影响，以及居住地点与工作地点的空间不匹配，通勤时间较长，分别是 39 分钟和 38 分钟，西部地区相对通勤时间短一些，但是均值也达到 33 分钟。工作的稳定性是根据合同时长来体现，从样本数据来看，其中永久合同的比例仍为少数，不到 2成，大多数劳动者都是固定时间或短期合同。另外，其他变量的描述性统计详见表 5-5。

表 5-5 各变量的描述性统计

| 变量 | 平均值 | 标准误 | 最小值 | 最大值 |
| --- | --- | --- | --- | --- |
| 居民幸福感 | 3.88 | 0.86 | 1 | 5 |
| 生活满意度 | 3.77 | 0.88 | 1 | 5 |
| 经济满意度 | 3.34 | 0.99 | 1 | 5 |
| 工作整体满意度 | 3.49 | 0.70 | 1 | 5 |
| 工作收入满意度 | 2.96 | 0.96 | 1 | 5 |

续表

| 变量 | 平均值 | 标准误 | 最小值 | 最大值 |
|------|--------|--------|--------|--------|
| 工作稳定性 | 0.19 | 0.39 | 0 | 1 |
| 通勤时间 | 37.06 | 35.84 | 0 | 240 |
| 工作时间 | 44.92 | 15.13 | 0 | 144 |
| 工作年收入 | 42 179.41 | 42 140.58 | 0 | 700 000 |
| 性别 | 0.44 | 0.50 | 0 | 1 |
| 户籍 | 0.64 | 0.48 | 0 | 1 |
| 年龄 | 37.34 | 10.44 | 16 | 113 |
| 健康 | 3.98 | 0.79 | 1 | 5 |
| 婚姻 | 0.82 | 0.39 | 0 | 1 |
| 教育 | 12.34 | 3.43 | 0 | 19 |
| 社会层级 | 4.71 | 1.66 | 1 | 10 |

资料来源：来自 2014 年中国劳动力动态调查（China Labor-force Dynamic Survey，CLDS）根据本节研究内容筛选的 2 873 个数据样本统计而得。

### 1. 居民幸福感比较

将样本数据进行区域划分，包括了东部 1 482 个、中部 707 个、西部 684 个，对各个区域居民幸福感的分布状况进行比较，可以发现，相同之处在于，不同程度幸福感的人群比例分布来看，东部、中部、西部都是以"比较幸福"这一程度的群体为大多数，分别是 45.41%、37.34% 和 42.25%，将"比较幸福"与"非常幸福"的群体合并为"幸福居民"，可得出东部、中部、西部的"幸福居民"的比例分别是 72%、63%、64%，东部的"幸福居民"比例明显多于中西部地区的，大约是 9%，见表 5 - 6。

表 5 - 6　　　　中国的东、中、西部地区居民幸福感分布比例　　　单位：%

| 居民幸福感 | 东部 | 中部 | 西部 |
|-----------|------|------|------|
| 非常不幸福 | 0.67 | 1.56 | 1.75 |
| 不太幸福 | 2.70 | 3.68 | 2.92 |

续表

| 居民幸福感 | 东部 | 中部 | 西部 |
|---|---|---|---|
| 一般 | 24.43 | 32.11 | 30.85 |
| 比较幸福 | 45.41 | 37.34 | 42.25 |
| 非常幸福 | 26.79 | 25.32 | 22.22 |

资料来源：来自 2014 年中国劳动力动态调查（China Labor-force Dynamic Survey，CLDS）根据本节研究内容筛选的 2 873 个数据样本统计而得。

从幸福感分布来看，三大区域内的"非常不幸福"和"不太幸福"的居民比例相差很小，也都是在总比例中占很小的份额，都在 5% 以下。相对而言，幸福感为"一般"的居民比例显著上升，都达到了 25% 左右，并且三大区域的比例开始出现明显差别，在幸福感为"比较幸福"的居民中，三大区域的比例出现了最大的差别，而幸福感为"非常幸福"的居民比例又都有所回落，并且三大区域的比例差别又有所减小。如图 5 - 5 所示。

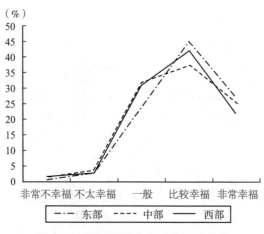

**图 5 - 5　中国居民幸福感的区域比较**

资料来源：来自 2014 年中国劳动力动态调查（China Labor-force Dynamic Survey，CLDS）根据本节研究内容筛选的 2 873 个数据样本统计绘制。

进一步比较各区域居民的幸福感，东部、中部、西部的均值分别是

3.95、3.81、3.80，东部地区居民的幸福感也是明显高于中西部地区。而根据 2012 年 CLDS 的数据比较，东部、中部、西部的幸福感均值分别是 4.33、4.20、4.29。而 2012 年的数据中，还比较了自我幸福感评价和相对幸福感评价（即与同龄人相比的幸福感，从非常不幸福至非常幸福分为 5 级），比较得出相对幸福感都会略低于自我幸福感。

**2. 工作满意度比较**

工作满意度是让受访者对目前工作状况进行评价，受访者先是从 10 个方面分项评价其满意程度，包括收入、工作安全性、工作环境、工作时间、晋升机会、工作有趣、工作合作者、能力与技能使用、他人给予工作的尊重、工作中表达意见的机会，然后对工作整体性进行满意度评价，如图 5 - 6 所示，三大区域内的"工作整体满意度"也表现出相同的分布特征，居民所占比例最高的依次是比较满意、一般、不太满意、非常满意、非常不满意。相对而言，东部和西部的居民对于工作满意度的感受比较接近，与中部居民的评价有些差别。

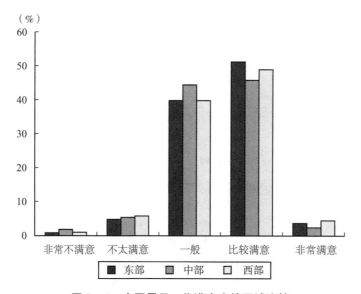

**图 5 - 6　中国居民工作满意度的区域比较**

资料来源：来自 2014 年中国劳动力动态调查（China Labor-force Dynamic Survey，CLDS）根据本节研究内容筛选的 2 873 个数据样本统计绘制。

　　上述工作满意度的比较是对工作的 10 个方面进行评价后综合得出工作整体满意度而言，为了进一步了解对工作满意或者不满意的劳动者其具体原因何在，究竟对哪些工作因素感到满意，对哪些工作因素是不满意，现将调查问卷中的上文提及的关于工作的 10 个方面的满意度分项评价进行分析，仔细考量劳动者对于各个工作因素的满意度比较，可以发现：对于工作整体"非常满意"的劳动者，满意度最高的工作因素是"他人给予工作的尊重"，其次是"工作中表达意见的机会""工作合作者"和"工作安全性"，上述 4 项的满意度评价中"非常满意"和"比较满意"的占比加起来都超过了 90%，而"晋升机会"则 10 项考量的工作因素中满意度占比最低的，不到 70%。如图 5 - 7 所示。

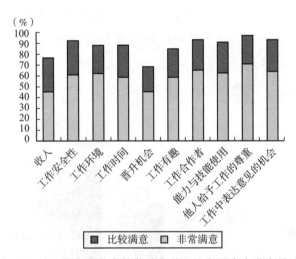

**图 5 - 7　对工作非常满意的劳动者其工作各因素中满意的比重**

　　资料来源：来自 2014 年中国劳动力动态调查（China Labor-force Dynamic Survey，CLDS）根据本节研究内容筛选的 2 873 个数据样本统计绘制。

　　对于工作整体"非常不满意"的劳动者，最不满意的工作因素是"工作有趣""工作中表达意见的机会""晋升机会"，对上述 3 项的满意度评价中"非常不满意"和"不太满意"的占比加起来都超过了80%，"收入"紧随其后，成为对工作不满意的劳动者的不满意程度较高的因素，而他们对于"工作安全性"的不满意程度相对最低，不到

70%。如图5-8所示。

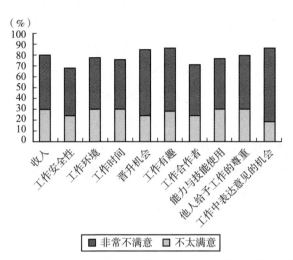

图5-8 对工作非常不满意的劳动者其工作各因素中不满意的比重

资料来源：来自2014年中国劳动力动态调查（China Labor-force Dynamic Survey，CLDS）根据本节研究内容筛选的2 873个数据样本统计绘制。

若是将工作收入作为重要的因素之一，比较不同收入的劳动者群体之间的工作满意度差异，如表5-7的数据所列可以发现：首先，从性别来看，男性女性的工作收入在5万元以内的对工作的满意度几乎没有差别，收入10万元以上的男性劳动者是工作满意度最高的，因为男性角度和心理通常只是单一地认为收入体现着工作的价值和自己的社会地位，因此随之增加的是成就感和满足感。而现代职业女性就有不一样的感受，收入10万元以上的比收入10万以内的工作满意度有所下降，均值反而低0.16，这可能是由于在目前社会中女性在大多数岗位中仍然面临相对更大的竞争压力，发展晋升机会更少，越是收入高的女性，由于面临的工作强度、难度都在提升，但同时自我追求又在工作环境中不断提高，女性又要更多承担照顾操劳家庭的事务性内容，而女性特点就是会多维度地全身心地去投入工作、家庭等各种角色，所以会感受到时间管理、精力分配、工作家庭兼顾的挑战，因此会对工作产生不如从前的满意度。其次，从户籍状况来看，不论是城镇还是农村劳动者，5 万元是一个明显的区分点，超过 5 万元的工作收入，劳动者的工作满意度均值都有 0.2 左右的提升，比较而言，随着收入增加，当工作收入达到 10 万元后，城镇劳动者的工作满意度还是平稳地处于均值 3.64 左右，而农村劳动者的工作满意度均值又会大幅提高，幅度达到 0.26 之多。最后，许多学者认为工作收入受到教育程度的影响，这里我们比较不同收入水平、不同教育程度的劳动者的工作满意度，对于收入在 10 万元以内的、收入水平相同的劳动者，教育程度越高的工作满意度也越高，分析原因，可能是由于教育程度越高的尽管目前收入还不高，但是对工作发展和收入增长有信心和良好的预期，因此还是比较满意的，但是收入10 万元以上的，教育程度是初中、大专、本科的劳动者的工作满意度均值为 3.70 左右，教育程度为中专、高中、大专、本科研究生的劳动者的工作满意度均值为 3.50 左右，存在 0.2 左右的差异，可见能够获得相同程度的高收入，由于教育差异带来的财富差距、工作难点、预期收入、预期收入增长、相对同龄人的收入比较都可能会出现多极化发展，从而对工作满意度产生了不同的评价。

表 5-7　　　　　　　　不同收入的劳动者的工作满意度均值比较

| 工作满意度 | 性别 | | 户籍 | | 教育 | | | |
|---|---|---|---|---|---|---|---|---|
| | 男 | 女 | 城镇 | 农村 | 初中及以下 | 中专及高中 | 大专及本科 | 研究生及以上 |
| 0～0.5 万元 | 3.48 | 3.59 | 3.63 | 3.41 | 3.26 | 3.57 | 3.70 | 4.00 |
| 0.5~1.0 万元 | 3.39 | 3.36 | 3.36 | 3.38 | 3.18 | 3.52 | 3.50 | — |
| 1.0~2.0 万元 | 3.41 | 3.42 | 3.43 | 3.40 | 3.35 | 3.47 | 3.47 | 3.57 |
| 2.0~5.0 万元 | 3.41 | 3.52 | 3.48 | 3.42 | 3.42 | 3.42 | 3.50 | 3.78 |
| 5.0 万~10.0 万元 | 3.65 | 3.70 | 3.67 | 3.65 | 3.60 | 3.61 | 3.67 | 3.96 |
| 10 万元以上 | 3.72 | 3.54 | 3.64 | 3.91 | 3.70 | 3.50 | 3.72 | 3.53 |

资料来源：来自 2014 年中国劳动力动态调查（China Labor-force Dynamic Survey, CLDS）根据本节研究内容筛选的 2 873 个数据样本统计而得。

### 3. 工作收入与居民幸福感相互影响

从样本整体来看，工作收入处于 5 万以内的劳动者，其幸福感差异并不大，幸福感均值都是 3.8 左右，收入达到 5 万元以上的劳动者幸福感均值有了大幅度提升，达到 3.98，但是收入 10 万元以上的劳动者的幸福感与 5 万元以上的差距并不大，仅仅相差 0.05。从性别来看，不同收入劳动者中大多数是女性的幸福感都比男性的高，二者的均值差最高达到了在 0.19，其中唯一例外的是收入在 5 000 元到 1 万元的劳动者中，男性的幸福感均值比女性高 0.2。通过对比不同的户籍状况，同样也是以 5 万元为区分点，幸福感出现了明显的提升，并且对于收入为 2 万元至 10 万元的劳动者，因户籍不同产生的幸福感差距最小，仅仅只有 0.02，幸福感差距最大的是 5 000 元以内的，对于这样的低工作收入的人群，城镇居民的幸福感均值居然达到了 4.14，比农村居民高 0.61，分析原因，可能是由于这个群体的城镇居民并不是以工作收入作为主要经济来源的，经营性收入或者其他收入足以支持其在城市中幸福地生活。从区域比较来看，对于收入在 5 000 元以内和 10 万元以上的劳动者，西部的幸福感最高，其次是东部和中部，而收入为 5 000 元至 10 万元的劳动者，东部的幸福感最高，其次是西部，最后是中部。对于中部的劳动者，呈现出收入越高幸福感均值越高的稳定趋势，但是对于东部和西部劳动者，随着工作收入增加，幸福感均值出现的是时而上升时而下降，有一定幅度的波动。详见表 5-8。

表 5-8　　　　　　　　不同收入的劳动者的幸福感均值比较

| 工作年收入 | 幸福感均值 | 性别 | | 户籍 | | 地区 | | |
|---|---|---|---|---|---|---|---|---|
| | | 男 | 女 | 城镇户口 | 农村户口 | 东部 | 中部 | 西部 |
| 0~0.5万元 | 3.87 | 3.86 | 3.89 | 4.14 | 3.53 | 3.95 | 3.67 | 4.00 |
| 0.5万~1.0万元 | 3.88 | 4.00 | 3.80 | 3.98 | 3.77 | 3.98 | 3.69 | 3.89 |
| 1.0万~2.0万元 | 3.79 | 3.70 | 3.86 | 3.85 | 3.71 | 3.87 | 3.72 | 3.70 |
| 2.0万~5.0万元 | 3.86 | 3.80 | 3.95 | 3.87 | 3.85 | 3.93 | 3.81 | 3.78 |

续表

| 工作年收入 | 幸福感均值 | 性别 | | 户籍 | | 地区 | | |
|---|---|---|---|---|---|---|---|---|
| | | 男 | 女 | 城镇户口 | 农村户口 | 东部 | 中部 | 西部 |
| 5.0万~10.0万元 | 3.98 | 3.96 | 4.02 | 3.98 | 3.96 | 4.03 | 3.96 | 3.87 |
| 10万元以上 | 4.03 | 3.98 | 4.17 | 4.02 | 4.18 | 4.04 | 4.00 | 4.14 |

资料来源：来自2014年中国劳动力动态调查（China Labor-force Dynamic Survey，CLDS）根据本节研究内容筛选的2 873个数据样本统计而得。

### 4. 工作时间与居民幸福感

从样本数据来看，一周工作时间在 40 小时及以下的劳动者占54%，工作时间在40~48小时的劳动者占17%，柯纳比等（Knabe et al.，2010）[①] 采用1999~2006年德国 GSOEP 的数据分析发现，工作时间对幸福感的影响呈现倒 U 型，但是这种影响的程度非常小，并且没有证据可以排除工作时间导致了低估收入对于幸福产生的积极效应。工作时间的增加会使第一个小时的幸福感上升，但是达到一定数量，就会产生负面影响，考虑到去赚取更高收入的时间成本，收入递增的边际效果减弱和时间付出带来的身心感受，综合起来产生的幸福效应。瓦伦特（Valente et al.，2016）[②] 利用拉丁美洲 26 个国家的 LAPOP 调查的 2008年度数据，以及美国 GSS 调查 2006 年和 2008 年、2010 年的数据，经过比较分析得出在诸多共同的幸福影响因素中，工作时间并不是其中一项，而且由于家庭和社会文化的差异，就已婚男性而言，如果工作时间更长，拉美国家的比美国的感受到更加不幸福，反映出美国已婚男性可能为了个人成就和社会地位，相对而言更愿意花更多时间工作却不会因此而不幸福，而拉美国家的已婚男人认为目前是被迫延长工作时间来满

---

① Knabe, A. and S. Rätzel, Income, happiness, and the disutility of labour [J]. Economics Letters, 2010, 107 (1): 77 – 79.

② Valente, R. R. and B. J. L. Berry. Working Hours and Life Satisfaction: A Cross – Cultural Comparison of Latin America and the United States [J]. Journal of Happiness Studies, 2016. 17 (3): 1173 – 1204.

足基本的需求，面临着更大的经济不平等而感到不幸福，两组样本中，女性和未婚女性的区别并不明显。奥库利兹·科扎恩等（Okulicz -Kozaryn et al.，2017）[①] 使用美国综合社会调查（GSS）1998 年、2002年、2006 年、2010 年和2014 年的数据，以"谁来安排工作时间""是否可以自主调整工作日程""请假是否容易"三个方面来衡量工作弹性时间，研究发现，弹性工作时间很少的时候并不会引起幸福感的增加，但是大量的弹性工作时间对幸福感的影响非常大，其效应强度大致相当于家庭收入或者自我健康状况评估对幸福的影响。

首先，从工作时间不同的人群来看其幸福感的差异，工作时间越长，的确其幸福感在下降，工作时间在 40 小时之内的劳动者与其他工作时间更长的比较，其幸福感均值高 0.15 左右，其中，男性劳动者的幸福感均值差为 0.18，女性劳动者的幸福感均值差为 0.06，可见工作时间的延长对于男性的幸福感下降程度，分析原因，是因为样本数据中，男性平均工作时间 46.16 小时明显高于女性的平均工作时间 43.36 小时，原本就相对劳动时间较长的男性对于工作时间的延长会感受到更多的劳累和不开心。其次，从户籍情况看，不论对于城镇还是农村居民，工作时间在 40 小时之内是幸福感均值最高的，分别是 3.97 和 3.87。详见表 5 - 9。

表 5 - 9　　　　　　　不同工作时间的劳动者的幸福感均值比较

| 工作时间 | 幸福感均值 | 性别 | | 户籍 | |
|---|---|---|---|---|---|
| | | 男 | 女 | 城镇户口 | 农村户口 |
| 小于 40 小时 | 3.94 | 3.89 | 3.94 | 3.97 | 3.87 |
| 40 ~ 48 小时 | 3.79 | 3.71 | 3.88 | 3.77 | 3.81 |
| 48 小时以上 | 3.81 | 3.79 | 3.85 | 3.84 | 3.80 |

资料来源：来自2014 年中国劳动力动态调查（China Labor-force Dynamic Survey，CLDS）根据本节研究内容筛选的 2 873 个数据样本统计而得。

---

① Okulicz - Kozaryn, A. and L. Golden. Happiness is Flextime [J]. Applied Research in Quality of Life，2017：1 - 15.

**5. 工作稳定性与居民幸福感**

以合同时长来衡量劳动者的工作稳定性，固定时段或短期合同和永久合同分别占样本总数的 81% 和 19%，其幸福感均值分别是 3.86 和 3.97。比较男性和女性在工作稳定性不同时的幸福感，可以得出女性的幸福感始终高于男性，而且工作越稳定幸福感均值越高。若是根据收入将劳动者进一步进行比较，可以发现，同等收入的条件下，工作越稳定的劳动者幸福感越高，幸福感差距最大的是收入为 1 万元以内的，工作稳定性高的劳动者其幸福感要相对高 0.66，幸福感差距最小的是收入为 5 万 ~ 10 万元的，工作稳定性对幸福感的区别并不大，仅仅是 0.01。详见表 5 - 10。

表 5 - 10　　　　　不同劳动合同的劳动者的幸福感均值比较

| 合同时长 | 幸福感均值 | 性别 | | 工作年收入 | | | |
|---|---|---|---|---|---|---|---|
| | | 男 | 女 | 0 ~ 1.0 万元 | 1.0 万 ~ 5.0 万元 | 5.0 万 ~ 10 万元 | 10 万元以上 |
| 固定时段或短期合同 | 3.86 | 3.80 | 3.92 | 3.84 | 3.83 | 3.97 | 3.99 |
| 永久合同 | 3.97 | 3.92 | 4.05 | 4.50 | 3.91 | 3.98 | 4.19 |

资料来源：来自 2014 年中国劳动力动态调查（China Labor-force Dynamic Survey，CLDS）根据本节研究内容筛选的 2 873 个数据样本统计而得。

## 5.3.3　回归结果分析

**1. 影响幸福感的各工作因素的回归结果分析**

对模型 5.9 进行 Ordered Probit 回归，可以得出表 5 - 11 的结果。

表 5 - 11　　影响幸福感的各项工作因素的 **Ordered Probit** 回归结果

| 居民幸福感 | 2014 年 CLDS 总样本 | 城镇户口 | 农村户口 |
|---|---|---|---|
| 工作年收入对数 | - 0.0170 | - 0.0419 *** | 0.0100 * |
| 通勤时间 | 0.0001 | 0.0003 | - 0.0001 |

续表

| 居民幸福感 | 2014 年 CLDS 总样本 | 城镇户口 | 农村户口 |
|---|---|---|---|
| 工作时间 | 0. 0025 * | 0. 0007 | 0. 0048 ** |
| 工作稳定性 | 0. 0988 * | 0. 1039 * | 0. 0445 |
| 性别 | 0. 1385 *** | 0. 1232 ** | 0. 1850 *** |
| 年龄 | 0. 0003 ** | − 0. 0589 *** | − 0. 0101 |
| 健康 | 0. 2523 *** | 0. 2347 *** | 0. 2808 *** |
| 婚姻 | 0. 5255 *** | 0. 5821 *** | 0. 4833 *** |
| 教育 | 0. 0258 *** | 0. 0227 ** | 0. 0380 *** |
| 社会层级 | 0. 1031 *** | 0. 1016 *** | 0. 1114 *** |
| 样本量 | 2 873 | 1 847 | 1 026 |
| $R^2$ | 0. 0670 | 0. 0633 | 0. 0776 |

注：表中汇报的是各解释变量的回归系数。 *** 、 ** 、 * 分别表示1% 、5% 、10% 的显著性水平。

资料来源：来自2014 年中国劳动力动态调查（China Labor-force Dynamic Survey，CLDS）根据本节研究内容筛选的 2 873 个数据样本统计而得。

根据实证结果分析，可以得出以下对于居民幸福感影响因素的异同。

一方面，可以看到各项工作相关的因素对于幸福感的影响，首先，工作稳定性的影响是最为显著的，具体而言，如果工作稳定性提升1% ，居民幸福感提升0. 099% ，而且城镇居民的幸福感受到工作稳定性的影响是显著的，农村居民则不是，这是由于在目前的就业环境中，城镇的就业竞争压力更大、流动性更强、人们对于安稳的工作预期更高，一旦实现了得到的满足感和成就感更大。其次，关于工作时间对幸福感的影响是显著的但是其强度较为微弱，对于城镇居民来说，工作时间对城镇居民幸福感的影响并不显著，对于农村居民的幸福感影响是显著的，根据样本农村劳动者的平均工作时间达到了50 小时，而城市劳动者的平均工作时间是42 小时，二者差距是很大的，可见农村居民对于工作时间延长的态度更积极，据了解农村用工多数是技术含量较低的制造类生产企业，较多是以计件工资核算，因此工人更愿意自主延长工作时间以提高收入改善生活来增加幸福感，对大多数的农村劳动者而言，目前他们还处于收入对幸福的边际效应递增的阶段，而对于城镇劳动者，可能由于工作收入与工作时间的关系并不大，所以其幸福感受到工作时间的影响也就并不显著。另外，通勤时间作为工作因素之一也对其幸福效应进行了估计，结果表明，不论对于城镇还是农村劳动者，其幸福效应都不显著，也就是说，大家可能也对自己所处的空间环境有了充分预期、理解和接纳，交通、人口的不同造成的通勤时间差异都并未对劳动者的幸福感产生显著的影响。最后，工作年收入对幸福的影响由于户籍差异而有所不同，对于城镇居民，工作收入对幸福产生了显著的负向效应，而工作收入对农村劳动者的幸福感有着显著但较微弱的正向效应，如前所述，这是由于城乡居民的收入水平处于不同的阶段，其对于幸福的边际效果是不同的，导致了这种差异的存在，随着收入分配制度的完善，城乡收入差距的减小，收入的幸福效应还会有所变化。工作收入对幸福感的影响也不会局限于绝对收入，而是由相对收入、收入差距、预期收入、预期收入实现、收入增长率等方面逐步展开。

另一方面，对于幸福感有显著正向影响的因素按照效应强度依次是婚姻、健康、性别、社会层级、教育、年龄，具体来说，婚姻的幸福效应为 0.5255，甚至超过了健康的幸福效应即 0.2523，但是从不同户籍状况再做比较，会发现，婚姻的幸福效应中城镇居民比农村居民高 0.0988，而健康的幸福效应中比较得出农村居民比城镇居民高 0.0461。而在性别、社会层级、教育这些因素中，都是对于农村居民的幸福效应要强于城镇居民的，其中差别最小的是社会层级这一因素，可见，对于城镇居民，相对工作生活压力较大和幸福对比环境的愈加复杂使其可能更容易受到相对幸福影响，而受到各项幸福的影响因素的直接影响并没有那么强。关于年龄这个因素，对于城镇居民，年龄对幸福产生着负向效应，强度为 0.0589，但是对于农村居民，年龄的幸福效应却并不显著。

## 2. 工作收入满意度和幸福感的影响因素的回归结果比较分析

工作收入对幸福感有着一定的影响，但是目前的文献来说，结果并不明确，是正向效应还是负向效应，还是 U 型关系。最新的研究表明二者之间可能存在的是双向因果关系，因此，利用本次样本来验证一下，这里选用的是工作收入满意度，因为工作收入是比较客观的数据，工作收入满意度和幸福感都是综合各项因素后由受访者自我评价得出的主观感受。从结果来看，幸福感与工作收入满意度的确存在双向显著的正向效应，其中，幸福感对工作收入满意度的影响相对更大，如果劳动者的幸福感提高 1%，工作收入满意度将提升 0.1817%，反之，如果劳动者的工作收入满意度提高 1%，其幸福感将提升 0.1609%。比较对于工作收入满意度和幸福感影响的各项因素，工作时间和工作稳定性对幸福感都有显著的正向效应，其强度分别是 0.0024 和 0.103，但是这两项对工作收入满意度的影响都不显著，其次，健康、社会层级、年龄二次方对工作收入满意度和幸福感都有着显著的正向效应，性别对工作收入满意度有着强度为 0.1613 的负向效应，但是对幸福感有着强度为 0.1527 的正向效应，最后，婚姻、教育对幸福感有显著的正向效应，年龄对幸福感有显著的负向效应，但是这三项因素对工作收入满意度的影响并不显著。

表 5－12　幸福感与工作收入满意度的影响因素 Ordered Probit 回归结果

| 影响因素 | 工作收入满意度 | 幸福感 |
| --- | --- | --- |
| 工作收入满意度 | — | 0.1609 *** |
| 幸福感 | 0.1817 *** | — |
| 工作时间 | − 0.0010 | 0.0024 * |
| 工作稳定性 | − 0.0787 | 0.1030 ** |
| 性别 | − 0.1613 *** | 0.1527 *** |
| 年龄 | − 0.0121 | − 0.0266 ** |
| 年龄二次方 | 0.0003 * | 0.0003 ** |

| 影响因素 | 工作收入满意度 | 幸福感 |
|---|---|---|
| 健康 | 0.1329 *** | 0.2606 *** |
| 婚姻 | − 0.0153 | 0.5158 *** |
| 教育 | 0.0105 | 0.0285 *** |
| 社会层级 | 0.1751 *** | 0.1063 *** |
| $R^2$ | 0.0549 | 0.0615 |

注：表中汇报的是各解释变量的回归系数。*** 、** 、* 分别表示1%、5%、10%的显著性水平。

资料来源：来自2014年中国劳动力动态调查（China Labor-force Dynamic Survey，CLDS）根据本节研究内容筛选的2 873个数据样本统计而得。

## 5.4 就业水平影响国民幸福的国际比较

### 5.4.1 数据来源与样本选择

本节将以失业率衡量就业水平，来考察就业与幸福的关系，根据来自世界银行（http://datatopics.worldbank.org/jobs/country/）的数据，选取2006～2016年的各国失业率作为考察指标之一，同时，根据World Database of Happiness的数据，其中关于幸福感的提问有"假设梯子的最顶端代表你认为最好的生活，最底层是最糟糕的生活。那么现在，你认为你处于那一层梯子？"，回答项为0～10的整数，分别代表最糟糕到最好的生活。鉴于两个数据库中数据的完整性和匹配性，将27个样本国家按照此期间的年度平均失业率分为低失业率国家（平均失业率低于5%或接近5%），有韩国、新加坡、印度、日本、墨西哥、中国、秘鲁；中等失业率国家（平均失业率为6%～10%），有俄罗斯、土耳其、美国、英国、菲律宾、印度尼西亚、巴西、波兰；高失业率国家（平均失业率为10%以上），有西班牙、爱尔兰、南非。

### 5.4.2 不同就业水平的国家的国民幸福均值比较

本节选取的各国幸福感数据为2006～2016年的幸福感均值。从图5-9样本国家的幸福感分布来看，在此期间的幸福感平均值处于4～8之间，其中幸福感较高的国家有挪威、新西兰、澳大利亚、美国、芬兰、爱尔兰，幸福感平均值在7以上，而幸福感较低的国家有印度和南非，同时期的幸福感平均值在5以下，而幸福感平均值位于5～6之间的有中国、韩国、秘鲁、俄罗斯、菲律宾、印度尼西亚、斯洛文尼亚、波兰、土耳其，幸福感平均值位于6～7之间的有新加坡、日本、墨西哥、英国、德国、智利、乌拉圭、巴西、法国、西班牙。

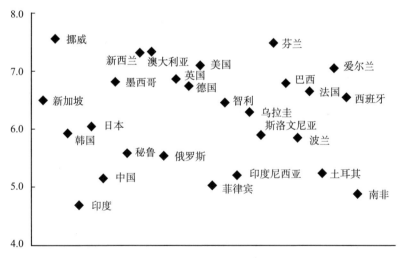

**图5-9 2006～2016年各国幸福感平均值比较**

资料来源：幸福感数据是来自world database of happiness 的数据整理计算而得。

如果将上述样本国家的失业率和幸福感数据的情况进行分组，根据失业率来看，其幸福感分布也有一定特点，局限于幸福感数据的完整性，此处选择的样本国家将减少为低失业率国家 7 个、中等失业率国家 8 个，高失业率国家 3 个。如表 5 - 13 所示，首先，以高失业国家的幸福感均值最高，3 个国家的平均值为 6.2，其次是中等失业率国家，幸福感均值为 5.9，最后是低失业国家，幸福感平均值是 5.8，虽然三组国家的幸福感相差不大，但是却呈现出低失业幸福度却不高的情况，究其原因，主要是在低失业国家之间幸福感差别大、幸福感波动大（幸福感最小和最大值差异大）所造成的，因此，为了更准确了解失业率与幸福感的关联度，将进一步对三组按照失业率分组的国家进行分析，并从时间跨度上分析其变化趋势和特点。

表 5 - 13　　　　　　　　　2006 ~ 2016 年幸福感的国别比较

| 失业率水平 | 样本数量 | 幸福感最小值 | 幸福感最大值 | 幸福感平均值 |
|---|---|---|---|---|
| 低失业率国家（低于 5%） | 7 个 | 4.7（印度） | 6.8（墨西哥） | 5.8 |
| 中等失业率国家（5% ~ 10%） | 8 个 | 5.0（菲律宾） | 7.1（美国） | 5.9 |
| 高失业率国家（10% 以上） | 3 个 | 4.9（南非） | 7.1（爱尔兰） | 6.2 |

资料来源：幸福感数据是来自 world database of happiness 的数据整理计算而得，失业率数据来自世界银行 http：//datatopics. worldbank. org/jobs/country/.

### 5.4.3　不同就业水平的国家的国民幸福变化比较

接下来，考察各国的失业率变化趋势和国民幸福变化趋势。

低失业率国家（低于 5% 或接近 5%）有韩国、新加坡、印度、日本、墨西哥、中国、秘鲁，观察它们在 2006 ~ 2016 年之间的失业率变化（如图 5 - 10 所示），可以看出，其中秘鲁和新加坡的失业率在近十年都在逐步下降，近两年出现小幅上升，墨西哥、日本的失业率在 2009 年出现大幅上升后，一直处于缓慢下降的趋势，其他国家的失业率在此期间是比较平稳的。近两年来，中国和秘鲁的失业率是较为接近的，新加坡是失业率最低的，日本、韩国、墨西哥、印度的失业率是较为接近的，都在3%～4%。

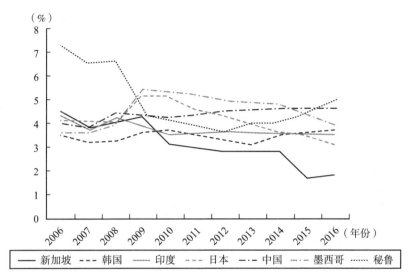

**图5-10　2006～2016年低失业率国家失业率变化**

资料来源：根据世界银行 http：//datatopics. worldbank. org/jobs/country/失业率数据绘制而得。

从低失业率国家的幸福感变化来看，如图5-11所示变化的幅度都不大，其中中国、新加坡、韩国的变化幅度是最大的，日本在2008年幸福感下降后一直趋于平缓，与韩国的幸福感十分接近，秘鲁在2008年幸福感上升后一直趋于平缓，而印度和新加坡是近两年幸福感明显下降的国家。结合上述失业率变化的趋势，可以发现对于一些国家，比如秘鲁，失业率大幅度下降时（2006～2008年），幸福感明显上升，但是对于失业率一直在下降的新加坡而言，幸福感却出现了不定幅度的波动，对于失业率平稳的中国其幸福感变化却表现出比较波动，可见，仅仅从失业率来观察其幸福感的变化，对于低失业率国家而言并不够全面，本身就是失业较少的国家，意味着就业情况相对较好，人们获得就业机会相对较为容易，因此人们可能由于就业对于幸福感产生的影响变化相对会较小。

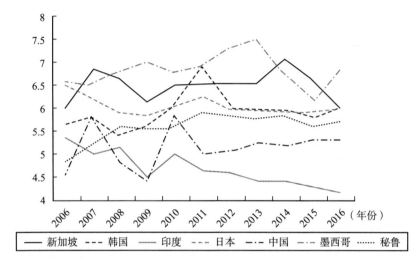

**图 5 – 11　2006 ~ 2016 年低失业率国家的幸福感变化**

资料来源：根据来自 world database of happiness 的幸福感数据整理计算绘制而得。

　　接下来，可以来分析一下中等失业率国家（失业率为 6% ~ 10%）的情况，从图 5 – 12 看出近十年这些国家的失业率变化各有特点，其中，俄罗斯、土耳其、美国出现了大幅度的波动，失业率在 2009 年左右开始主要呈现出下降趋势，波兰在 2008 年大幅下降后一直上升直到 2013 年再次大幅下降，印度尼西亚一直处于下降的趋势仅仅在 2011 年左右出现小幅上升，英国在 2009 年出现失业率小幅度上升后 2013 年开始下降，而且其下降的幅度和趋势与美国极为相似，巴西则是一直处于下降趋势直到 2014 年开始上升。从近三年的失业率来看，在上升的有巴西、土耳其和俄罗斯，其他国家都是下降趋势，并且基本都下降到接近 6%。

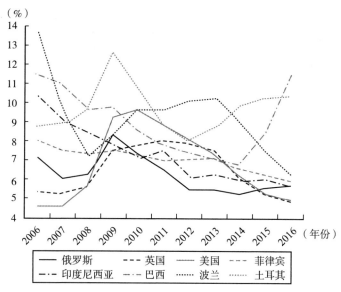

**图5-12 2006~2016年中等失业国家的失业率变化**

资料来源：根据世界银行 http://datatopics. worldbank. org/jobs/country/失业率数据绘制而得。

从中等失业率国家的幸福感变化来看，如图5-13所示，非常相似的是各个国家的幸福感变化的幅度都不大，各个国家都是在起伏之中，并不是完全平稳的状态，从波动范围来看，其中美国、英国一直属于幸福感较高的国家，10年来幸福感一直保持在6.5以上，其次是巴西，除了2007年和2016年，幸福感也基本上处于6.5以上，接下来是波兰，保持在5.5~6之间的幸福感，最近两年达到了6以上，再接下来是俄罗斯，增长趋势与波兰有所类似，但是幸福感略低一点，在近三年增长到6左右。

最后，可以来分析一下高失业国家（失业率为10%以上）的情况，如图5-14所示，这10年期间，南非一直是处于高失业率，在20%以上，并且在近3年达到了25%以上。西班牙则是从2006年低于10%的失业率一直上升，到2013年达到25%以上甚至超过了南非，然后开始逐步下降到20%，呈现出大幅度的波动。爱尔兰的失业率在这期间也是波动剧烈，从2006年的5%左右到2012年上升到15%左右开始下降到10%以内。

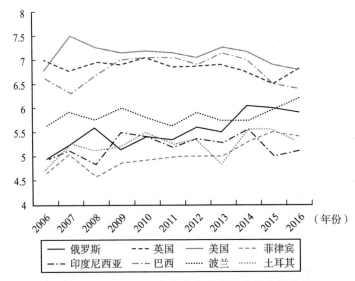

**图 5 - 13　2006 ~ 2016 年中等失业率国家的幸福感变化**

资料来源：根据来自 world database of happiness 的幸福感数据整理计算绘制而得。

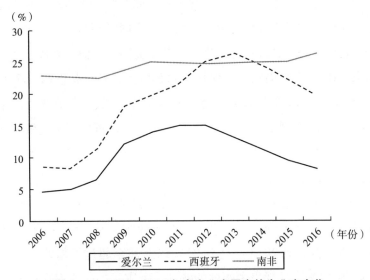

**图 5 - 14　2006 ~ 2016 年高失业率国家的失业率变化**

资料来源：根据世界银行 http：//datatopics. worldbank. org/jobs/country/失业率数据绘制而得。

从高失业率国家的幸福感变化来看，如图 5 – 15 所示，一直处于高失业率的南非的幸福感一直处于相对最低的位置，在 5.5 以下，并且随着失业率的逐步升高幸福感也在逐步下降，2013 年幸福感最低，之后稍微有所上升。同样，西班牙的幸福感也随着失业率的升高而逐步下降，2009 年失业率大幅度上升同时幸福感大幅度下降，之后尽管失业率还在继续上升，但是幸福感波动相对比较平稳，保持在 6.5 左右。爱尔兰的情况与上述两国有所区别，失业率经历了从 5% ~15% 的波动后 2016 年回到 10% 以内，而幸福感一直还保持在较高水平，虽然在 2008 年之后基本是呈现下降趋势，但是仍保持在 7 左右。

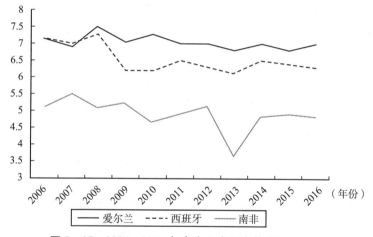

**图 5 – 15  2006 ~ 2016 年高失业率国家的幸福感变化**

资料来源：根据来自 world database of happiness 的幸福感数据整理计算绘制而得。

综上所述，按照这十年的失业率变化来考察同期的幸福感变化，整体来讲，幸福感平均值或者是变化趋势并不是与失业率的状况呈现出明显的关联性，比如低失业率国家墨西哥、中等失业率国家美国、高失业率国家爱尔兰，它们的失业率变化在完全不同的区间，但是幸福感却都是维持于 7 左右，比如中等失业率国家的失业率变化千差万别，但是幸福感变化却呈现出两种主要的变化趋势，比如高失业率国家之间进行比较还是可以发现，失业率相对高的时期其幸福感是相对低的，因此，基于上述分析，本节认为失业率和幸福感的关联度因国家而异，失业率对于某些国家而言，是影响居民幸福感的因素之一，但是似乎作用并不那么明显，因为初步看来失业率越高的国家，相对而言，其失业率与幸福感的负相关性越明显。

接下来，为了进一步考察就业人口和失业人口幸福感变化的异同，本节选取美国社会综合调查 GSS 中 1972~2016 年的数据来进行分析和补充说明。该调查中对于人们的幸福进行提问：综合所有因素，你目前的生活感受是（回答项有三种）非常幸福、很幸福、不幸福。首先来分析就业人口的幸福感变化情况，从图 5-16 来看，就业人口中，各类幸福人群的分布以"很幸福"的比例为主，占 50%~60%，其次是"非常幸福"的劳动者，占 30%~40%，占比最少的是"不幸福"的劳动者，除了 1972~1976 年以及 2008~2012 年，其他时期都是仅仅占比 10% 以下。而且，从变化趋势来看，变化幅度波动最大的是"很幸福"的劳动者占比，在 1972~1976 年和 1992~1996 年经过了两次大幅度的下降，占比一度低到 50%，近 20 年来变化趋于平稳，保持在 55% 以上并且最近处于上升趋势。对于"非常幸福"的劳动者占比，则是在 1972~2016 年共有 5 次小幅度的上升，以及 4 次小幅度的下降，整体变化还是比较平稳的，最近处于下降趋势接近于 30%，对于同时期的"不幸福"的劳动者占比，则是分别有 2 次小幅度的上升以及 1 次小幅度的下降，变化趋势更为平稳，最近处于上升趋势达到 10% 左右。

接着，为了对比就业人口与失业人口的幸福感变化的异同，来分析失业人口的幸福感变化情况，如图 5-17 所示。

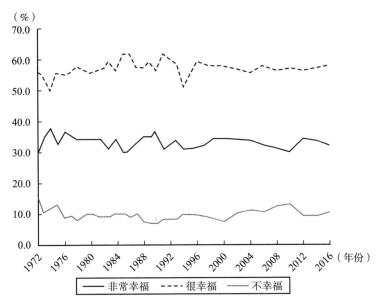

**图 5－16 1972～2016 年美国就业人口幸福感占比变化**

资料来源：根据来自美国社会综合调查 GSS 中 1972～2016 年的数据整理计算绘制而得。

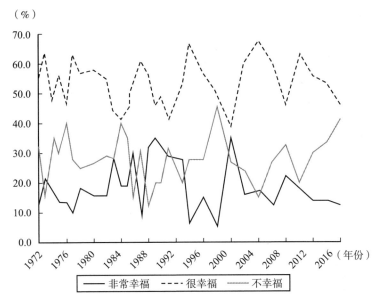

**图 5－17 1972～2016 年美国失业人口幸福感占比变化**

资料来源：根据来自美国社会综合调查 GSS 中 1972～2016 年的数据整理计算绘制而得。

从图 5 - 17 来看，一方面，与就业人口的幸福感变化曲线完全不同的是，失业人口中各类幸福人群的占比的变化都是持续性剧烈波动的，贯穿于整个 1972 ~ 2016 年，并未出现任何平稳的时期，由此可见，失业人口对于幸福的感受非常不稳定的。另一方面，与就业人口的幸福感变化曲线相同的是，也是以"很幸福"的比例为主，占 40% ~ 60%。另外，占比第二的是"不幸福"的劳动者，占 10% ~ 40%，占比最少的是"非常幸福"的劳动者，占 5% ~ 30%。从变化趋势来看，三类幸福感不同的占比都经历着持续的剧烈变动，基本的波动幅度都在 10% 以上，占比最大的"很幸福"的劳动者，共有 7 次大幅度的上升以及 7 次大幅度的下降，最近下降到 50% 以下并且仍在下降。对于"非常幸福"的劳动者占比，共有 7 次大幅度的上升以及 6 次大幅度的下降，最近处于下降趋势接近于 10%，对于同时期的"不幸福"的劳动者占比，也是有 7 次大幅度的上升以及 6 次小幅度的下降，最近处于上升趋势达到 40% 左右。

## 5.5　就业质量影响国民幸福的国际比较

### 5.5.1　数据来源与样本选择

工作满意度的调查和研究，在 20 世纪 90 年代初就已经引起了重视，并且，在诸多问卷设计中，工作满意度和幸福感的调查是同时进行的，只是受访者的侧重点不同，前者是着重于对工作整体的评价和感受，后者则是对全部生活包括了工作的整体感受，若是要具体了解作为劳动者的幸福感，这两个指标可综合考量分析。

根据世界价值观调查（World Values Survey）的数据，在 1990 ~ 1991 年对以下 9 个国家进行了"工作满意"调查，包括了巴西、智

利、日本、印度、中国、墨西哥、俄罗斯、南非、西班牙，以数字 1～
10 分别代表对工作整体的满意程度从"不满意"到"非常满意"，本节
以此衡量国民幸福，并且此数据库中，对于劳动者的就业属性进行了分
类，本节选取的样本分为"全职工作者""兼职工作者""自我雇佣
者"，本节将以不同的就业属性区分劳动者的就业质量。

### 5.5.2　不同就业质量的劳动者的国民幸福均值比较

样本数据中各国的劳动者按照以上就业属性分布情况如图 5－18 所
示，各国的全职工作者占比都在 60% 以上，其中俄罗斯的样本数据中全
部为全职工作者，而兼职工作者和自我雇佣者数量相当的国家有巴西、
日本、南非、西班牙，差别较大的国家有智利、中国、印度、墨西哥，
自我雇佣者人数超过兼职工作者的国家有智利、中国、印度、日本、墨
西哥，其中智利、中国、印度的自我雇佣者占比超过了 20%，可见在当
时的经济环境和条件下，这三个国家的个体经济和自主创业的劳动者已
经呈现出相对其他国家而言更多一些的情况。

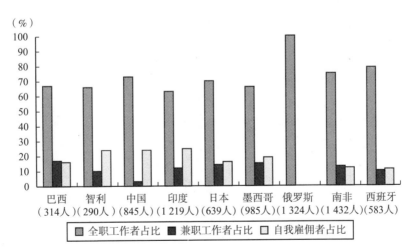

**图 5－18　1990～1991 年各国各类就业人数分布**

资料来源：根据世界价值观 World Values Survey 的数据整理绘制而得。

进一步根据上述样本，分析当时各国劳动者的"工作满意度"，可以得出，按照整体工作满意度的平均值（工作满意度总值为10），从大到小的依次是墨西哥（7.66）、智利（7.52）、巴西（7.5）、南非（7.42）、印度（7.05）、西班牙（7.02）、中国（7）、日本（6.41）、俄罗斯（6.28）。按照劳动者的就业属性，进行工作满意度的均值的国别比较，如图5-19所示，可以发现，巴西、智利、墨西哥、南非的劳动者，不论其就业属性是全职、兼职还是自我雇佣，对于工作的满意度都在7以上。若是将各国的劳动者按照其就业属性进行自我比较，则可以发现，智利、中国、西班牙的兼职工作者都比其他两类劳动者的工作满意度平均值高许多，巴西、印度、墨西哥的全职工作者都比其他两类劳动者的工作满意度平均值要高，日本、南非则是以自我雇佣者这类劳动群体的工作满意度均值最高。究其原因，各国经济贸易条件发展不同，但是在"就业属性"与"工作满意度"关联性上，又会呈现出各自特点，可见，工作满意度并不是仅仅由于各国的经济发展而不同，可能还会由于就业环境以及对于工作的价值、形式、工作回报等的异同，而呈现出上述分布特点。

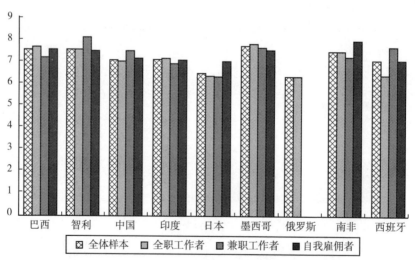

**图5-19 1990~1991年各国"工作满意度"均值比较**

资料来源：根据世界价值观 World Values Survey 的数据整理绘制而得。

### 5.5.3 不同就业质量的劳动者的国民幸福程度分布的比较

仍然以同时期上述 9 个国家的样本数据，将对比分析各国居民的不同"幸福感"的人群中各类就业属性的劳动者的占比，该数据中关于幸福感的提问是"综合各个方面，你感到有多幸福？"，回答分别有"非常幸福、很幸福、不幸福"，对于上述三种不同的幸福状态的人群中，将其按照劳动者的就业属性进行了分类，比较其各自的占比情况，如图 5 - 20 所示，可以发现，在回答为"非常幸福"的人群中，样本国家都是以全职工作者比例大于兼职工作者和自我雇佣者的比例，相差最大的是中国、墨西哥、西班牙，上述三个国家的"非常幸福"人群中全职工作者比例都超过了 80%，而巴西和日本的全职工作者比例在 60% 以下。另外，只有巴西的兼职工作者所占比例大于自我雇佣者，其余国家都是自我雇佣者的比例高于兼职工作者。

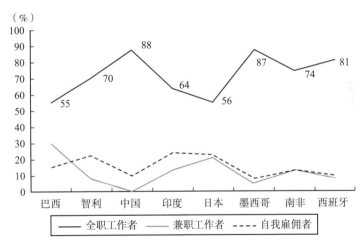

**图 5 - 20 1990 ~ 1991 年各国"非常幸福"人群中各就业属性占比**

资料来源：根据世界价值观 World Values Survey 的数据整理绘制而得。

如图 5 - 21 所示，在回答为"很幸福"的人群中，样本国家中只有南非是以兼职工作者比例大于全职工作者和自我雇佣者占比，南非的全职工作者在其"很幸福"的人群中仅仅占比26%，其他国家的这一比例占60%以上，并且其他国家都是以全职工作者比例大于兼职工作者和自我雇佣者的比例，相差最大的是中国、西班牙，上述两个国家的"很幸福"人群中全职工作者比例都超过了80%，另外，只有南非和西班牙的兼职工作者所占比例大于自我雇佣者，其余国家都是自我雇佣者的比例高于兼职工作者。

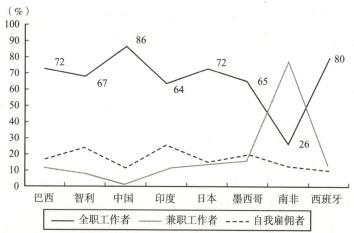

图5－21　1990～1991年各国"很幸福"人群中各就业属性占比

资料来源：根据世界价值观 World Values Survey 的数据整理绘制而得。

　　如图5－22所示，在回答为"不幸福"的人群中，样本国家都是以全职工作者比例大于兼职工作者和自我雇佣者的比例，相差最大的是中国、日本、南非、西班牙，上述四个国家的"不幸福"人群中全职工作者比例都超过了70%，而在不幸福的人群中智利和印度的全职工作者比例在60%以下。另外，只有巴西的兼职工作者所占比例大于自我雇佣者，其余国家都是自我雇佣者的比例高于兼职工作者。

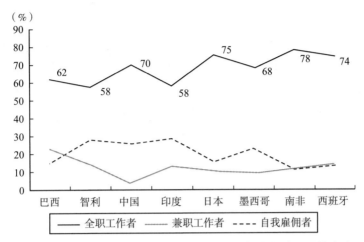

**图 5 – 22　1990～1991 年各国"不幸福"人群中各就业属性占比**

资料来源：根据世界价值观 World Values Survey 的数据整理绘制而得。

经过以上比较，可以发现，"工作满意度"和"幸福感"的分布对于不同的国家而言都呈现出不同的特点，但是对于同一个国家，在同一时期，以就业属性不同的劳动者进行分析，工作满意度和幸福感呈现出非常类似的分布特点，因此，可以大致认为二者之间存在着一定的关联性。在上述国际比较中，由于数据可得性的原因，并没有分析到美国的相关情况，并且上述样本的数据年份比较久远，而且仅局限于当时的状况，无法考察不同就业属性劳动者其幸福感的动态变化。

接下来，利用美国社会综合调查 GSS 的数据，来分析一下美国的情况。该调查是由芝加哥大学国家意见研究中心自 1972 年以来创建和定期收集的社会调查，它是社会科学领域最有影响力的研究之一。该调查中对于人们的幸福进行提问："综合所有因素，你目前的生活感受是（回答项有三种）：非常幸福、很幸福、不怎么幸福"，如果将劳动者根据就业状态划分为"就业人群""失业人群""非劳动人口"，可以从图 5 – 23、图 5 – 24、图 5 – 25 中分析得出 1972～2016 年不同的幸福感的人群中各种就业状态的劳动者的分布情况。

首先，如图 5 – 23 所示，在回答为"非常幸福"的人们中，随着时间的变化，"失业人群"所占比例呈现出非常大的波动，在 1990 年和 2000 年时是与就业人群以及非劳动人口的比例最为接近的时候，而后面两类就业状态的劳动者占比一直是比较平稳的，始终保持在 30% ~ 40%，而且这两类劳动者的比例也是非常接近的，也就是说，就业的劳动者和非劳动人口在"非常幸福"的人群中所占的比例是相当的。综观整个时间跨度中，一直都是以非劳动人口在"非常幸福"的人群中占比最高，但是这个比例经过波动后近年在缓慢下降，在 2010 年左右，就业人群反超成为在"非常幸福"的人群中占比最高的，并保持着微弱的领先。

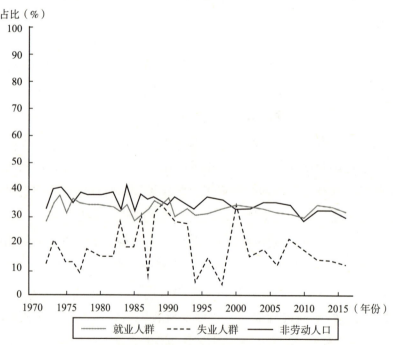

**图 5 - 23　1972 ~ 2016 年美国的"非常幸福"人群中各就业状态占比**

资料来源：数据来自美国社会综合调查 GSS。

其次，如图 5 - 24 所示，在回答为"很幸福"的人们中，"失业人群""就业人群""非劳动人口"所占比例都在 40% 以上，而且都呈现出较大的波动，在 1990 ~ 2000 年以及 2000 ~ 2010 年，"很幸福"中失业人群占比出现了两次大幅度上升后的大幅度下降，而同一时期，其他两类就业状态的劳动者占比一直是比较平稳的，始终保持在 50% ~ 60%，而且这两类劳动者的比例以及变化趋势都是也是非常相似的，也就是说，就业的劳动者在"很幸福"的人群中所占的比例稍微高于非劳动人口的比例。综观整个时间跨度中，就业人群和失业人群交错成为在"很幸福"的人群中占比最高的，三类不同就业状态的劳动者在"很幸福"的人群中占比都是比较接近的，相比于"非常幸福"时的占比分布，差距缩小了许多。但是就业人群和非劳动人口的占比波动性更大一些了。

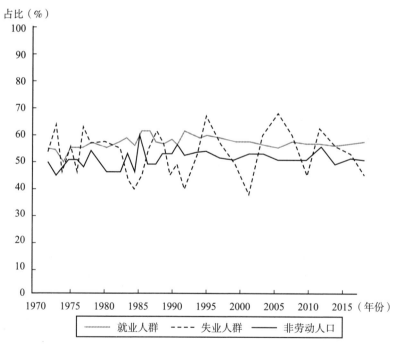

图 5 - 24　1972 ~ 2016 年美国的"很幸福"人群中各就业状态占比

资料来源：数据来自美国社会综合调查 GSS。

最后，如图 5 - 25 所示，在回答为"不幸福"的人们中，很明显 *169*

"失业人群"一直占据着最高的比例，并且随时间的波动幅度非常大，在2000年左右，达到最大45%左右，2010年以来也是处于上升趋势，而其他两类就业状态的劳动者占比一直是比较平稳的，非劳动人口在不幸福人群的占比为10%～20%，而就业的劳动者在"不幸福"的人群所占的比例在10%左右。综观整个时间跨度中，失业人群在"不幸福"的人群中占比最高的，三类不同就业状态的劳动者在"不幸福"的人群中占比是有明显区分的。

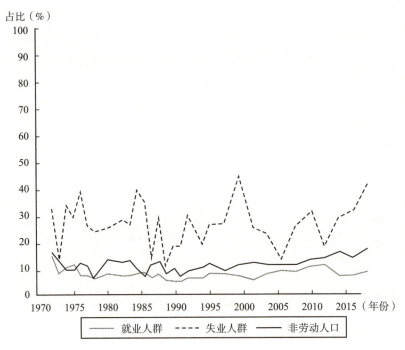

图5－25　1972～2016年美国的"不幸福"人群中各就业状态占比

资料来源：数据来自美国社会综合调查GSS。

## 5.6　本章小结

　　本章的研究主题是国际贸易通过就业影响国民幸福，这是一个较新的视角，在论证了"贸易—就业水平和就业质量—国民幸福"的路径的理论可行性，然后对进出口贸易增长、就业水平、国民幸福的关联性进行了实证分析。具体来说，参考伊斯特林（2002）[1] 以美国为样本，构建出幸福度增减（与5年前比）、消费价格指数增长率、失业率之间的关联度研究的模型，本章利用2006～2016年来中国的进出口增长率、出口贸易增长率、进口贸易增长率、失业率、幸福指数1（与上一年比）和幸福指数2（与3年前比）构建近期影响和远期影响模型。

一方面，两组模型中相同的结论有：第一，从贸易的作用来看，通过就业这一路径，无论是总量增长还是出口或者进口增长的幸福效应都是不显著的，但从相关性来看都是正向的，从效应的强度来看，近期和远期影响非常接近。第二，进一步分析各相关系数，可以发现，进出口贸易总量、出口贸易、进口贸易的幸福效应强度基本都在0.02左右，相差不大，其中出口贸易通过消费产生的幸福效应相对略高。第三，在不考虑贸易时，就业的幸福效应是负向的，在贸易的作用下，就业对幸福产生的影响转变为正向的，但是影响强度而言，在近期影响中明显减弱，在远期影响中并没有明显变化。第四，不论是近期还是远期，在考虑进出口贸易总量的情况下，就业的幸福效应强度最大，其次是在独立考虑出口贸易影响就业时，最后是在独立考虑进口贸易影响就业时。

另一方面，两组模型结论不同的是：关于就业产生的幸福效应强度，在不考虑贸易的作用时和考虑贸易的作用之后，在近期影响时这个强度是由强变弱，大约减弱1倍，在分别考虑进出口总量、出口贸易、进口贸易时都是这样，在远期影响时这个强度是由弱变强，仅仅在进出口总量影响时该强度是明显增强约一倍，而在考虑出口贸易或进口贸易时这个强度并没有明显变化。

综上所述，衡量贸易通过就业对国民幸福产生的影响，在本章的研

---

① Easterlin, R. A. Is Reported Happiness Five Years Ago Comparable to Present Happiness? [J]. A Cautionary Note, 2002. 3（2）: 193 – 198.

究中分析了其理论上影响路径可以是"进出口贸易—失业率—国民幸福",并且利用中国 2006~2016 年的相关数据进行了实证检验得出,无论是进出口贸易总额,还是进口贸易总额或者出口贸易总额,通过就业对国民幸福的都有着正向的近期影响和远期影响,从幸福效应的强度来看,出口贸易通过就业产生的幸福效应强度高于进出口总额和进口贸易总额,近期影响和远期影响相差不大。本章研究中也得出了关于就业水平在贸易的作用下所产生的幸福效应的相关结论,通常研究者大致认为失业率增长都是造成幸福损失的,但是这需要从更细致和深入去分析探讨才能给出不同情形下的结论,本章研究按照不同的时间跨度构建了近期和远期国民幸福模型去分别探讨再加以比较,在不考虑国际贸易的作用时,仅仅假设就业水平对国民幸福产生影响时,失业率与国民幸福的确存在负相关关系,并且,近期影响中人们感受到的幸福损失更大,比远期影响大 0.224,这是与伊斯特林(2002)[①] 通过类似模型研究美国情况得出的结论是相似的,也就是说,当年的失业率越高,人们也越是能够感受到幸福感比 3 年前的变化更大,若是当下的就业情况越糟糕即失业率越高,人们越是愿意去回望当年,调整预期,也会更加珍视幸福的变化,感受到幸福的提升。本章进一步将假设加以放宽,将贸易的作用考虑进来,则发现就业的幸福效应由负变正,两种不同假设情形下的就业的幸福效应强度相比,近期影响表现为由弱变强,远期则是由强变弱。

上述研究受限于数据的可得性,特别是需要衡量幸福指数变化的数据的完整性的局限,所以只取得了中国 2006~2016 年的数据样本,期望将来的数据监测可以更加完善宏观、微观数据的结合,让学者们更全面和深入进行分析,而且失业率作为就业因素之一,衡量其在贸易的幸福效应中的中介作用也有一定的局限性,后续的研究还可以围绕更多关

---

① Easterlin R. A. Is Reported Happiness Five Years Ago Comparable to Present Happiness? A Cautionary Note [J]. Journal of Happiness Studies, 2002, 3 (2): 193 – 198.

于就业质量的内容去展开，贸易通过就业影响幸福，还有待更多的探讨。由于上述实证分析着重于在宏观因素去考量对幸福变化的效应，接下来从微观层面，尤其是从就业质量关注的工作时间、工作收入、工作稳定性等方面，将更深入地分析就业质量包含的各项因素对国民幸福的影响，以作为对本章内容的深入和补充。

在全球化的时代背景下带来了更自由、更全面、更深入的贸易全球化，也使得劳动者的就业机会和就业竞争环境发生着巨大的变化，国家地区之间、行业企业之间的人才需求、供给和流动也都有了新的特点，贸易对于"就业水平"的影响在发生着变化，在探讨了进出口贸易增长、出口贸易增长、进口贸易增长通过失业率影响国民幸福指数的机理分析和实证分析的基础上，又深入微观层面，从就业质量的视角，以工作收入、工作时间、工作稳定性、通勤时间作为就业质量指标，比较分析它们对幸福产生的影响，并分析了幸福对就业的逆向影响。

首先假设劳动者处于就业状态而不是失业状态下，其次假设由于工作收入、工作时间、工作稳定性、通勤时间等工作具体因素的不同导致了工作满意度的差异性，并且不同的工作满意度对幸福的影响存在差异性，其次，当研究工作满意度的影响因素时，本章进一步假设劳动者可以自主选择其工作地点、单位性质、合同性质等，并且假设劳动者做出的工作选择带来的是短期的体验的幸福感，本章数据不涉及长期效应的分析。其次，由于本章考察的是工作收入、工作时间、工作稳定性、通勤时间这些工作因素的幸福效应差异性，因此本章假设劳动者评价工作满意度时只考虑上述因素的综合作用，不考虑这些因素之间的交互影响关系。最后，虽然幸福感对工作满意度影响的路径可以是就业概率、工资水平、再就业等，本章研究是假设在不考虑就业意愿、就业概率、再就业的情况下，仅仅假设幸福感通过工资水平影响工作满意度。

本章利用 2014 中国劳动力动态调查 CLDS 的数据研究发现：第一，

居民幸福感的区域比较得出，东部、中部、西部都是以"比较幸福"这一程度的群体为大多数，分别是 45.41%、37.34% 和 42.25%，三大区域内的"工作整体满意度"也表现出相同的分布特征，居民所占比例最高的依次是比较满意、一般、不太满意、非常满意、非常不满意。与幸福感的区域差别不同的是，东部和西部的居民对于工作满意度的感受比较接近，与中部居民的评价有些差别。第二，将工作因素进行细分，比较其幸福效应，工作稳定性产生的正向影响是最为显著的，强度为 0.099，工作时间的幸福效应是显著的，但强度较为微弱。通勤时间对幸福感并不存在显著效应，工作年收入的幸福效应由于户籍差异而有所不同，对于城镇居民，工作收入对幸福产生了显著的负向效应，而工作收入对农村劳动者的幸福感有着显著但较微弱的正向效应。第三，对于幸福感有显著正向影响的其他因素按照效应强度依次是婚姻、健康、性别、社会层级、教育、年龄。第四，考量不同工作收入的劳动者其幸福感差别，发现 5 万元是一个区分点，幸福感会有大幅度变化，并且幸福感和工作收入满意度之间存在双向的显著的正向效应。第五，考量不同工作时间的劳动者其幸福感差别，工作时间对幸福感的影响相当小，呈现倒 U 型，工作时间在 40 小时之内是幸福感均值最高的。第六，考量不同工作稳定性的劳动者其幸福感差别，同等收入的条件下，工作越稳定的劳动者幸福感越高。总而言之，不论是工作收入、工作时间、工作稳定性，都对幸福感产生着影响，而人们的幸福状态也会影响着工作的主动积极性和努力程度，幸福生活都是奋斗出来的，幸福的劳动者也将会为更加美好的生活更加努力工作。

随着社会分工的变化，劳动力供给和需求的改变，社会经济条件和人们工作目的和价值的改变，尤其是在国际贸易的深入发展下，近年来劳动力市场的福利效应变化已经开始引起新的关注，不仅仅是各国在国际分工中对国内就业环境和就业水平的影响，而且深入到从影响就业质量进而对于国民幸福的影响，目前而言，就业质量的宏观层面指标体系尚未达成共识，由此对国民幸福的影响机制理论并不完善，但是就业质量的微观层面指标数据近年来逐步完善以及相关理论研究的深入发展，使得客观和主观数据得以量化结合，为研究提供了良好的数据支持，幸福与工作之间是双向的复杂的动态的相互作用也是新的关注热点，也就是说，就业和工作不仅是幸福的驱动因素，而且幸福本身也会作用于公司业绩、就业市场等，这些都值得更多的关注和探讨。

# 第 6 章

## 国际贸易影响国民幸福的中美比较

为了进一步研究国际贸易与国民幸福的相关性，并且分析其通过消费及就业对国民幸福的影响，本章选取美国作为国别比较的对象，因为美国可以作为不同文化背景的西方国家的代表，同样也是贸易大国，并且中美两国之间的贸易关系对于两国的经济发展和国民幸福都是非常重要的。

根据中国国家统计局的全国年度统计公报，2006～2016 年，中国进出口货物贸易的主要伙伴是欧盟、美国、东盟、中国香港、日本、韩国、中国台湾、俄罗斯、印度（如图 6-1 所示），其中，在出口贸易方面，美国常年保持着第一贸易伙伴的关系，2016 年度中国对美国的出口贸易额为 25 415 亿元，占中国全部出口总额的 18.4%，排名第一，同时在进口贸易方面，2016 年度中国对美国的进口贸易额为 8 887 亿元，占中国全部进口总额的 8.5%，仅次于欧盟 13.1%，东盟 12.4%，韩国 10%，日本 9.2%，中国台湾 8.8%，可见中美贸易在中国的对外贸易中占据着十分重要的位置，发挥着重要的作用。

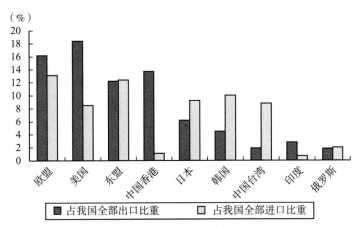

**图 6 - 1　2016 年中国主要贸易伙伴的货物进出口额占比情况**

资料来源：中国国家统计局 http：//www. stats. gov. cn/。

根据美国国际贸易委员会（United States International Trade Commission）的 2016 年度统计报告，按贸易总额来看，欧盟依然是美国双向贸易的最大贸易伙伴，其次是中国、加拿大和墨西哥。欧盟也是美国的主要市场，2016 年出口额为 2 703 亿美元，占总出口额的 19.0%，超过了以前被列为美国最大的出口市场的加拿大（如图 6 - 2 所示）。

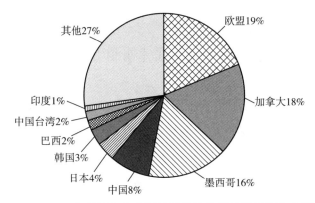

**图 6 - 2　2016 年美国向各主要贸易伙伴的货物出口额占比情况**

资料来源：Official trade statistics of the U. S. Department of Commerce。

从美国的进口贸易主要伙伴来看，美国对中国进口额为 4 628 亿美元，占美国总进口额的 21.1%，为第一大进口货物来源国，其次是欧盟，占 19%，墨西哥和加拿大分别占 14% 和 13%（如图 6 - 3 所示）。

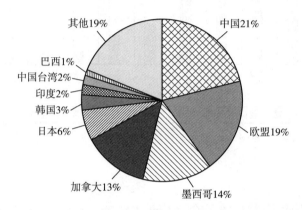

**图 6 - 3  2016 年美国从各主要贸易伙伴的货物进口额占比**

资料来源：Official trade statistics of the U. S. Department of Commerce。

# 6.1  进出口贸易影响国民幸福的中美比较

## 6.1.1  进出口贸易影响国民幸福的理论分析

本节从国际贸易政策影响进出口贸易增长变化的机理来探讨其对国民幸福的影响，基本逻辑是国际贸易政策会引起进出口贸易规模的变化，可以表现为进出口贸易增长的波动，这一定程度上影响了文化的融合、商品的丰富和比较以及人们感受幸福时的参照点效应，即与更大范围的人们进行幸福比较，因此会对国民幸福有影响。其中，对于参照点效应的应用是基于温霍芬（Veenhoven，1991）[①] 的幸福相对论，其中有三个假设：即幸福是比较的结果，比较标准是可以调整，比较的标准可以是任意结构。因此，在探讨其影响机制之前，本节首先假设幸福就是相对的，并不是直接反映的客观生活质量，而是比较的结果，直接受到比较标准和范围变化的影响；其次，本节假设国际贸易的开放程度仅由进出口贸易增长来衡量，而国际贸易的开放或者限制一定带来了幸福的比较范围和比较标准的变化。

具体来讲，可以有以下影响机制：第一，当一国处于贸易开放政策时，如果出口贸易和进口贸易都有所增长，随之而来的是该国居民与世界其他国家的文化和产品的交流越来越多，当人们去感受幸福时，会由于文化贸易的影响对幸福观进行调整，也会由于商品的丰富程度产生更多需求满足或是选择困难，以及新型产品与自我认知的匹配度的不断调整带来的困惑，同时随着人际交往的范围更广、信息传播的速度更快，使得人们对比他人之后的幸福感有所变化，而这种幸福感的变化也在加快。第二，当一国处于贸易限制政策时，如果出口贸易和进口贸易都有所减少，随之而来的是该国居民与世界其他国家的文化和产品的交流越来越少，则进一步出现的是幸福比较范围的缩小，从而影响到个人幸福的变化。如图 6 - 4 所示。

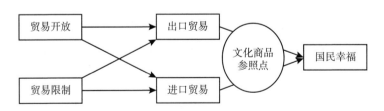

**图 6 - 4　贸易政策通过进出口贸易通过影响国民幸福的路径**

资料来源：作者绘制。

---

① Veenhoven, R. Is Happiness Relative ［J］. Social Indicators Research，1991（24）：1 - 34.

本节将考察贸易增长与幸福指数变化的相关性，用以一定程度上说明国际贸易对幸福的影响，并且为了更全面地考察这种幸福效应，将从出口贸易和进口贸易分别展开，并通过中美比较来探讨这一影响。

### 6.1.2 进出口贸易影响国民幸福的实证分析

#### 1. 变量定义与模型设计

本节构建了两组幸福指数变化来分别衡量，幸福指数 1（中国：cnhappiness1，美国：ushappiness1）是以当年的幸福指数减去上一年的幸福指数，而幸福指数 2（中国：cnhappiness2，美国：ushappiness2）是以当年的幸福指数减去 3 年前的幸福指数。出口增长率为货物出口额增长率（中国：cnexport，美国：usexport）、进口增长率为货物进口额增长率（中国：cnimport，美国：usimport）均是相比上一年度的货物贸易额的增长来计算，衡量进出口贸易状况的变化。

参考伊斯特林（2002）[1] 以幸福度增减、消费价格指数增长率、失业率之间的相关性研究的模型，本节为了全面考察中美两国 2006~2016 年幸福指数变化受到的货物出口增长率、货物进口增长率的影响，将分别以幸福指数 1（当年幸福指数与上一年度的差值）和幸福指数 2（当年幸福指数与 3 年前的差值）为被解释变量，以货物出口增长率、货物进口增长率为解释变量，构建模型。

首先，以幸福指数 1 为被解释变量，建立以下近期影响模型。

模型（6.1）：$\Delta cnhappiness1 = \alpha_0 + \alpha_1 \Delta cnexport$

模型（6.2）：$\Delta cnhappiness1 = \alpha_0 + \alpha_1 \Delta cnimport$

模型（6.3）：$\Delta ushappiness1 = \alpha_0 + \alpha_1 \Delta usexport$

模型（6.4）：$\Delta ushappiness1 = \alpha_0 + \alpha_1 \Delta usimport$

---

① Easterlin R. A. Is Reported Happiness Five Years Ago Comparable to Present Happiness? A Cautionary Note [J]. Journal of Happiness Studies, 2002, 3 (2): 193 –198.

然后，以幸福指数 2 为被解释变量，建立以下远期影响模型。

模型（6.5）：$\Delta cnhappiness2 = \alpha_0 + \alpha_1 \Delta cnexport$

模型（6.6）：$\Delta cnhappiness2 = \alpha_0 + \alpha_1 \Delta cnimport$

模型（6.7）：$\Delta ushappiness2 = \alpha_0 + \alpha_1 \Delta usexport$

模型（6.8）：$\Delta ushappiness2 = \alpha_0 + \alpha_1 \Delta usimport$

### 2. 描述性统计分析

根据 2006~2016 年中国及美国的进出口贸易增长情况来看，中国的出口增长率平均为 9.27%，高于美国的 5%，中国进口增长率平均为 11%，高于美国的 3.2%。如表 6-1 所示。

表 6-1　　　中国及美国 2006~2016 年进出口贸易增长比较　　　单位：%

| 年度 | 中国出口增长率 | 中国进口增长率 | 美国出口增长率 | 美国进口增长率 |
|------|------|------|------|------|
| 2006 | 24.9 | 21.8 | 14.7 | 10.8 |
| 2007 | 14.4 | 17.2 | 12.1 | 5.1 |
| 2008 | 8.4 | 17.4 | 11.8 | 7.3 |
| 2009 | -12.5 | -4.8 | -18.7 | -26.0 |
| 2010 | 28.3 | 31.7 | 21 | 22.9 |
| 2011 | 14.5 | 19.6 | 15.9 | 15.0 |
| 2012 | 8.4 | 8.8 | 4.3 | 3.1 |
| 2013 | 4.7 | 14.8 | 2.1 | -0.3 |
| 2014 | 6.4 | 3.1 | 2.7 | 3.6 |
| 2015 | 4.5 | -5.4 | -7.3 | -4.0 |
| 2016 | 0.0 | -3.2 | -3.2 | -2.8 |
| 平均值 | 9.27 | 11.00 | 5.0 | 3.2 |

资料来源：中国国家统计局 http：//www.stats.gov.cn/，美国国际贸易委员会 United States International Trade Commission 的 2016 年度统计报告。

从进出口贸易增长的变化趋势来看，这 10 年期间，中国货物出口的增长在2007~2013年都是略低于货物进口的增长的，在2014~2016年开始出现反转，货物出口的增长高于货物进口的增长。整体而言，二者的差别不大，都在10%以内，差别最大的在2013年，并且，不论是进口还是出口，其增长率的变化趋势是相似的，从2006年开始，先是出现缓慢的回落，到了2009年，出口进口均出现了大幅度的负增长，但是2010年又同时出现了大幅度的回升，增长率都达到28%以上，接下来增长率都是逐步减小，意味着增速放缓，趋于平稳。如图6-5所示。

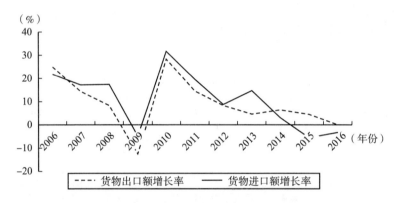

图6-5　中国2006~2016年货物进出口额增长情况

资料来源：中国国家统计局 http://www.stats.gov.cn/。

而观察这10年期间美国进出口贸易增长的变化趋势，可以发现，美国货物贸易增长率都是在20%以下的，出口平均增长率为5%，进口平均增长率为3.2%，从整体变化趋势来看，出口的增长在2007~2013年都是略高于货物进口的增长的，只是在2010年，进口增长率略高于出口的，并且在2014~2016年货物进口的增长持续高于货物出口的增长。整体而言，二者的差别不大，都在8%以内，差别最大的在2007年和2009年，分别是相差7%和7.3%，而且，不论是进口还是出口，其增长率的变化趋势是相似的，从2006年开始，先是出现缓慢的回落，到了2009年，出口进口均出现了大幅度的负增长，但是2010年又同时出现了大幅度的回升，增长率都达到20%以上，接下来增长率又逐步下滑，到了2015年，又下落成为了负增长，2016年又出现了小幅度回升，但是还是负增长，整体波动幅度的减小意味着美国货物贸易的增速放缓，趋于平稳。如图6-6所示。

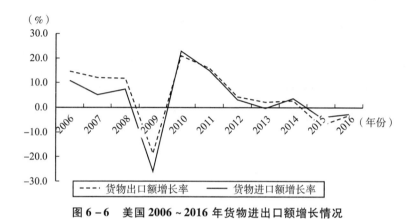

图6-6　美国2006~2016年货物进出口额增长情况

资料来源：Official trade statistics of the U. S. Department of Commerce。

比较中美两国居民在2006~2016年的幸福指数，从近期变化（幸福指数1）来看，中国居民的幸福指数为平均0.07，明显大于美国居民的幸福指数变化平均为0.01，相差0.06。从远期变化（幸福指数2）来看，两国居民的幸福指数变化的差距更大，平均值相差0.11。如表6-2所示。

表6-2　　　　　　　中美两国2006~2016年幸福指数比较

| 年度 | 中国幸福指数1（与上一年比） | 中国幸福指数2（与3年前比） | 美国幸福指数1（与上一年比） | 美国幸福指数2（与3年前比） |
|---|---|---|---|---|
| 2006 | 0.06 | -0.3 | 0.44 | 0.43 |
| 2007 | 0.3 | 0.41 | 0.33 | 0.91 |
| 2008 | -0.02 | 0.34 | -0.23 | 0.54 |

续表

| 年度 | 中国幸福指数1<br>（与上一年比） | 中国幸福指数2<br>（与3年前比） | 美国幸福指数1<br>（与上一年比） | 美国幸福指数2<br>（与3年前比） |
|---|---|---|---|---|
| 2009 | −0.39 | −0.11 | −0.13 | −0.03 |
| 2010 | 1.4 | 0.99 | 0.01 | −0.35 |
| 2011 | −0.82 | 0.19 | −0.05 | −0.17 |
| 2012 | 0.06 | 0.64 | −0.09 | −0.13 |
| 2013 | 0.15 | −0.61 | 0.22 | 0.08 |
| 2014 | −0.04 | 0.17 | −0.09 | 0.04 |
| 2015 | 0.1 | 0.21 | −0.25 | −0.12 |
| 2016 | 0 | 0.06 | −0.10 | −0.44 |
| 平均值 | 0.07 | 0.18 | 0.01 | 0.07 |

资料来源：世界幸福数据库（world database of happiness）。

观察中国居民 2006～2016 年的幸福指数的变化趋势，于 2010 年呈现出小幅波动后达到峰值 5.85，其他时期趋于平稳的状态，分布于 4～6 之间（总值范围为 0～10）。如图 6－7 所示。

图 6－7　2006～2016 年中国国民幸福指数

资料来源：根据世界幸福数据库（world database of happiness）的数据绘制而得。

美国居民 2006~2016 年的幸福指数分布于 6.8~7.6 之间（总值范围为 0~10），在 2007 年幸福指数达到最高值后，出现了下降，下降幅度在 0.5 以内，在 2013 年又出现小幅的上升，之后有所下降，波动幅度一直很小，如图 6-8 所示。

图 6-8　2006~2016 年美国国民幸福指数

资料来源：根据世界幸福数据库（world database of happiness）的数据绘制而得。

### 3. 回归结果分析

首先，分析近期影响模型，表 6-3 中以普通最小二乘法 OLS 分析了中美两国的幸福指数 1、出口增长率、进口增长率之间的关联度。

表 6-3　　中国及美国的出口贸易、进口贸易与幸福指数 1 的 OLS 估计

| 幸福指数 1 | 模型（6.1） | 模型（6.2） | 模型（6.3） | 模型（6.4） |
| --- | --- | --- | --- | --- |
| 中国出口增长率 | 0.025 *<br>（1.90） | | | |
| 中国进口增长率 | | 0.020<br>（1.52） | | |
| 美国出口增长率 | | | 0.008<br>（1.42） | |

续表

| 幸福指数1 | 模型（6.1） | 模型（6.2） | 模型（6.3） | 模型（6.4） |
|---|---|---|---|---|
| 美国进口增长率 | | | | 0.005<br>（0.89） |
| 常数项 | −0.162<br>（−0.85） | −0.144<br>（−0.69） | −0.036<br>（−0.51） | −0.011<br>（−0.15） |

注：括号里为t值，***、**、*分别表示1%、5%、10%的显著性水平。

根据表6-3对于近期影响模型的回归结果，对中美两国的进出口贸易与国民幸福的相关性，从近期影响来看，可以发现，考察这个时期进出口贸易增长与幸福之间的关联度，从统计学上来看，仅仅只有中国的出口贸易的幸福效应是显著的，但是可以得出一些比较分析的结论，两国的幸福效应相同的结论是：不论是出口贸易还是进口贸易，都存在着正向的幸福效应，出口贸易的幸福效应略微大于进口贸易的幸福效应，从常数项来看，都是负的。两国的幸福效应不同之处主要体现在幸福效应的强度上，从出口贸易的幸福效应进行比较，中国的比美国高0.017，从进口贸易的幸福效应进行比较，中国的比美国高0.015。

接下来，分析远期影响模型，表6-4中以普通最小二乘法OLS分析了中美两国的幸福指数2、出口增长率、进口增长率的关联度。

表6-4　　　中国及美国的出口贸易、进口贸易与幸福指数2的OLS估计

| 幸福指数2 | 模型（6.5） | 模型（6.6） | 模型（6.7） | 模型（6.8） |
|---|---|---|---|---|
| 中国出口增长率 | 0.015<br>（1.30） | | | |
| 中国进口增长率 | | 0.011<br>（0.94） | | |
| 美国出口增长率 | | | 0.009<br>（0.82） | |

续表

| 幸福指数2 | 模型（6.5） | 模型（6.6） | 模型（6.7） | 模型（6.8） |
|---|---|---|---|---|
| 美国进口增长率 | | | | 0.002<br>(0.15) |
| 常数项 | 0.039<br>(0.23) | 0.064<br>(0.35) | 0.023<br>(0.17) | 0.064<br>(0.48) |

注：括号里为t值，***、**、*分别表示1%、5%、10%的显著性水平

根据表6-4对于远期影响模型的回归结果，对中美两国的进出口贸易与国民幸福的相关性，从远期影响来看，可以发现，考察这个时期进出口贸易增长与幸福之间的关联度，从统计学上来看都不显著，但也可以得出一些比较分析的结论，两国的幸福效应相同的结论是：不论是出口贸易还是进口贸易，都存在着正向的幸福效应，出口贸易的幸福效应略微大于进口贸易的幸福效应，从常数项来看，都是正的。两国的幸福效应不同之处主要体现在幸福效应的强度上，从出口贸易的幸福效应进行比较，中国比美国高0.006，从进口贸易的幸福效应进行比较，中国比美国高0.009。

根据上述两组模型比较两国的进出口贸易与国民幸福的相关性，可以发现许多相似之处，对于中美两国，不论是出口贸易还是进口贸易，都存在着正向的幸福效应，强度都是非常微弱。并且，不论是考虑对幸福指数的近期影响还是远期影响，出口贸易的影响强度都是略微大于进口贸易。而两国的进出口贸易对国民幸福影响的主要区别体现在效应的强度上，近期影响中两国的幸福效应强度相差更大，远期影响中两国的幸福效应比较接近。并且，从统计学来看，样本数据的分析中仅仅只有中国的出口贸易对国民幸福的影响是显著的。

## 6.2 消费及就业路径下国际贸易
## 影响国民幸福的中美比较

### 6.2.1 国际贸易通过消费及就业影响国民幸福的理论分析

本节从国际贸易同时影响消费水平和就业水平的机理来探讨其对国民幸福的影响，其基本逻辑是国际贸易会引起国内产品价格的变化，可以表现为国内物价水平的波动，而物价水平的变化对人们的幸福感变化会产生影响，与此同时，国际贸易政策的变化，会引起国内进出口需求以及国内生产需求的变化，从而影响就业水平的变化，可以表现为失业率的波动，而失业率的变化在国际贸易环境下由于参照点效应，可以从收入公平感、工作满意度、就业机会、就业竞争路径对人们的幸福感产生影响。

在探讨其影响机制之前，本节首先需要设定以下假设：第一，国民幸福变化仅由居民消费物价水平、国内的失业率的变化来影响，不考虑其收入水平、消费结构等差异。第二，尽管在国际贸易的环境下，商品、服务、劳动力的国际流动是由于产品差异、生产效率或是技术差异等其他因素的影响，但是本书仅从国际贸易政策角度去进行研究，因此，本节研究中假设国际贸易的限制和开放政策对国内供给需求产生变化，以影响居民消费物价水平、失业率，进而影响国民幸福。第三，本节假设出口贸易、进口贸易通过居民消费物价水平、失业率这个路径影响幸福的程度存在差异性。

具体来讲，可以有以下影响机制：第一，出口贸易影响国内物价水平，出口贸易作为国内总需求的重要组成部分，假设是在国内供给量和需求量都一定的情况下，此时出口贸易增长会引致国内总需求扩大，供求变化为需求大于供给的情况，于是国内物价水平会上升，消费支出增加，这时国民幸福会因此而有所下降，而同时其他条件不变的情况下，由于出口增长引起国内生产需求的增加，增加了国内就业岗位供给，此时国内失业率会下降，由此人们会认为就业环境相对容易，就业机会增加，就业竞争减少，幸福感有所提升。第二，进口贸易影响国内物价水平可以通过对供给来实现，进口贸易作为国内总供给的重要组成部分，假设是在国内供给量和需求量都一定的情况下，此时进口贸易增长会引致国内总供给扩大，供求变化为需求小于供给的情况，于是国内物价水平会下降，消费支出减少，这时国民幸福会因此有所下降，而同时其他条件不变的情况下，由于进口增长引起国内生产需求的减少，国内就业岗位会减少，此时国内失业率会上升，由此人们会认为就业环境相对困难，就业机会减少，就业竞争增加，使得幸福感有所下降。由此看来，进出口贸易对于国内居民物价水平、失业率的影响，以及由此对于国民幸福的影响应该是上述两种效应的综合结果。如图6-9所示。

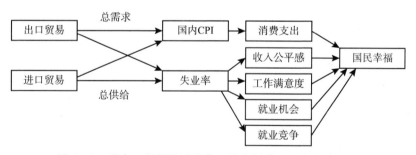

**图6-9　进出口贸易通过消费、就业影响国民幸福的路径**

资料来源：作者绘制。

　　根据上述分析，本节将着重于考量国际贸易在对产品市场和劳动力市场产生影响时，即作用于消费水平、就业水平时对国民幸福产生的间接影响。

### 6.2.2 国际贸易通过消费及就业影响国民幸福的实证分析

**1. 变量定义与模型设计**

本节选取居民消费价格指数（Consumer Price Index，CPI）增长率来衡量消费水平的变动，失业率（失业人口占劳动力人口的百分比）来衡量就业水平的变动，关于失业率的统计方法有两种，即行政登记失业率和劳动力抽样调查失业率，本节采用的是世界银行数据库提供的根据国际劳工组织模型进行估算的失业率。本节构建了两组幸福指数变化来分别衡量，幸福指数1（中国：cnhappiness1，美国：ushappiness1）是以当年的幸福指数减去上一年的幸福指数，而幸福指数2（中国：cnhappiness2，美国：ushappiness2）是以当年的幸福指数减去3年前的幸福指数。出口增长率为货物出口额增长率（中国：cnexport，美国：usexport），进口增长率为货物进口额增长率（中国：cnimport，美国：usimport），均是相比上一年度的货物贸易额的增长来计算，衡量进出口贸易状况的变化。关于CPI增长率，中国的CPI数据（cnCPI）选择的是与上一年度相比的增长率，而美国的CPI数据（usCPI）由于数据的可得性，选取的是CPI-U，即城镇居民消费价格指数，由美国劳工部以1982~1984年的居民物价指数为100计算和公布的年平均增长率，失业率（中国：cnunemployment，美国：usunemployment）均为当年的世界银行数据库提供的根据国际劳工组织模型进行估算的失业率。由于人们通常会评价过去的快乐不如现在的快乐，或者说现在的快乐不如过去简单的快乐，如果现在的情况比较糟糕，又会觉得以前比较幸福，因为人们不仅会去拿自己和别人作比较，也会以自己的现状和自己的过去作比较，来感受到幸福的变化（Easterlin，2001）[①]。因此，探讨各种宏观经

---

[①] Easterlin, R. A., Life Cycle Welfare：Trends and Differences [J]. Journal of Happiness Studies, 2001. 2 (1)：1 - 12.

济因素的"变化"对于幸福"变化"的影响，或许更有比较意义的。参考伊斯特林（2002）[①] 构建的幸福指数变化、居民消费价格指数增长率、失业率之间的关联度研究的模型，针对本章研究的视角，构建以下模型。

首先，以幸福指数 1 为被解释变量，建立以下近期影响模型。模型（6.9）：

$$\Delta cnhappiness1 = \alpha_0 + \alpha_1 \Delta cnexport + \alpha_2 \Delta cnCPI + \alpha_3 cnunemployment$$

模型（6.10）：

$$\Delta cnhappiness1 = \alpha_0 + \alpha_1 \Delta cnimport + \alpha_2 \Delta cnCPI + \alpha_3 cnunemployment$$

模型（6.11）：

$$\Delta ushappiness1 = \alpha_0 + \alpha_1 \Delta usexport + \alpha_2 \Delta usCPI + \alpha_3 usunemployment$$

模型（6.12）：

$$\Delta ushappiness1 = \alpha_0 + \alpha_1 \Delta usimport + \alpha_2 \Delta usCPI + \alpha_3 usunemployment$$

然后，以幸福指数 2 为被解释变量，建立以下远期影响模型。模型（6.13）：

$$\Delta cnhappiness2 = \alpha_0 + \alpha_1 \Delta cnexport + \alpha_2 \Delta cnCPI + \alpha_3 cnunemployment$$

模型（6.14）：

$$\Delta cnhappiness2 = \alpha_0 + \alpha_1 \Delta cnimport + \alpha_2 \Delta cnCPI + \alpha_3 cnunemployment$$

模型（6.15）：

$$\Delta ushappiness2 = \alpha_0 + \alpha_1 \Delta usexport + \alpha_2 \Delta usCPI + \alpha_3 usunemployment$$

模型（6.16）：

$$\Delta ushappiness2 = \alpha_0 + \alpha_1 \Delta usimport + \alpha_2 \Delta usCPI + \alpha_3 usunemployment$$

### 2. 描述性统计分析

首先，从 2006～2016 年中国与美国的进出口贸易增长情况来看，中国的出口增长率平均为 9.27%，高于美国的 5%，中国进口增长率平

---

① Easterlin R. A. Is Reported Happiness Five Years Ago Comparable to Present Happiness? A Cautionary Note［J］. Journal of Happiness Studies, 2002, 3（2）: 193－198.

均为 11%，高于美国的 3.2%，从幸福指数的比较来看，中国居民 2006 ~ 2016 年的幸福指数的变化趋势，于 2010 年呈现出小幅波动后达到峰值 5.85，其他时期趋于平稳的状态，分布于 4 ~ 6 之间（总值为 11）。美国居民 2006 ~ 2016 年的幸福指数分布于 6.8 ~ 7.6 之间（总值为 11），在 2007 年幸福指数达到最高值后，出现了下降，下降幅度在 0.5 以内，在 2013 年又出现小幅的上升，之后有所下降，波动幅度很小。如表 6 - 5 所示。

表 6 - 5　　　中国及美国 2006 ~ 2016 年失业率及 CPI 增长率　　　单位：%

| 年度 | 中国 CPI 增长率 | 美国 CPI 增长率 | 中国当年失业率 | 美国当年失业率 |
|------|------|------|------|------|
| 2006 | 1.5 | 3.2 | 4 | 4.6 |
| 2007 | 4.8 | 2.8 | 3.8 | 4.6 |
| 2008 | 5.9 | 3.8 | 4.4 | 5.8 |
| 2009 | - 0.7 | - 0.4 | 4.3 | 9.3 |
| 2010 | 3.3 | 1.6 | 4.2 | 9.6 |
| 2011 | 5.4 | 3.2 | 4.3 | 8.9 |
| 2012 | 2.6 | 2.1 | 4.5 | 8.1 |
| 2013 | 2.6 | 1.5 | 4.5 | 7.4 |
| 2014 | 2.0 | 1.6 | 4.6 | 6.2 |
| 2015 | 1.4 | 0.1 | 4.5 | 5.3 |
| 2016 | 2.1 | 1.3 | 4.6 | 4.9 |
| 平均值 | 2.81 | 1.89 | 4.34 | 6.79 |

资料来源：中国的居民消费价格指数增长率来自于中国国家统计局 http://www. stats. gov. cn/，中国与美国的失业率采用的是来自世界银行的数据 http://datatopics. world-bank. org/jobs/，美国的居民消费价格指数增长率来自于美国劳工部统计网站，https://www. bls. gov/home. htm。

接下来，比较两国的 CPI 增长率，可以发现，中国 2006 ~ 2016 年来的 CPI 平均年增长率为 2.81%，高于美国的 1.89%，从两国 CPI 增长率的差距来看，其中在 2008 年和 2011 年两国 CPI 增长的差距最大，都是中国的 CPI 增长率高于美国 2% 左右，从两国 CPI 增长率的变化趋势来看，两国都是在 2009 年出现了负增长，其他年份都是正增长，其波动趋势大致相似。如图 6 - 10 所示。

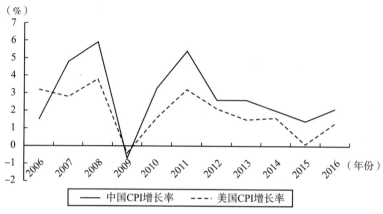

**图 6 - 10 2006 ~ 2016 年中美两国的 CPI 增长率变化**

资料来源：根据中国国家统计局 http：//www. stats. gov. cn/以及美国劳工部 https：//www. bls. gov/home. htm 的数据绘制而得。

最后，比较两国的失业率，可以发现，中国 2006 ~ 2016 年来的失业率平均值为 4.34%，低于美国的 6.79%，从两国失业率的差距来看，其中在 2009 ~ 2011 年两国失业率的差距最大，都是美国的失业率高于中国 5% 左右，从两国失业率的变化趋势来看，中国的失业率比较平稳，一直维持在 4% 左右，不超过 5%，美国的失业率在 2006 ~ 2016 年则是经历了很大的波动，一开始是在 5% 左右，在 2009 ~ 2011 年一度上升至接近 10%，2011 年后开始逐步回落，近两年又回落到 5% 左右。如图 6 - 11 所示。

**3. 回归结果分析**

首先，分析近期影响模型，表 6 - 6 中以普通最小二乘法 OLS 分析了中国及美国的幸福指数 1、CPI 增长率、失业率、出口增长率、进口增长率之间的关联度。

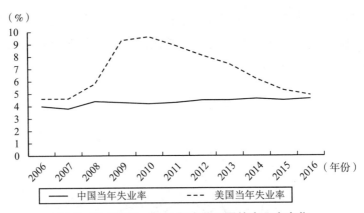

图 6 - 11    2006～2016 年中美两国的失业率变化

资料来源：根据世界银行 http：//datatopics. worldbank. org/jobs/的数据绘制而得。

表 6 - 6    中国及美国的出口贸易、进口贸易、CPI 增长率、
失业率与幸福指数 1 的 OLS 估计

| 幸福指数 1 | 模型（6.9） | 模型（6.10） | 模型（6.11） | 模型（6.12） |
|---|---|---|---|---|
| 中国出口增长率 | 0.034<br>(1.85) | | | |
| 中国进口增长率 | | 0.034<br>(1.66) | | |
| 中国 CPI 增长率 | -0.081<br>(-0.86) | -0.116<br>(-1.06) | | |
| 中国失业率 | 0.197<br>(0.26) | 0.254<br>(0.32) | | |
| 美国出口增长率 | | | 0.011<br>(0.95) | |
| 美国进口增长率 | | | | 0.002<br>(0.27) |
| 美国 CPI 增长率 | | | -0.031<br>(-0.29) | 0.038<br>(0.43) |
| 美国失业率 | | | -0.038<br>(-0.89) | -0.026<br>(-0.61) |
| 常数项 | -0.869<br>(-0.26) | -1.077<br>(-0.30) | 0.263<br>(0.68) | 0.105<br>(0.28) |

注：括号里为 t 值，*表示 10% 的显著性水平。

根据表6-6对于近期影响模型的回归结果，对中美两国的进出口贸易通过消费及就业对国民幸福产生影响，从近期影响来看，可以发现，考察这个时期进出口贸易增长与幸福之间的关联度，从统计学上来看都是不显著的，但是可以得出一些比较分析的结论，两国的幸福效应相同的结论是：不论是出口贸易还是进口贸易，在考虑到通过消费和就业同时产生幸福效应时，都存在着正向的幸福效应，就影响强度而言，中国的出口贸易与进口贸易在此情况下的幸福效应是完全相同的，美国出口贸易的幸福效应略微大于进口贸易的幸福效应。两国的幸福效应不同之处主要体现在国际贸易的作用下消费及就业产生的幸福效应，第一，不论是进口贸易还是出口贸易的独立作用下，中国的CPI增长对幸福产生的是负向效应，而失业率则是正向效应，美国则是有所不同，失业率表现出负向的幸福效应，CPI增长在出口贸易作用下是负向效应，在进口贸易作用下是正向效应。从效应的强度进行比较，对中国而言，就业产生的幸福效应不论在进口或是出口贸易作用下，都是远远大于消费的幸福效应强度的，而美国则是就业、消费二者的幸福效应强度在进口或是出口贸易作用下都是十分接近的。

接下来，分析远期影响模型，表6-7中以普通最小二乘法OLS分析了中美两国的幸福指数2、CPI增长率、失业率、出口增长率、进口增长率的关联度。

表6-7　　　　中国及美国的出口贸易、进口贸易、CPI增长率、
失业率与幸福指数2的OLS估计

| 幸福指数2 | 模型（6.13） | 模型（6.14） | 模型（6.15） | 模型（6.16） |
|---|---|---|---|---|
| 中国出口增长率 | 0.013<br>(0.80) | | | |
| 中国进口增长率 | | 0.005<br>(0.25) | | |

续表

| 幸福指数2 | 模型（6.13） | 模型（6.14） | 模型（6.15） | 模型（6.16） |
|---|---|---|---|---|
| 中国 CPI 增长率 | 0.053<br>(0.62) | 0.067<br>(0.67) | | |
| 中国失业率 | 0.194<br>(0.29) | 0.034<br>(0.05) | | |
| 美国出口增长率 | | | −0.010<br>(−0.57) | |
| 美国进口增长率 | | | | −0.016<br>(−1.38) |
| 美国 CPI 增长率 | | | 0.210<br>(1.26) | 0.248 *<br>(2.10) |
| 美国失业率 | | | −0.071<br>(−1.10) | −0.063<br>(−1.11) |
| 常数项 | −0.932<br>(−0.31) | −0.205<br>(−0.06) | 0.208<br>(0.35) | 0.082<br>(0.16) |

注：括号里为 t 值，＊表示 10% 的显著性水平。

根据表6-7对于远期影响模型的回归结果，对中国及美国的进出口贸易通过消费及就业对国民幸福产生影响，从远期影响来看，可以发现，考察这个时期进出口贸易增长与幸福之间的关联度，从统计学上来看都是不显著的，但也可以得出一些比较分析的结论，两国的幸福效应相同的结论是：第一，不论是出口贸易还是进口贸易，在考虑到通过消费和就业同时产生幸福效应时，两国的幸福效应强度是非常接近的，都是在0.01左右；第二，不论是进口贸易还是出口贸易的独立作用下，两国的消费对幸福产生的是正向效应，并且消费的幸福效应强度在进口或是出口贸易作用下都是十分接近。两国的幸福效应不同之处有：第一，不论是出口贸易还是进口贸易，在考虑到通过消费和就业同时产生幸福效应时，中国的国际贸易存在着正向的幸福效应，美国的国际贸易则是负向的幸福效应；第二，中国出口贸易的幸福效应强度略微大于进口贸易的，而美国则是进口贸易的幸福效应略微大于出口贸易的幸福效应；第三，不论是在进口贸易还是出口贸易的独立作用下，两国的就业产生的幸福效应方向都是不同的，中国的是正向的幸福效应，美国的则是负向的幸福效应。并且，对中国而言，就业的幸福效应强度在出口贸易作用下明显大于进口贸易的作用，但是对美国而言，就业的幸福效应在出口贸易或者进口贸易的作用下强度上是十分接近的。

根据上述两组模型比较两国的进出口贸易通过消费和就业产生的幸福效应，可以发现，首先，比较幸福效应的方向，对于中美两国而言，在近期影响中，不论是出口贸易还是进口贸易，通过消费和就业都存在着正向的幸福效应，但是在远期影响中，中国进出口贸易通过消费和就业仍然保持着正向的幸福效应，而美国则有所不同，远期来看其贸易通过消费和就业产生的幸福效应变成了负向的。其次，比较幸福效应的强度，中国的进出口贸易通过消费及就业产生的幸福效应，强度上来看，近期影响是远期影响的 3 倍，而对于美国而言强度上没有什么变化。

## 6.3　影响国民幸福的微观因素的中美比较

### 6.3.1　影响国民幸福的微观因素的理论分析

以上两节内容，着重于从国际贸易的幸福效应进行中美比较，得出了许多结论，探讨了国际贸易在对中美两国居民幸福感的影响中的相同点和差异性，从宏观层面为分析影响幸福感的因素进行了补充，接下来，为了更加深入了解中美两国居民幸福感差异的原因，本节将从微观层面构建幸福模型，分析两国的国民幸福影响因素，以作为补充。

幸福感的不同，对于同一个人，也会是发展变化的，因为对于个人而言，主观感受、现实环境、预期变化都会不断改变，而对于不同国家的人们而言，幸福感的差异性不仅仅是由于经济发展、自然环境、社会环境的不同，还有很重要的一点，是"幸福观"，也就是说，东西方不同背景下的文明积累、物质发展、宗教信仰，都使得人们对"什么是幸福"就有不同的理解。

斯温亚德等（Swinyard et al.，2000）① 分析了美国 425 位成年人和新加坡 293 位成年人在宗教信仰、唯物主义、幸福观之间的异同，得出结论：幸福与人们的物质积累无关，而与内心世界相关联，这个与内心世界相关的幸福路径是可靠的。根据该研究发现在新加坡和美国，那些不那么物质化的人会相对于看重物质的人更幸福，这表明这些人并不认为"物质"是幸福的源泉，虽然其他人通过满足物质需求来感受幸福，他们虽然在别处寻找幸福，两个群体的幸福观差异导致了实现幸福的路径显然不同。西尔吉（Sirgy，1998）② 认为，有些人制定了这样不切实际的高标准生活目标，任何合理的财产积累都不能达到目标。这些人比不那么物质的人更快乐，因为"需求始终不满足会导致不快乐"。曾红等（2012）③ 认为中国人的幸福感受传统文化中重视幸福观的影响，重视人际与集体的和谐和精神感受，分析得出儒、道、佛三大流派各自的幸福观各有特色。丘海雄等（2012）④ 主张由国民经济账户体系时代走向兼顾社会域的"国民幸福账户"体系时代，深入分析不同学科中的"幸福"特性，包括经济学中"效用"视角幸福观，心理学强调幸福的先天性与内在性影响因子，政治学强调民主化程度和公民参与度与幸福快乐的相关性，社会学侧重于运用社会网络（社会资本）的视角，突出亲

---

① Swinyard, W. R. A. K. Kau and H. Y. Phua. Happiness, Materialism, and Religious Experience in the US AND Singapore [J]. Journal of Happiness Studies, 2001. 2 (1)：13 - 32.

② Sirgy, M. J., et al. Satisfaction with Material Possessions and General Well - Being：The Role of Materialism [J]. Journal of Consumer Satisfaction, Dissatisfaction, and Complaining Behavior, 1998 (11)：103 - 118.

③ 曾红，郭斯萍. "乐"——中国人的主观幸福感与传统文化中的幸福观 [J]. 心理学报，2012（7）：986 - 994.

④ 丘海雄，李敢. 国外多元视野"幸福"观研析 [J]. 社会学研究，2012（2）：224 - 241，246.

情、友情、信仰之力、邻里守望之情等社会支持、社会参与的幸福效应，环境社会学侧重于强调经济与社会的可持续性对幸福内涵的意义，对幸福的层级性和复杂性加以区别，主要是从测量角度来说，考察幸福的层级性可以发现，个体幸福感测量是偏向于理论导向，以主观感受的自我评价为主，分析个人的需求、预期和满足，从而分析其对生活对国家状况的满意程度，而国民幸福指数测量偏于政策导向，从国家（政府）治理层面出发，着力于发现那些令人们觉得不幸福的生态和社会因素，提出相应的政策建议期待改进，寻求优化公共政策和经济发展战略以实现国民幸福最大化。傅红春（2008）[①] 从科学发展观的实践出发，提出"以人的幸福为本"是"以人为本"的核心，"全民的、世世代代的幸福最大化"是"全面、协调、可持续发展"的阐释，认为"幸福最大化"的中国传统路径应该向现代路径转换，最大化"国民幸福度"。莫森（Mohsen，2014）[②] 深入分析比较了西方和东方的幸福感的概念的异同，首先他认为幸福与幸福概念化的主要区别在于前者是以美德、技能和积极功能为前提的，后者则以快乐和积极情绪为前提。其次，他在东西方的宗教学派角度的幸福观进行梳理，包括印度教、佛教、道教和儒教的幸福思想，最后总结得出西方和东方对美好生活概念的六个根本区别是：第一，自我超越和自我增强的区别，西方的自我观念主要以个人主义的理想为基础，东方传统倾向于把自我看作集体和宇宙的一小部分；第二，幸福观和快乐主义，西方的幸福观认为享乐主义是追求幸福的一种方式，因为享乐主义具有培养自我中心的潜力，强调的是"自我"，而东方则认为"自我激励"要遵从"和谐原则"，从联系道德的角度来看，他们认为真正的幸福是无私，而不是强调自我中心；第三，和谐和通达，在西方世界观中，人类被认为是一种特权生物，并凭借其

---

① 傅红春. 科学发展观与国民幸福度 [J]. 生产力研究，2008（1）：15－17.

② Joshanloo, M. Eastern Conceptualizations of Happiness：Fundamental Differences with Western Views [J]. Journal of Happiness Studies，2014. 15（2）：475－493.

智慧必然要控制创造的其他方面，因此西方人们认为的幸福生活是要试图改变、掌握和控制世界（包括生活的各个方面，人际关系和自然），而在东方人们认为的幸福生活，则是调整自我环境，实现与他人和宇宙的和谐才是重点；第四，满足和满意，在东方，满足感被看作是快乐与悲伤之间应该保持的平衡，也是工作和生活等各方面平衡带来的满意状态，而西方人的生活满意度则本质上是一个生活目标；第五，评价和避免痛苦，西方幸福观认为真正的幸福是不会有负面情绪，不满和痛苦不应该出现的，而东方的幸福观则是认为存在消极感受未必意味着不快乐，少量的痛苦也是幸福生活的一部分；第六，与宗教和精神的关联度，西方人的幸福观大多数是基于宗教和形而上学的世界观制定的，而东方人对幸福的看法是基于道德价值来界定的。

　　哲学范畴里的享乐主义被定义为"一种道德立场，认为快乐或幸福是人生中最高或最内在的善，人们应该追求尽可能多的快乐和尽可能少的痛苦"（Bunnin，2004）①，在心理学范畴，学者们认为幸福感与主观幸福感（Diener，2012）② 是一致的，上述幸福观基本是认为享乐主义的幸福观。而另一方面，有些学者认为人类只有在实现自己的潜力时才能过上美好的生活，而不是追求愉快的情感或者满足身体需要所带来的快乐（Devettere，2002）③，亚里士多德拒绝以享乐主义作为实现幸福的一种方式，他将幸福和道德联结在一起，认为幸福是符合德性的活动，在《马各尼可伦理学》④ 一书中有专门关于幸福的论述。其核心观点就是幸福是最高善，至善就是幸福，幸福是灵魂的一种合于完满德性的实

---

① Bunnin, N. Yu, J. The Blackwell dictionary of Western Philosophy ［M］. Malden, MA：Blackwell Publishing，2004：33 – 35.

② Diener, E. New findings and future directions for subjective well-being research ［J］. American Psychologist，2012. 67（8）：590 – 597.

③ Devettere, R. J. Introduction to Virtue Ethics：Insights of the Ancient Greeks ［M］. Washington, DC，Georgetown University Press，2002：3 – 10.

④ 亚里士多德. 尼各马可伦理学 ［M］. 廖申白译. 北京：商务印书馆，2003：1098a16 – 17.

践活动，德性包括理智的德性和道德的德性，并非天生由来，主要有理智德性和道德德行两类，前者是由训练而产生和提高的，后者是习惯带来的结果，并且强调了德行适中的特点，过度或者不及都不能产生幸福，这些都需要以实践去得到，他还提出了幸福是长期状态，不是一日一时，是终生的幸福。唯物主义消费者注重在微观层面实现个人目标，比如拥有最昂贵的汽车，而反消费的消费者往往强调宏观目标，如道德、社会或环境问题。反消费（特别是在自愿简化方面）降低了物质渴望的程度，因此个人感到宽慰，疲劳和压力因此减少。最后，安等（Ahn et al.）① 认为，唯物主义的个人和反消费者之间的幸福来源不同。物质消费者重视固有目标（如收入、声誉），反消费者追求内在目标。后者更直接关系到可持续的满意度和幸福感。

基于不同的幸福观，中美两国居民对于什么是幸福会有不同的定义，但是，本节认为随着国际贸易的发展、世界文化的融合，幸福观也在不断地全球化中相互融合，而且这也只是影响幸福感的一个方面，而经济、教育、健康等因素的综合作用才是对各国国民幸福产生影响。因此，本节将构建幸福的影响因素模型，来比较分析各种不同的因素对于中美两国居民幸福感的影响的差异性。本节假设的是两国居民的幸福感都是对生活的整体评价，并且收入、年龄、婚姻、教育、人际关系、就业对于个人幸福感的影响存在差异性。

## 6.3.2　影响国民幸福的微观因素的实证分析

### 1. 变量定义与模型设计

居民幸福感应该是个人对生活的整体评价，不仅仅受到经济因素的

---

① Ahn K H, Lee J H. The Influence of Star Brand Image – Consumer Self Congruence and Star Attributes on Love for Star Brand and Consumer Happiness – Based on Sports Star Brand［J］. 2017, 28（1）: 151 – 175.

影响，人际关系、教育、婚姻等都会对其产生综合影响。本节数据来自世界价值观调查（World Values Survey，WVS），该调查始于 1981 年，调查数据涵盖了数百个国家，本节为了进行中美两国的比较，采用了 1995～2012 年的 4 次调查数据，共计中国样本 5 417 个和美国样本 5 632 个，构成本节的混合截面数据。世界价值观调查（WVS）是始于 1981 年的一项在全球范围展开的关于价值观和信仰的数据调查，覆盖了全世界 90% 的人口，大约每 5 年进行一次，是被最广泛使用和权威的跨国和时间序列之一，其中也涉及居民幸福感和生活满意度的调查，为不同国家之间的幸福感比较研究提供了有力的数据，2012 年的数据是最新的，该项目目前正在进行数据搜集的是 2017～2019 年的调查。

本节的被解释变量为居民幸福感，世界价值观调查 WVS 问卷中设置了关于幸福感的问题"将所有的情况都考虑进来，目前您生活得愉快吗？"，回答主要有"非常不幸福""比较不幸福""比较幸福""非常幸福" 4 个选项，本节对应将此 4 个选项的幸福感程度依次设置为 1～4 的整数。另外，对于"生活满意度"，问题设置为"把所有的情况都考虑进去，总的来说，您对自己目前的生活满意吗？"，并且以数字 1～10，表示由非常不满意到非常满意的不同程度。世界价值观调查 WVS 问卷中对于家庭收入相关的调查问题，主要有"您对自己家庭的经济状况满意吗？"，其回答选项按照不满意到满意依次设置为 1～10 的整数，以及对于目前"收入平等性"的看法，其回答选项按照不平等到平等依次设置为 1～10 的整数。接下来，表 6－8 对本节各变量的情况进行了具体说明。

表 6－8 变量的名称及含义

| 变量名称 | 变量含义 |
| --- | --- |
| 被解释变量 | |
| 居民幸福感 | 非常不幸福＝1，比较不幸福＝2，比较幸福＝3，非常幸福＝4 |
| 生活满意度 | 非常不满意到非常满意分为 10 级，分别以数字 1～10 表示 |

续表

| 变量名称 | 变量含义 |
| --- | --- |
| | 解释变量 |
| 收入平等性 | 非常不平等到非常平等分为 10 级，分别以数字 1 ~ 10 表示 |
| 经济满意度 | 非常不满意到非常满意分为 10 级，分别以数字 1 ~ 10 表示 |
| 年龄 | |
| 年龄二次方 | |
| 健康 | 很不健康 = 1，比较不健康 = 2，一般 = 3，比较健康 = 4，很健康 = 5 |
| 婚姻 | 无配偶（未婚、离婚、丧偶）= 0，有配偶（已婚、同居）= 1 |
| 教育 | 没有受过任何教育 = 0，私塾 = 2，小学 = 6，初中 = 9，中专和技校 = 11，高中（普通和职业高中）= 12，大专（成人和正规）= 15，本科（成人和正规）= 16，研究生及以上 = 19 |
| 人际关系 | 认为大多数人只要有机会就会利用您 = 0；对人际关系中公正性的认可程度依次以数字 2 ~ 9 表示；认为大多数人会尽量公正地对待您 = 10 |
| 社会公平 | 长期来看，努力工作可以带来更好生活 = 0，对努力工作并不能带来成功的认可程度依次以数字 2 ~ 9 表示；努力工作不可以带来更好生活而是要靠运气 = 10 |
| 就业 | 学生或家庭主妇 = 0，失业 = 1，兼职或自我雇佣 = 2，全职 = 3，退休 = 4 |

为了考察收入平等性和经济满意度对幸福感的影响，可构建以下模型（6.17）：$happiness_i = \alpha_0 + \alpha_1 equality_i + \alpha_2 e\text{-}satisfaction_i + \beta X_i + \varepsilon_i$

其中，$happiness_i$ 是被解释变量，衡量被调查者当前对自身幸福感的主观评价，解释变量包括收入平等性 equality、经济满意度 e-satisfaction，$X_i$ 则是代表控制变量包括了年龄、婚姻、教育、健康、人际关系、社会公平、就业。$\varepsilon_i$ 是随机扰动项。

**2. 描述性统计分析**

根据样本数据的分析，无论是居民幸福感还是生活满意度，两国居民相差不大，幸福感均值差约为 0.3（总值为 4），生活满意度的均值差大约为 0.68（总值为 10）。比较影响幸福感的各个因素，从均值来看两国居民的差距最大的是"人际关系"，相较于美国居民，中国居民更加认可人际关系中的公正性，二者的均值差约为 1.33。其次，在受教育程度方面，美国居民的均值约高于中国居民 0.65。关于收入平等性、经济满意度以及健康状况，美国居民的均值与中国居民的相差分别是 0.47、0.29、0.23。至于其他因素，包括婚姻、就业以及社会公平，两国居民的均值是十分接近的，差距都在 0.2 以内。如表 6 - 9 所示。

表 6 - 9    各变量的描述性统计

| 变量 | 中国（样本数：5 417 个） | | | | 美国（样本数：5 632 个） | | | |
|------|--------|--------|--------|--------|--------|--------|--------|--------|
| | 平均值 | 标准误 | 最小值 | 最大值 | 平均值 | 标准误 | 最小值 | 最大值 |
| 居民幸福感 | 3.00 | 0.643 | 1 | 4 | 3.32 | 0.614 | 1 | 4 |
| 生活满意度 | 6.88 | 2.230 | 1 | 10 | 7.56 | 1.841 | 1 | 10 |
| 收入平等性 | 5.21 | 3.074 | 1 | 10 | 5.68 | 2.531 | 1 | 10 |
| 经济满意度 | 6.12 | 2.335 | 1 | 10 | 6.41 | 2.391 | 1 | 10 |
| 年龄 | 41.37 | 13.725 | 18 | 87 | 47.24 | 17.244 | 18 | 94 |
| 年龄二次方 | 1 899.63 | 1 216.19 | 324 | 7 569 | 2 528.97 | 1 718.59 | 324 | 8 836 |
| 健康 | 2.90 | 0.931 | 1 | 4 | 3.13 | 0.766 | 1 | 4 |
| 婚姻 | 0.84 | 0.371 | 0 | 1 | 0.64 | 0.481 | 0 | 1 |
| 教育 | 2.66 | 0.763 | 1 | 4 | 3.31 | 0.69 | 1 | 4 |
| 人际关系 | 7.16 | 2.08 | 1 | 10 | 5.83 | 2.21 | 1 | 10 |
| 社会公平 | 3.63 | 2.60 | 1 | 10 | 3.69 | 2.39 | 1 | 10 |
| 就业 | 2.50 | 1.03 | 0 | 4 | 2.60 | 1.19 | 0 | 4 |

资料来源：基于世界价值观调查（World Values Survey，WVS）数据，根据本节研究内容筛选得出中国样本 5 417 个和美国样本 5 632 个统计而得。

比较中国及美国的居民幸福感在 1995 ~ 2012 年的 4 次调查数据，其中美国数据分别是 1995 年、1999 年、2006 年、2011 年共 4 次数据，对应的中国数据为 1995 年、2001 年、2007 年、2012 年共 4 次数据，以此比较两国居民在此期间幸福感的变化，可以发现，首先，4 次调查数据中，美国居民的幸福感都高于中国居民的幸福感，其次，美国居民的幸福感呈现出下降趋势，同时期中国居民的幸福感则是呈现出先下降再回升的趋势，但是仍然未达到 1995 年的水平。具体见图 6 - 12。

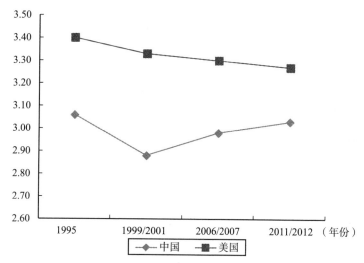

**图 6 - 12　居民幸福感变化的中美比较**

资料来源：根据世界价值观调查（World Values Survey，WVS）数据整理绘制。

进一步比较中美两国居民的生活满意度，同样也发现十分接近，生活满意度的均值差大约为 0.68（总值为 10），但从变化趋势来看，美国居民的生活满意度呈现出先平稳再下降而后上升的趋势，但是在 2011 年该满意度水平未能回升至 1995 年的水平，同时期中国居民的生活满意度则是呈现出先下降再回升的趋势，并且在 2007 年和 2012 年该满意度水平都超过了 1995 年的水平，呈现出平稳上升的趋势。具体见图 6 - 13。

为了进一步了解中国及美国居民幸福感的异同，对幸福感的分布状况进行了比较，相同之处在于，从四种不同程度幸福感的人群比例分布来看，两国居民中都是以"比较幸福"这一程度的群体为大多数，在四次调查期间美国居民的这一比例保持在 47% ~ 57% ，而中国居民的这一比例则是在 58% ~ 70% ，然后依次是"非常幸福""比较不幸福""非常不幸福"。若是将"比较幸福"与"非常幸福"的群体合并为"幸福居民", 则美国 "幸福居民" 的比例一直维持在94%左右, 比较而言, 中国 "幸福居民" 比例低一些, 处于78%~87%的范围。如表6-10所示。

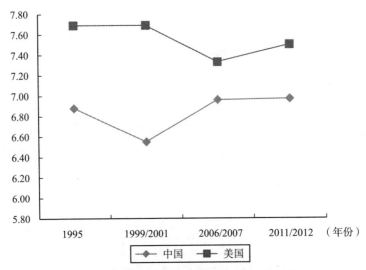

**图6-13 居民生活满意度变化的中美比较**

资料来源: 根据世界价值观调查 (World Values Survey, WVS) 数据整理绘制。

表6-10 中国及美国居民幸福感分布概况 单位: %

| 幸福感 | 1995年 | 1995年 | 1999年 | 2001年 | 2006年 | 2007年 | 2011年 | 2012年 |
| --- | --- | --- | --- | --- | --- | --- | --- | --- |
| | 美国 | 中国 | 美国 | 中国 | 美国 | 中国 | 美国 | 中国 |
| 非常不幸福 | 0.50 | 1.73 | 0.34 | 2.25 | 0.28 | 3.42 | 0.79 | 0.97 |
| 比较不幸福 | 5.31 | 13.74 | 5.42 | 19.05 | 5.88 | 16.71 | 7.72 | 12.28 |
| 比较幸福 | 47.38 | 61.08 | 54.77 | 66.86 | 57.50 | 58.27 | 55.09 | 69.62 |
| 非常幸福 | 46.81 | 23.45 | 39.47 | 11.83 | 36.34 | 21.60 | 36.40 | 17.14 |

资料来源: 根据世界价值观调查 (World Values Survey, WVS) 数据统计而得。

### 3. 回归结果分析

将模型6.17进行回归分析, 得到两国的幸福感影响因素的回归结果如表6-11所示。

表6-11 幸福感影响因素的 Ordered Probit 回归结果的中美比较

| 幸福感 | 1995年 美国 | 1995年 中国 | 1999年 美国 | 2001年 中国 | 2006年 美国 | 2007年 中国 | 2011年 美国 | 2012年 中国 |
|---|---|---|---|---|---|---|---|---|
| 收入平等性 | 0.0150 (0.0120) | 0.0225** (0.0099) | 0.0071 (0.0137) | 0.0104 (0.0131) | 0.0274 (0.0178) | 0.0002 (0.0107) | 0.0092 (0.0109) | 0.0251 (0.0105) |
| 经济满意度 | 0.1139*** (0.0139) | 0.1657*** (0.0138) | 0.1140*** (0.0160) | 0.1331*** (0.0166) | 0.1406*** (0.0189) | 0.1452*** (0.0144) | 0.1597*** (0.0133) | 0.2006*** (0.0166) |
| 年龄 | 0.0034 (0.0111) | -0.0249 (0.0152) | -0.0278** (0.0123) | -0.0303 (0.0269) | -0.0281** (0.0128) | -0.0291 (0.0179) | -0.0168* (0.0093) | -0.0288** (0.0135) |
| 年龄二次方 | -0.0000 (0.0001) | 0.0003* (0.0002) | 0.0003*** (0.0001) | 0.0004 (0.0003) | 0.0003** (0.0001) | 0.0004** (0.0002) | 0.0002* (0.0001) | 0.0004*** (0.0001) |
| 健康 | 0.2770*** (0.0415) | 0.2456*** (0.0358) | 0.3236*** (0.0474) | 0.3188*** (0.0445) | 0.5933*** (0.0591) | 0.5026*** (0.0377) | 0.5449*** (0.0409) | 0.5015*** (0.0372) |
| 婚姻 | 0.3901*** (0.0721) | 0.1241 (0.0998) | 0.2688*** (0.0756) | 0.3241** (0.1453) | 0.3061*** (0.0811) | 0.4118*** (0.1084) | 0.2829*** (0.0603) | 0.3502*** (0.0871) |
| 教育 | -0.0540 (0.0434) | 0.0830 (0.0509) | -0.0007 (0.0456) | -0.0393 (0.0744) | -0.2794*** (0.0821) | 0.1271*** (0.0407) | -0.2185*** (0.0504) | 0.1037** (0.0408) |
| 人际关系 | | | | | 0.0110 (0.0188) | 0.0141 (0.0157) | 0.0647*** (0.0131) | 0.0642*** (0.0154) |

续表

| 幸福感 | 1995 年 美国 | 1995 年 中国 | 1999 年 美国 | 2001 年 中国 | 2006 年 美国 | 2007 年 中国 | 2011 年 美国 | 2012 年 中国 |
|---|---|---|---|---|---|---|---|---|
| 社会公平 | -0.0348 (0.0134) | -0.0088 (0.0110) | | | -0.062*** (0.0175) | -0.0085 (0.0126) | -0.0236** (0.0113) | -0.0194 (0.0120) |
| 就业 | -0.0287 (0.0277) | -0.0507 (0.0355) | -0.0759 (0.0342) | 0.0078 (0.0439) | -0.0264 (0.0370) | -0.0235 (0.0324) | -0.0358 (0.0249) | -0.0793*** (0.0265) |
| 样本数 | 1 393 | 1 390 | 1 163 | 845 | 1 054 | 1 227 | 2 022 | 1 955 |
| $R^2$ | 0.0859 | 0.0986 | 0.0798 | 0.1053 | 0.1559 | 0.1614 | 0.1689 | 0.1781 |

注：表中汇报的是各解释变量的回归系数。***、**、*分别表示1%、5%、10%的显著性水平。括号中的是标准误。留空的表示该次调查数据中未涉及该项内容。

　　根据实证结果分析，可以得出以下中国及美国居民幸福感影响因素的异同。

　　首先，在四次调查数据中，收入平等性对于居民幸福感的影响并不显著，但是对于两国居民仍然表现出正向的幸福效应，即有一定促进幸福提升的作用，但是比较微弱。经济满意度则是表现出非常强的显著正向幸福效应，其中，美国居民的经济满意度对幸福的提升呈现出逐年上升的趋势，具体而言，经济满意度每提升1%，居民幸福感在1995～2011年的四次调查中分别提升0.114%、0.114%、0.141%、0.160%，而中国居民的经济满意度所呈现的幸福效应强弱出现了一些波动，分别是0.166%、0.133%、0.145%、0.201%。

　　其次，健康在两国居民的幸福效应中一直都表现出较强的显著性。四次调查中健康状况每上升1%，中国居民的幸福感分别提升0.246%、0.319%、0.503%、0.502%，美国居民的幸福感分别提升0.277%、0.324%、0.593%、0.545%，可见近年来两国居民在健康方面的重视程度都有了明显的上升。关于婚姻与居民幸福的相关性也是显著的，美国居民的幸福感受到婚姻的影响一直持续在0.3%左右，在1995年时中国居民的婚姻对于幸福感的影响还不显著，之后的三次调查中呈现出了显著性，其影响也一直持续在0.3%左右。另外，从不显著影响变化为显著影响的因素，还有教育，但是中美居民是有差异的，对于美国居民，教育对幸福感一直产生的负效应，并且这种负效应的强度和显著性都在加强，从0.05%增强到0.2%，这可能是由于教育程度越高的群体相对而言对于幸福感的要求和评判标准也在提高，越难以感觉到幸福的提升。对于中国居民，教育仅在2001年的调查中表现出对幸福感的负效应，这是与当时中国的高校改革有一定关系，1998年大学生由国家分配工作的制度基本取消，自1999年开始扩大高校招生规模，2001年进一步彻底放开高校招生的年龄限制，录取率首次突破50%，大学生的入学门槛低，其优越感和稀缺性减少，同时就业压力增大，使教育能够给人们带来幸福感的作用减弱甚至有负作用（约0.03%），社会上也曾经有过十分消极和偏颇的"读书无用论"。然而，经过一段时间的调整，教育还是对居民幸福产生着显著的正向影响，在 2007 年和 2012 年的调查中，中国居民的幸福感受到教育的影响一直持续在 0.1% 左右。在样本中虽然只有 2 次调查是涉及人际关系这一因素的，但是对于中国及美国居民的幸福效应却是非常相似，在 2006~2007 年的调查中，两国居民的人际关系对幸福的影响都表现为正向效应但是不显著，并且对应的相关效应都在 0.01%，但是在 2011~2012 年的调查中，却都非常一致地表现出显著的正向效应，并且其强度都在 0.06%。

最后，此次样本分析中对于幸福感影响并不显著的因素，对于中国居民而言，首先是社会公平，其次就是就业。关于前者，仅在 1995 年、2007 年、2012 年的三次调查中涉及，但是其幸福效应都不显著，表现出微弱的负效应，其强度大约为 0.01%，也就是说，人们认为努力工作不能带来成功的可能性每提高 1%，其幸福感会下降 0.01%。关于后者，其幸福效应的显著性仅仅在 2012 年的调查中显示出来，强度约为 0.08% 的负效应，在此之前呈现出不显著的正效应或者负效应都十分微弱。对于美国居民而言，就业这一因素的幸福效应始终呈现出不显著的负效应，强度约为 0.03%。至于"努力工作可以带来成功"，美国居民在 1995 年的调查中反映出该因素对于幸福影响不显著，但是在 2006 年和 2011 年则是反映出这一因素对幸福有着显著的负效应，人们认为努力工作不能带来成功的可能性每提高 1%，在这两次调查中其幸福感会下降 0.06% 和 0.02%，这表明了个体对于社会发展环境的公平性要求越来越关注，希望付出就有收获，努力比运气更能发挥作用。

### 4. 稳健性检验

为了检验这一结论的稳健性，本节利用生活满意度来代替幸福感，来验证收入平等性和经济满意度与生活满意度的关系，若其对生活满意度的相关作用仍然显著，则认为其对幸福感的正向影响是稳健的。因此，我们设计以下模型（6.18）：

$$lifesatisfaction_i = r_0 + r_1 equality_i + r_2 e\text{-}satisfaction_i + \Phi X_i + \varepsilon_i$$

该模型中，lifesatisfaction$_i$ 是被解释变量，衡量被调查者的生活满意度，从非常不满意至非常满意分别以数字 1～10 表示，解释变量包括收入平等性 equality、经济满意度 e-satisfaction，X$_i$ 则是代表控制变量包括了年龄、婚姻、教育、健康、人际关系、社会公平、就业。$\varepsilon_i$ 是随机扰动项。

生活满意度影响因素的 Ordered Probit 回归结果如表 6–12 所示。

首先，在四次调查数据中，经济满意度同样是表现出非常强的显著正向效应，其中，美国居民的经济满意度对生活满意度的提升呈现出平稳的趋势，具体而言，经济满意度每提升 1%，居民的生活满意度在 1995～2011 年的四次调查中分别提升 0.239%、0.221%、0.224%、0.230%，相比于幸福效应的 0.114%、0.114%、0.141%、0.160%，其强度更大。而中国居民的经济满意度对生活满意度的影响也如同其幸福效应一样，始终是显著的正向效应但是强弱出现了一些波动，分别是 0.402%、0.331%、0.262%、0.327%，相比于幸福效应的 0.166%、0.133%、0.145%、0.201%，其强度也更大。

其次，关于收入平等性对于生活满意度的影响，在四次调查中对于两国居民也都是仅有一次表现出显著的正向效应，其强度都在 0.025%，其他三次都不显著，呈现出比较微弱地正向效应。

最后，健康、婚姻在对生活满意度的影响方面，都是显著的正向效应，人际关系则表现出更加显著的正向效应，社会公平则表现出更加显著的负向效应，而教育和就业表现出不显著的影响，并且强度有一定波动。

综上所述，经济满意度和收入平等性对于生活满意度的影响与其幸福效应都是十分相似的，只是在强度上更大一些，而对幸福感产生影响的其他因素与生活满意度的相关性，也是十分接近其幸福效应的，这表明了之前的研究结论具有一定的稳健性。

**表6-12　生活满意度影响因素的 Ordered Probit 回归结果的中美比较**

| 生活满意度 | 1995年 美国 | 1995年 中国 | 1999年 美国 | 2001年 中国 | 2006年 美国 | 2007年 中国 | 2011年 美国 | 2012年 中国 |
|---|---|---|---|---|---|---|---|---|
| 收入平等性 | 0.0074 (0.0106) | 0.0101 (0.0090) | 0.0258** (0.0120) | 0.0128 (0.0115) | 0.0220 (0.0151) | 0.0248** (0.0096) | 0.0137 (0.0094) | 0.0058 (0.0088) |
| 经济满意度 | 0.2393*** (0.0129) | 0.4021*** (0.0144) | 0.2211*** (0.0146) | 0.3313*** (0.0164) | 0.2242*** (0.0165) | 0.2616*** (0.0137) | 0.2299*** (0.0118) | 0.3274*** (0.0145) |
| 年龄 | -0.0167* (0.0098) | -0.0182 (0.0137) | -0.0221** (0.0108) | -0.0177 (0.0237) | -0.0204* (0.0108) | -0.0080 (0.0160) | -0.0066 (0.0080) | -0.0223** (0.0113) |
| 年龄二次方 | 0.0002** (0.0001) | 0.0002 (0.0002) | 0.0003** (0.0001) | 0.0002 (0.0003) | 0.0002* (0.0001) | 0.0002 (0.0001) | 0.0000 (0.0001) | 0.0003** (0.0001) |
| 健康 | 0.2321*** (0.0365) | 0.1385*** (0.0321) | 0.2180*** (0.0414) | 0.1337*** (0.0382) | 0.4705*** (0.0491) | 0.2556*** (0.0324) | 0.4607*** (0.0352) | 0.2613*** (0.0302) |
| 婚姻 | 0.3545*** (0.0639) | 0.1376 (0.0907) | 0.2337*** (0.0660) | 0.2775** (0.1291) | 0.2038*** (0.0685) | 0.4035*** (0.0968) | 0.2747*** (0.0524) | 0.0811 (0.0733) |
| 教育 | 0.0057 (0.0381) | 0.0047 (0.0457) | 0.0030 (0.0399) | 0.0028 (0.0652) | -0.0899 (0.0690) | 0.0613* (0.0366) | -0.1995 (0.0432) | 0.0377 (0.0341) |
| 人际关系 | | | | | 0.0459*** (0.0160) | 0.0616*** (0.0143) | 0.0856*** (0.0114) | 0.1182*** (0.0131) |

续表

| 生活满意度 | 1995 年 美国 | 1995 年 中国 | 1999 年 美国 | 2001 年 中国 | 2006 年 美国 | 2007 年 中国 | 2011 年 美国 | 2012 年 中国 |
|---|---|---|---|---|---|---|---|---|
| 社会公平 | -0.0283** (0.0118) | -0.0364** (0.0100) | | | -0.0391*** (0.0148) | -0.0188* (0.0113) | -0.0304*** (0.0098) | -0.0180* (0.0100) |
| 就业 | 0.0199 (0.0241) | -0.0052 (0.0322) | -0.0451 (0.0296) | 0.0035 (0.0390) | 0.0139 (0.0311) | 0.0198 (0.0291) | -0.0356* (0.0214) | -0.0150 (0.0220) |
| 样本数 | 1 393 | 1 390 | 1 163 | 845 | 1 054 | 1 227 | 2 022 | 1 955 |
| $R^2$ | 0.1043 | 0.1578 | 0.0851 | 0.1362 | 0.1141 | 0.1201 | 0.1350 | 0.1300 |

注：表中汇报的是各解释变量的回归系数。***、**、* 分别表示 1%、5%、10% 的显著性水平。括号中的是标准误。留空的表示该次调查数据中未涉及该项内容。

# 6.4　本章小结

为了进一步研究国际贸易的国民幸福效应，并且分析其通过消费及就业对国民幸福感的影响，本章选取美国作为国别比较的对象，首先，基于温霍芬（1991）[①] 探讨的幸福相对论，其中有三个假设：即幸福是比较的结果，比较标准是可以调整的，比较的标准可以是任意结构的。本章首先假设幸福就是相对的，并不是直接反映的客观生活质量，而是比较的结果，直接受到比较标准和范围变化的影响；其次，本节假设国际贸易的开放程度仅由进出口贸易增长来衡量，而国际贸易的开放或者限制一定带来了幸福的比较范围和比较标准的变化。在此基础上，利用中国及美国在 2006～2016 年的进出口贸易与国民幸福指数数据，构建近期影响和远期影响两组模型比较两国的进出口贸易与国民幸福的相关性，研究得出，对于中国及美国，不论是出口贸易还是进口贸易，都存在着正向的幸福效应，强度都非常微弱。并且，不论是考虑对幸福指数的近期影响，还是远期影响，出口贸易的影响强度都是略微大于进口贸易。而两国的进出口贸易对国民幸福影响的主要区别体现在效应的强度上，近期影响中两国的幸福效应强度相差更大，远期影响中两国的幸福效应比较接近。尽管从统计学来看，样本数据的分析中仅仅只有中国的出口贸易对国民幸福的影响是显著的。

接下来，本章从国际贸易同时影响消费水平和就业水平的机理来探讨其对国民幸福的影响，影响机理为，国际贸易会引起国内产品价格的变化，可以表现为国内物价水平的波动，而物价水平的变化对人们的幸福感变化会产生影响，与此同时，国际贸易政策的变化，会引起国内进

---

[①]　Veenhoven, R. Is Happiness relative ［J］. Social Indicators Research, 1991. 24（1）：1 - 34.

出口需求以及国内生产需求的变化，从而影响就业水平的变化，可以表现为失业率的波动，而失业率的变化在国际贸易环境下由于参照点效应，可以从收入公平感、工作满意度、就业机会、就业竞争路径对人们的幸福感产生影响。并且设定了假设：第一，国民幸福变化仅由居民消费物价水平、国内的失业率的变化来影响，不考虑其收入水平、消费结构等差异。第二，尽管在国际贸易的环境下，商品、服务、劳动力的国际流动是由于产品差异、生产效率或是技术差异等其他因素的影响，但是本书仅从国际贸易政策角度去进行研究，因此，本节研究中假设国际贸易的限制和开放政策对国内供给需求产生变化，以影响居民消费物价水平、失业率，进而影响国民幸福。第三，假设出口贸易、进口贸易通过居民消费物价水平、失业率这个路径影响幸福的程度存在差异性。在此假设框架下，利用中国及美国 2006～2016 年的进出口贸易、居民消费价格指数、失业率、国民幸福指数的数据，构建近期影响和远期影响两组模型，比较两国的进出口贸易通过消费和就业产生的幸福效应，可以发现，首先，比较幸福效应的方向，对于中国及美国而言，在近期影响中，不论是出口贸易还是进口贸易，通过消费和就业都存在着正向的幸福效应，但是在远期影响中，中国进出口贸易通过消费和就业仍然保持着正向的幸福效应，而美国则有所不同，远期来看其贸易通过消费和就业产生的幸福效应变成了负向的。其次，比较幸福效应的强度，中国的进出口贸易通过消费及就业产生的幸福效应，强度上来看，近期影响是远期影响的 3 倍，而对于美国而言强度上没有什么变化。

最后，基于上述研究得出的中国及美国的贸易所产生的幸福效应是有很多相同点，也有一定差异性的，但是值得肯定的是，国际贸易应该作为一个重要的宏观因素纳入幸福感影响因素的研究。为了深入一步探讨两国居民幸福感的影响因素的差异性，本章第三节又展开了微观层面的研究，作为补充说明。该节利用 1995～2012 年之间的四次"世界价值观调查"（WVS）的数据，采用 Ordered Probit 计量模型，从实证的角度重点比较分析了中美两国的居民幸福变化及其影响因素的作用变化。

研究发现：第一，无论是居民幸福感还是生活满意度，两国居民相差不大，幸福感均值差约为 0.3（总值为 4），生活满意度的均值差大约为 0.68（总值为 10），从变化趋势来看，美国居民的幸福感呈现出下降趋势，中国居民的幸福感则是呈现出先下降再回升的趋势，从人群分布来看，美国的幸福人群（包括非常幸福和比较幸福）的比例为 94%，远高于中国的相应比例 78%～87%。第二，比较影响幸福感的各个因素，从均值来看两国居民的差距最大的是人际关系，然后依次是教育、收入平等性、经济满意度、健康等等。第三，对于两国居民而言，收入平等性对于居民幸福的影响并不显著，经济满意度对居民幸福有着显著的正向效应。第四，以生活满意度替代幸福感做进一步分析，上述各项因素影响中美居民生活满意度的显著性和趋势都是非常类似于其幸福效应的，只是在效应的强度上，收入平等性和经济满意度表现出比其对于幸福感更强的正向效应。

# 第 7 章

## 研究结论与政策建议

随着全球化的深入，贸易自由化程度越来越高，各国之间的贸易往来更为密切，竞争也愈加激烈，共赢是贸易伙伴们期望达到的目标，但是由于各种历史政治因素和经济发展条件的约束，使各个国家在贸易当中的获益是有所区别的，甚至有反对全球化的人士提出，贸易利益分配的不均衡使得一些国家的国民福利受到损害，对其幸福感无益。国际贸易的收入分配效应和资源重置过程如何对各国的经济增长产生影响，并进而作用于国民幸福感的变化，这是值得探讨的。国际贸易的福利效应研究已经有了一定积累和发展，2006~2016 年，国际贸易领域研究发展以新新贸易理论进展为主，研究的焦点从产业层次转变到企业层次，同时开始关注于国际贸易的整体福利效应。阿科拉科斯等（2012）[①] 开创性地提出无论国际贸易以什么机制发生，在企业层次或者是行业层次，国内消费占比和贸易弹性都可以用来测算国际贸易的整体福利水平，这引起了学者们的关注和讨论，并且最近的焦点是消费者异质性和劳动者异质性，即国际贸易将改进消费者福

---

[①] Arkolakis, C., A. Costinot and A. Rodríguez – Clare. New Trade Models, Same Old Gains? [J]. American Economic Review, 2012. 102（1）: 94 – 130.

利和劳动者福利（Galle[①]，2017；Khandelwal et al. ,[②] 2013；施炳展等[③]，2017）。

幸福经济学的研究也在近 20 年蓬勃发展，区别于传统经济学的是：第一，在对人的行为的假设方面，传统经济学认为人是理性的，人类行为一定是追求最大化的理性倾向，而幸福经济学认为人是有限理性的，人类行为不仅有理性倾向去努力追求最大化，同时也会有非理性倾向，使其不努力追求最大化的结果，而是最优化或者适度化甚至最小化。第二，在理论模式上，传统经济学是规范性的，幸福经济学是描述性的。第三，在研究目的方面，传统经济学主要研究如何增加人们的财富，幸福经济学只是将财富作为实现幸福的工具之一，将实现、保持和提升幸福主要目的去发展经济。围绕着幸福经济学的研究视角和研究方法在不断深化扩展，宏观层面的经济因素中经济增长、公共政策等都是热点研究方向，微观层面的个人收入、家庭资产、婚姻、教育等也是一直受到关注。

国际贸易与国民幸福的关联性，是一个较新的切入点，但也是一个应该受到关注的研究内容，本书利用文献分析、实证研究、比较分析等方法对二者之间的相关性和影响机制予以深入分析，并且，选取消费和就业两个不同又相互关联的视角，不仅研究了从独立考虑消费或就业作为中间因素时贸易的幸福效应，在此基础上又研究了同时考虑消费和就业两个中间因素时贸易的幸福效应，并且进行中国及美国的论证比较，得出了很多有意义的结论，也对政策改进和未来研究提出启示。

---

① Galle, S. , A. Rodriguez - Clare and M. Yi. Slicing the Pie：Quantifying the Aggregate and Distributional Effects of Trade [J]. Nber Working Papers, 2017.

② Khandelwal, A. K. and P. D. Fajgelbaum. Measuring the Unequal Gains From Trade [J]. Quarterly Journal of Economics, 2013. 21 (23)：13.

③ 施炳展，张夏. 中国贸易自由化的消费者福利分布效应 [J]. 经济学（季刊），2017 (4)：1421 - 1448.

# 7.1　研究结论

通过文献分析，本书对于国民幸福、消费者幸福感、就业质量的概念的发展历程、研究视角和既得成果进行了评述。分析得出：从目前的关注程度来看，学术界比较关注的是幸福感而不是生活质量。消费者幸福感这个新颖的概念区别于消费者满意度，强调的是幸福主体的角色化，而不是对消费内容的品质评价。就业质量，是在就业因素的研究中提出的一个新的涵盖主观客观指标的综合性概念，也是目前学术界普遍关注的就业指标评价体系，工作满意度通常只是其中一项。在文献评述后，本书认为关于幸福问题的研究思路可以概括为两类，一是构建指标体系对不同对象的幸福感进行测量和比较幸福感，另一类是对影响幸福的因素进行分析比较并探讨其影响机制。贸易影响幸福感的研究，是一个很有意义但是却不够重视的内容，在分析了以往研究以贸易利益分配角、贸易结构、贸易开放度三个视角展开的基础上，本书认为多数内容还停留于探讨"福利""利益"，较少提及"幸福感"，考虑到幸福感的主观性微观性和贸易数据的客观性宏观性，为了更好研讨二者之间的关联度是否存在，其路径和影响程度如何，本书创新性地提出新的视角，即以消费和就业作为中间因素去做考察，在新的研究思路中，通过大量的理论、实证和比较分析。

首先，从宏观层面的研究中，得出了以下主要结论：

**1. 仅考虑消费作为中间因素时，中国贸易的幸福效应是正向的，近期影响是远期影响的 3 倍，其中出口贸易的幸福效应略高于进口贸易的**

首先论证了"进出口贸易—居民消费价格指数—消费支出—国民幸福"路径的理论可行性，然后利用中国 2006～2016 年的相关数据，构建近期影响和远期影响模型对进出口贸易增长、消费水平、国民幸福的关联性进行了实证分析。具体来说，结论如下。

无论是进出口贸易总额，还是进口贸易总额或者出口贸易总额，通过消费对国民幸福的都有着正向的近期影响和远期影响，从幸福效应的强度来看，出口贸易通过消费产生的幸福效应强度高于进出口总额和进口贸易总额，近期影响是远期影响的3倍。同时，也得出了关于消费水平在贸易的作用下所产生的幸福效应的相关结论，发现当考虑到贸易的作用时，在近期影响中，消费的幸福效应会由正向转为负向，效应强度会明显增大，而在远期影响中，虽然考虑贸易的作用时并不会改变消费的幸福效应的正向作用，但是会使效应强度有所减弱。

**2. 仅考虑就业作为中间因素时，中国贸易的幸福效应是正向的，近期影响和远期影响十分接近，其中出口贸易的幸福效应略高于进口贸易的**

衡量贸易通过就业对国民幸福产生的影响，首先论证了理论上影响路径可以是"进出口贸易—失业率—国民幸福"，利用中国2006～2016年的相关数据构建近期影响和远期影响模型对进出口贸易增长、就业水平、国民幸福的关联性进行了实证分析，得出，无论是进出口贸易增长，还是进口贸易增长或者出口贸易增长，通过就业对国民幸福的都有着正向的近期影响和远期影响，从幸福效应的强度来看，出口贸易通过就业产生的幸福效应强度高于进出口总额和进口贸易总额，近期影响和远期影响相差不大。同时，也得出了关于就业水平在贸易的作用下所产生的幸福效应的相关结论，通常研究者大致认为失业率增长都是造成幸福损失的，但是这需要从更细致和深入去分析探讨才能给出不同情形下的结论，研究按照不同的时间跨度构建了近期和远期国民幸福模型去分别探讨再加以比较，在不考虑国际贸易的作用时，仅仅假设就业水平对国民幸福产生影响时，失业率与国民幸福的确存在负相关关系，并且，近期影响中人们感受到的幸福损失更大，比远期影响大0.224，这是与伊斯特林（2002）[①] 通过类似模型研究美国情况得出的结论是相似的，

---

① Easterlin R. A. Is Reported Happiness Five Years Ago Comparable to Present Happiness? A Cautionary Note [J]. Journal of Happiness Studies, 2002, 3 (2): 193–198.

也就是说，当年的失业率越高，人们也越是能够感受到幸福感比3年前的变化更大，若是当下的就业情况越糟糕即失业率越高，人们越是愿意去回望当年，调整预期，也会更加珍视幸福的变化，感受到幸福的提升。进一步将假设加以放宽，将贸易的作用考虑进来，则发现就业的幸福效应由负变正，两种不同假设情形下的就业的幸福效应强度相比，近期影响表现为由弱变强，远期则是由强变弱。

**3. 考虑消费和就业同时作为中间因素时，中国贸易的幸福效应是始终是正向的，近期影响是远期影响的3倍，美国贸易的幸福效应近期是正向的，远期是负向的，强度上十分接近；近期影响中，中国的出口贸易的幸福效应强度与进口贸易的相同，美国则是出口贸易的略高于进口贸易的，远期影响中，中国的出口贸易的幸福效应强度略高于进口贸易的，美国则是进口的幸福效应更强**

从国际贸易同时影响消费水平和就业水平的机理来探讨其对国民幸福的影响，首先论证了理论上影响路径可以是"进出口贸易—消费及就业—国民幸福"，并且设定了假设：第一，国民幸福变化仅由居民消费物价水平、国内的失业率的变化来影响，不考虑其收入水平、消费结构等差异。第二，尽管在国际贸易的环境下，商品、服务、劳动力的国际流动是由于产品差异、生产效率或是技术差异等其他因素的影响，但是本书仅从国际贸易政策角度去进行研究，因此，本节研究中假设国际贸易的限制和开放政策对国内供给需求产生变化，以影响居民消费物价水平、失业率，进而影响国民幸福。第三，假设出口贸易、进口贸易通过居民消费物价水平、失业率这个路径影响幸福的程度存在差异性。利用中国及美国2006~2016年的进出口贸易、居民消费价格指数、失业率、国民幸福指数的数据，构建近期影响和远期影响两组模型，比较两国的进出口贸易通过消费和就业产生的幸福效应，可以发现，首先，比较幸福效应的方向，对于中国及美国而言，在近期影响中，不论是出口贸易还是进口贸易，通过消费和就业都存在着正向的幸福效应，但是在远期影响中，中国进出口贸易通过消费和就业仍然保持着正向的幸福效应，而美国则有所不同，远期来看其贸易通过消费和就业产生的幸福效应变成了负向的。其次，比较幸福效应的强度，中国的进出口贸易通过消费及就业产生的幸福效应，强度上来看，近期影响是远期影响的3倍，而对于美国而言强度上没有什么变化。近期影响中，中国的出口贸易的幸福效应强度与进口贸易的相同，美国则是出口贸易的略高于进口贸易的，远期影响中，中国的出口贸易的幸福效应强度略高于进口贸易的，美国则是进口贸易的幸福效应更强。

其次，从微观层面的研究中，得出了以下主要结论：

**1. 中国家庭消费结构中幸福效应强度依次是汽车消费、餐馆聚餐、家庭人均年收入、住房消费**

除了采用 OLS 回归去侧重于考量宏观因素对幸福变化的效应，本书又深入到微观层面，研究家庭消费的具体内容与居民幸福感之间的关系，不局限于"住房"这样的热点因素，利用 2013 年"中国社会综合调查"（CGSS）的数据，以"家庭人均年收入"作为衡量消费能力的指标，而"家庭消费项目"则是包括了吃、住、行、购四个方面的 5 项内容，构建 Ordered Probit 模型，研究发现：幸福效应的强度由大到小依次为汽车消费、餐馆聚餐、家庭人均年收入、住房消费，而高档耐用品消费、品牌商场购物对于居民幸福的影响并不显著。

**2. 中国居民的幸福与工作之间双向的正向效应得到了验证，工作稳定性相比工作时间、通勤时间、工作收入有着更强的幸福效应，工作年收入 5 万元是中国居民幸福感大幅变化的区分点**

本书利用 2014 年度中国劳动力动态调查（China Labor-force Dynamic Survey，CLDS）的微观数据，构建 Ordered Probit 模型，研究得出，若是以工作收入满意度来代表就业因素，幸福感与工作收入满意度的确存在双向显著的正向效应，其中，幸福感对工作收入满意度的影响相对更大，如果劳动者的幸福感提高1%，工作收入满意度将提升 0.1817%，反之，如果劳动者的工作收入满意度提高1%，其幸福感将提升 0.1609%。比较影响工作收入满意度和幸福感的各项因素，工作时间和工作稳定性对幸福感都有显著的正向效应，其强度分别是 0.002 和 0.103，但这两项对工作收入满意度的影响都不显著。

将工作因素进行细分，比较其幸福效应，有以下结论：第一，工作稳定性产生的是显著的正向影响是最为显著的，强度为 0.099，工作时间的幸福效应是显著的，但强度较为微弱。通勤时间对幸福感并不存在显著效应，工作年收入的幸福效应由于户籍差异而有所不同，对于城镇居民，工作收入对幸福产生了显著的负向效应，而工作收入对农村劳动者的幸福感有着显著但较微弱的正向效应。第二，考量不同工作收入的劳动者其幸福感差别，发现 5 万元是一个区分点，幸福感会有大幅度变化。第三，考量不同工作时间的劳动者其幸福感差别，工作时间对幸福感的影响相当小，呈现倒 U 型，工作时间在 40 小时之内是幸福感均值最高的。第四，考量不同工作稳定性的劳动者其幸福感差别，同等收入的条件下，工作越稳定的劳动者幸福感越高。

**3. 中美两国居民的整体幸福感十分接近，美国居民的幸福感呈现下降趋势，中国居民的幸福感则是呈现出先下降再回升的趋势；影响幸福感的因素中，两国差别最大的是人际关系**

本书利用 1995～2012 年之间的四次"世界价值观调查"（WVS）的数据，采用 Ordered Probit 计量模型，进行实证分析比较中美两国的居民幸福感变化及其影响因素的作用变化。研究发现：第一，无论是居民幸福感还是生活满意度，两国居民相差不大，幸福感均值差约为 0.3（总值为 4），生活满意度的均值差大约为 0.68（总值为 10），但从变化趋势来看，美国居民的幸福感呈现出下降趋势，中国居民的幸福感则是呈现出先下降再回升的趋势，从人群分布来看，美国的幸福人群（包括非常幸福和比较幸福）的比例为 94%，远高于中国的相应比例 78%～87%。第二，比较各个影响幸福感的因素，从均值来看两国居民的差距最大的是人际关系，然后依次是教育、收入平等性、经济满意度、健康等。第三，对于两国居民而言，收入平等性对于居民幸福的影响并不显著，经济满意度对居民幸福有着显著的正向效应。第四，以生活满意度替代幸福感做进一步分析，上述各项因素影响中美居民生活满意度的显著性和趋势都是非常类似于其幸福效应的，只是在效应的强度上，收入平等性和经济满意度表现出比其对于幸福感更强的正向效应。

# 7.2 政 策 建 议

根据上述结论，本书提出以下政策建议。

**1. 进一步发挥贸易对消费水平和消费结构的优化作用，以增强其通过消费产生的正向幸福效应，尤其是近期影响**

近年来，消费作为经济增长的主动力，对于经济增长的贡献日益突出，2017年度的最终消费支出对国内生产总值增长的贡献率为58.8%，高于资本形成总额26.7%。绿色发展扎实推进，万元国内生产总值能耗比上年下降3.7%。中国按照国家统计局提供的数据，这也意味着，消费对经济增长的贡献率正在不断提高，消费拉动型经济结构和发展模式正在逐步形成。但是在目前的消费结构中，批发和零售业、住宿和餐饮业等传统消费仍然是消费支出的主流，新兴消费对经济增长的拉动作用并没有完全启动，还没有能够发挥应有的作用，限制了消费能力的提升，医疗、养老、教育、旅游等服务消费还在不断加速，相应的政策支持还要进一步巩固。

**2. 关注贸易的经济影响同时需注重其文化影响，引导正确的消费观和消费形式，促进消费者幸福感的提升**

首先，应理性审视经济增长和消费水平，一味为了刺激经济增长而盲目鼓励消费是肯定不可取的，同时由于消费者需求的无序扩张造成生产市场的不当波动都会使得一部分人从消费带来的幸福损伤到另一部分人的幸福。再其次，应合理引导消费模式，共同创造和享受幸福，现今社会商品和服务的不断丰富带来了更多的消费体验，但是也造成了环境、交通的负担，短期内的过度消费并不会产生长期的幸福效应，反而会影响到下一代的消费观念和模式，甚至增加幸福成本。再其次，随着贸易的发展以及贸易伙伴国的文化亲近，国内居民的消费观念和消费形式在发生变化，一方面，应更加积极吸收借鉴国外优秀文化成果，以开放的思路促进中国经济文化的发展，刺激合理消费、绿色消费、和谐消费以拉动内需，另一方面，推动中华文化走出去，文化产品的出口参与到国际市场的认可，需要不断创新以适应国际竞争，国家应重视和鼓励文化产品出口，加强对不同文化产品出口的分类政策支持，并且在教育方面注重这方面国际交流和推广人才的培养。

**3. 从充分利用贸易提高就业水平转向于改进就业质量，以稳定其通过就业产生的正向幸福效应**

经济社会的福利效应发展中，劳动力是非常重要的经济发展保障，国际贸易发展带来的生产效率、技术产品的差异化对劳动力技术要求不断变化和提高，中国作为劳动力密集型国家，在应对国际贸易的新形势下，一方面需要积极发展进出口贸易，创造更多的就业岗位，保障就业水平的稳定，同时应鼓励创新创业，发展灵活就业，并且完善相应的社会保障制度，以提高不同属性的劳动者的幸福感，另一方面，要关注就业质量的提升，建议重视发展职业技术教育和科学研究教育并举，完善人才培养体系，以促进中国劳动力的知识技术提升，在国际分工中，争取提供更多有价值的劳动力，也使得劳动者在国际化市场上具备技术竞争优势以获得更高的幸福感。

**4. 积极应对全球化贸易发展新格局，稳定平衡发展中国出口及进口贸易，增强其正向幸福效应**

近年来，中国的外贸发展和国际贸易地位举世瞩目，但是从贸易的幸福效应来看，其正向效应尚还比较微弱，但是不论是进口还是出口，其幸福效应还是值得肯定和应当得到关注的，贸易自由化的提高，是有利于增加消费、提高工资、改进福利、提升幸福，因此，新时期还应进一步扩大对外开放水平，并且不仅仅是沿海城市，随着中国交通网络的进一步发展，内陆城市也应积极赶上发展外贸的步伐，以解决中国外贸区域发展不平衡导致的国民幸福差异。另一方面，应充分重视贸易领域的国际合作，加快物流平台和交通网络的连接，以促进中国与贸易伙伴之间的多方位的深入合作，互惠互利，共同发展，共同提高国民幸福。

## 7.3　研究局限及未来研究方向

### 7.3.1　研究局限

本书在探讨国际贸易通过就业水平的幸福效应时，采用的是世界银行数据库提供的根据国际劳工组织模型进行估算的失业率，也许在一定程度上与现实有所差距，而关于失业率的数据在各国有登记失业率和统计失业率两种，由于各国失业登记制度的完善性不同，使得数据的可得性有所局限，因此其结论也有一定的局限性，有待进一步完善和探讨。

本书在探讨就业因素的幸福效应时，验证了二者之间双向的关联性，但是这个验证仅仅局限于样本数据中工作收入满意度和幸福感的关联性，仅用工作收入满意度代表就业因素当然是不够全面的。

### 7.3.2　未来研究方向

从宏观层面，国际贸易的幸福效应的影响路径还需要更多的理论研究，并且，除了消费、就业，可以围绕更多的视角展开，随着中国登记失业率的完善或是统计失业率的发展，以此作为国际比较探讨其幸福效应将更有说服力。

从微观层面，幸福感对于就业的逆向作用也是值得关注的，尤其是在再就业方面，另外，期待有更多的持续的微观数据支持，可以关注于人们幸福感的变化和追踪，从而可以从动态变化的角度对幸福感展开研究。

# 参 考 文 献

[1] 埃米尔·迪尔凯姆. 自杀论：社会学研究 [M]. 冯韵文译. 北京：商务印书馆，1996：39 – 45.

[2] 边沁. 论道德与立法的原则 [M]. 程立显等译. 陕西：陕西出版集团，陕西人民出版社，2009：12 – 19.

[3] 布阿吉尔贝尔. 布阿吉尔贝尔选集 [M]. 梁守锵，伍纯武译. 北京：商务印书馆，1984：33 – 41.

[4] 曹标，廖利兵. 服务贸易结构与经济增长 [J]. 世界经济研究，2014（1）：46 – 51.

[5] 朝克，何浩，李佳钰. 国民幸福指数评价体系构建及实证 [J]. 统计与决策，2016（4）：91 – 94.

[6] 陈惠雄，鲍海君. 经济增长、生态足迹与可持续发展能力：基于浙江省的实证研究 [J]. 中国工业经济，2008（8）：5 – 14.

[7] 陈惠雄，刘国珍. 快乐指数研究概述 [J]. 财经论丛（浙江财经学院学报），2005（3）：29 – 36.

[8] 陈惠雄，潘护林. 基于经济社会发展的幸福指标体系：构建与解释 [J]. 社会科学战线，2015（3）：212 – 222.

[9] 陈惠雄，吴丽民. 基于苦乐源调查的浙江省城乡居民生活状况比较分析 [J]. 中国农村经济，2006（3）：63 – 69.

[10] 陈景秋，唐宁玉，王方华. 从幸福学角度对和谐消费的阐释 [J]. 心理科学进展，2010（7）：1081 – 1086.

[11] 陈清. 出口贸易增长对消费的影响——基于福建省数据的经

验研究 [C]. 中国国际贸易与投资高层论坛, 中国北京, 2009.

[12] 陈志鸿. 加入世贸组织对中国居民福利的影响 [J]. 国际贸易问题, 2007 (6): 127.

[13] 戴维皮尔斯. 现代经济学词典 [M]. 宋承先等译. 上海: 上海译文出版社, 1988.

[14] 戴翔. 美国贸易逆差的福利效应研究——基于 OLG 和 R-C-K 理论的实证分析 [J]. 世界经济研究, 2010 (12): 54-59.

[15] 邓先奇. 国民幸福视角的中国经济社会发展研究 [J]. 河南社会科学, 2011 (5): 86-89.

[16] 刁永祚. 论生活质量 [J]. 经济学家, 2003 (6): 4-10.

[17] 丁述磊. 非正规就业对居民主观幸福感的影响——来自中国综合社会调查的经验分析 [J]. 经济与管理研究, 2017 (4): 57-67.

[18] 杜卫华. 经济增长会带来生活质量的提高吗? ——对近 20 年来中国数据的经验透视及解释 [J]. 上海经济研究, 2005 (6): 10-20.

[19] 樊长科, 杨镇标, 林国彬. 中国东部工业对外开放对其就业影响的比较分析 [J]. 金融与经济, 2017 (2): 29-34.

[20] 樊纲, 关志雄, 姚枝仲. 国际贸易结构分析: 贸易品的技术分布 [J]. 经济研究, 2006 (8): 70-80.

[21] 范爱军, 刘伟华. 出口贸易对中国三次产业劳动力流向的影响分析 [J]. 世界经济研究, 2008 (5): 20-24.

[22] 范柏乃. 中国城市居民生活质量评价体系的构建与实际测度 [J]. 浙江大学学报 (人文社会科学版), 2006 (4): 122-131.

[23] 范德林特. 货币万能 [M]. 王兆基译. 北京: 商务印书馆, 2010.

[24] 范金. 经济全球化对发达国家居民消费结构变化影响研究 [J]. 南京社会科学, 2012 (1): 9-16.

[25] 丰华琴. 公共治理模式与福利国家发展: 国际经验与启示 [J]. 改革, 2010 (6): 85-90.

［26］风笑天．生活质量研究：近三十年回顾及相关问题探讨［J］．社会科学研究，2007（6）：1－8

［27］冯永琦，裴祥宇．中国进口贸易结构变化与经济增长关系实证研究［J］．经济问题探索，2013（10）：100－108.

［28］傅红春，金俐，金琳．幸福框架下的最优城市规模［J］．城市问题，2016（2）：14－24.

［29］傅红春，罗文英．上海居民收入满足度的测定与分析［J］．管理世界，2004（11）：62－67.

［30］傅红春，王瑾．两种幸福悖论：收入悖论和欲望悖论［J］．华东师范大学学报（哲学社会科学版），2013（01）：79－86.

［31］傅红春．财富的市场价格与幸福效用——生活质量的判定标准［J］．山东社会科学，2015（6）：52－56.

［32］傅红春．经济学对幸福的离弃与回归——"斯密之谜"的一种解释［J］．杭州通讯，2007（6）：19－21.

［33］傅红春．科学发展观与国民幸福度［J］．生产力研究，2008（1）：15－17.

［34］傅红春．孙中山"幸福经济学"思想叙议［J］．河北经贸大学学报，2016（4）：5－9.

［35］高新．进口贸易、消费者异质性与民生改善［J］．现代财经（天津财经大学学报），2016（3）：90－100.

［36］高新．消费者异质性对中国出口贸易影响研究［J］．中国经济问题，2015（5）：57－65.

［37］官安铭．中国居民消费需求、消费结构与进口贸易的关联性探究——基于VAR模型的分析［J］．哈尔滨师范大学社会科学学报，2013（2）：54－58.

［38］顾国达，张正荣，张钱江．汇率波动、出口结构与贸易福利——基于要素流动与世界经济失衡的分析［J］．世界经济研究，2007（2）：3－8.

[39] 顾明毅. 论幸福对微观经济学效用最大化法则的修正 [J]. 经济问题, 2009 (9): 20 – 23.

[40] 郭其友, 王春雷. 中美贸易的利益分配——基于产出与消费视角的理论经验分析 [J]. 厦门大学学报 (哲学社会科学版), 2011 (4): 34 – 42.

[41] 韩秀兰. 基于消费结构的居民家庭福利益贫性改善研究 [J]. 统计与决策, 2015 (22): 119 – 122.

[42] 贺京同, 战昱宁. 重新审视中国出口贸易对国内消费市场的影响 [J]. 对外经贸实务, 2008 (12): 47 – 49.

[43] 胡晨沛, 朱玮强, 顾蕾. 个人收入、家庭资产与农村居民幸福感——基于 CGSS2013 的实证研究 [J]. 调研世界, 2017 (4): 41 – 49.

[44] 胡延平, 范洪颖. 对外贸易、国内贸易与广东省经济增长关系解析 [J]. 国际经贸探索, 2008 (9): 34 – 37.

[45] 胡延平. 居民消费、国际贸易与广东经济增长 [J]. 国际经贸探索, 2009 (5): 46 – 50.

[46] 黄秀娟, 吴立增, 刘伟平. PBR 对消费者和生产者经济福利的影响分析 [J]. 西北农林科技大学学报 (社会科学版), 2009 (2): 33 – 38.

[47] 黄永明, 何凌云. 城市化、环境污染与居民主观幸福感——来自中国的经验证据 [J]. 中国软科学, 2013 (12): 82 – 93.

[48] 黄有光. 从 GDP 向 ERHNI 转型 [J]. 北大商业评论, 2014 (2): 37 – 42.

[49] 黄有光. 经济与快乐 [M]. 东北财经大学出版社, 2000: 51 – 60。

[50] 霍布斯. [M]. 黎廷弼, 黎思复译. 北京: 商务印书馆, 1985.

[51] 加尔布雷斯. 丰裕社会 [M]. 徐世平译. 上海: 上海人民出版社, 1965: 18.

[52] 姜少华. 国际贸易与消费调控 [J]. 消费经济, 1991 (2): 9 – 14.

［53］阚大学．中国贸易结构与就业结构的动态关系研究［J］．国际贸易问题，2010（10）：17－23．

［54］魁奈．经济表及著作选［M］．晏智杰译．北京：华夏出版社，2005．

［55］赖德胜，石丹淅．中国就业质量状况研究：基于问卷数据的分析［J］．中国经济问题，2013（5）：39－48．

［56］赖德胜，苏丽锋，孟大虎，等．中国各地区就业质量测算与评价［J］．经济理论与经济管理，2011（11）：88－99．

［57］老子著，文若愚编．道德经大全集·第四十六章［M］．北京：中国华侨出版社，2013：98．

［58］黎昕，赖扬恩，谭敏．国民幸福指数指标体系的构建［J］．东南学术，2011（5）：66－75．

［59］李兵．进口贸易结构与中国经济增长的实证研究［J］．国际贸易问题，2008（6）：27－32．

［60］李江一，李涵，甘犁．家庭资产—负债与幸福感："幸福—收入"之谜的一个解释［J］．南开经济研究，2015（5）：3－23．

［61］李树，陈刚．幸福的就业效应——对幸福感、就业和隐性再就业的经验研究［J］．经济研究，2015（3）：62－74．

［62］李涛，史宇鹏，陈斌开．住房与幸福：幸福经济学视角下的中国城镇居民住房问题［J］．经济研究，2011（9）：69－82．

［63］李夏玲，洪毅颖．中、美贸易结构比较及启示［J］．经济纵横，2004（7）：51－53．

［64］理查·莱亚德．不幸福的经济学［M］．陈佳伶译，中国青年出版社，2009：10，128－129

［65］厉英珍．浙江进口贸易与城镇居民消费增长关系变动研究［J］．浙江树人大学学报（人文社会科学版），2013（2）：63－66．

［66］廖晖．消费与国际贸易［J］．消费经济，1993（5－6）：51－53．

[67] 廖鹏，殷功利，谢娟娟．中国经济增长中贸易顺差及消费支出的经验论证 [J]．统计与决策，2013（10）：138－140．

[68] 林永生，张生玲．论中国进口贸易对消费与投资的促进作用 [J]．国际贸易，2006（5）：25－27．

[69] 刘德学，陈必伟，毛崎．中国居民消费结构与国际贸易实证关系研究 [J]．中国市场，2011（10）：145－146．

[70] 刘光溪，陈文刚．中美贸易失衡的最大得益者：美国企业和消费者——兼析不同经济发展水平国家在全球化中的得益情况 [J]．国际贸易，2006（7）：4－9．

[71] 刘宏，明瀚翔，赵阳．财富对主观幸福感的影响研究——基于微观数据的实证分析 [J]．南开经济研究，2013（4）：95－110．

[72] 刘洪，林彦梅，刘润刚．工作与非工作相互渗透的不对称性对员工幸福感的影响 [J]．经济管理，2016（12）：89－99．

[73] 刘建江，杨细珍．产品内分工视角下中美贸易失衡中的贸易利益研究 [J]．国际贸易问题，2011（8）：68－80．

[74] 刘建江．财富效应、消费函数与经济增长 [J]．当代财经，2002（7）：16－19．

[75] 刘婧，郭圣乾，金传印．经济增长、经济结构与就业质量耦合研究——基于2005－2014年宏观数据的实证 [J]．宏观经济研究，2016（5）：99－105．

[76] 刘军强，熊谋林，苏阳．经济增长时期的国民幸福感——基于CGSS数据的追踪研究 [J]．中国社会科学，2012（12）：82－102．

[77] 刘淑美．推进低碳生活 革新人类幸福观 [J]．经济视角（下），2011（7）：10－11．

[78] 刘素华，韩春民，王龙．全球化对中国就业质量的影响机理及走势透析 [J]．人口与经济，2007（2）：30－34．

[79] 刘晓黎，马妍．在生态文明建设中提升人们的幸福感 [J]．经济师，2014（7）：48－49．

［80］刘英.地区开放因素对中国城镇居民消费影响的实证分析［J］.国际贸易问题，2007（1）：30－37.

［81］刘玉，孙文远.FDI 的就业质量效应：基于省级面板数据的分析［J］.审计与经济研究，2014（6）：103－110.

［82］刘志坚，杨洋.基于国民福利的中国进口贸易战略研究［J］.中国市场，2016（29）：182－184.

［83］卢海阳，杨龙，李宝值.就业质量、社会认知与农民工幸福感［J］.中国农村观察，2017（3）：57－71.

［84］卢孔标，李亚培.中国对外贸易对国内物价影响的实证分析［J］.河南金融管理干部学院学报，2007（5）：106－109.

［85］罗楚亮.城乡分割、就业状况与主观幸福感差异［J］.经济学（季刊），2006（2）：817－840.

［86］罗素.为什么我不是基督徒［M］.沈海康译.北京：商务印书馆，1982.

［87］罗知，郭熙保.进口商品价格波动对城镇居民消费支出的影响［J］.经济研究，2010（12）：111－124.

［88］洛克.人类理解论·第二卷［M］.谭善明译.西安：陕西人民出版社，2007.

［89］马汴京，蔡海静.经济全球化如何影响了中国居民幸福感——来自 CGSS2008 的经验证据［J］.财贸经济，2014（7）：116－127.

［90］米健.中国居民主观幸福感影响因素的经济学分析［D］.北京：中国农业科学院，2011：35－37

［91］苗珊珊.国际粮食价格波动背景下中国大米关税变动的福利效应分析［J］.国际商务（对外经济贸易大学学报），2016（4）：28－36.

［92］苗振国，孙萍.基于幸福理念的公共政策价值整合［J］.中共福建省委党校学报，2007（6）：15－17.

［93］宁薛平，文启湘.中国居民房贷幸福指数影响因素及作用路

径——理论分析与实证研究 [J]. 财经研究, 2011 (11): 27 - 38.

[94] 潘春阳. 中国的机会不平等与居民幸福感研究 [D]. 上海: 复旦大学, 2011. 56 - 59

[95] 裴长洪. 进口贸易结构与经济增长: 规律与启示 [J]. 经济研究, 2013 (7): 4 - 19.

[96] 彭代彦, 闵秋红. 住房消费与国民幸福——基于 CGSS2013 的实证分析 [J]. 广西社会科学, 2015 (12): 85 - 90.

[97] 蒲德祥, 傅红春. 前古典经济学幸福思想述评 [J]. 经济学家, 2016 (1): 98 - 104.

[98] 卿石松, 郑加梅. 工作让生活更美好: 就业质量视角下的幸福感研究 [J]. 财贸经济, 2016 (4): 134 - 148.

[99] 丘海雄, 李敢. 国外多元视野"幸福"观研析 [J]. 社会学研究, 2012 (2): 224 - 241.

[100] 沈琴琴. 劳动者就业权益实现问题研究——关于提升就业质量的思考 [J]. 河北经贸大学学报, 2011 (3): 42 - 49.

[101] 施炳展, 张夏. 中国贸易自由化的消费者福利分布效应 [J]. 经济学 (季刊), 2017 (4): 1421 - 1448.

[102] 司增绰. 贸易顺差、挤入效应与消费率提高 [J]. 制度经济学研究, 2007 (2): 81 - 103.

[103] 苏丽锋, 陈建伟. 中国新时期个人就业质量影响因素研究——基于调查数据的实证分析 [J]. 人口与经济, 2015 (4): 107 - 118.

[104] 苏振东, 周玮庆. 出口贸易结构变迁对中国经济增长的非对称影响效应研究——基于产品技术附加值分布的贸易结构分析法和动态面板数据模型的经验研究 [J]. 世界经济研究, 2009 (5): 42 - 47.

[105] 苏梽芳, 蔡经汉. 中国能源消费与出口贸易非线性协整关系实证研究 [J]. 中央财经大学学报, 2009 (12): 69 - 74.

[106] 孙英. 论幸福的实现 [J]. 学习与探索, 2003 (3): 27 - 30.

［107］汤艳梅，耿柳娜．环保行为和多维幸福感的关系研究［J］．青年探索，2017（4）：50-60．

［108］唐保庆，黄繁华．国际贸易结构对经济增长的影响路径研究——基于货物贸易与服务贸易的比较分析［J］．世界经济研究，2008（9）：32-39．

［109］唐东波．垂直专业化贸易如何影响了中国的就业结构？［J］．经济研究，2012（8）：118-131．

［110］陶涛，杨凡，张浣珺．家庭幸福发展指数构建研究［J］．人口研究，2014（1）：63-76．

［111］田国强，杨立岩．对"幸福-收入之谜"的一个解答［J］．经济研究，2006（11）：4-15．

［112］田晖，李淼．美国消费需求对中美出口贸易的影响研究——基于中国对美出口的实证分析［J］．消费经济，2012（1）：41-44．

［113］王海成，郭敏．非正规就业对主观幸福感的影响——劳动力市场正规化政策的合理性［J］．经济学动态，2015（5）：50-59．

［114］王启云．缩小中国居民收入差距扩大居民消费需求［J］．中国流通经济，2009（5）：59-62．

［115］王霆，张婷．扩大就业战略背景下中国大学生就业质量问题研究［J］．中国高教研究，2014（2）：26-30．

［116］王孝松，谢申祥．对外贸易差额结构与中国新经济增长模式［J］．经济理论与经济管理，2012（12）：15-28．

［117］王彦．论贸易开放度对城乡居民消费的影响［J］．商业时代，2014（6）：27-29．

［118］王永齐．对外贸易结构与中国经济增长：基于因果关系的检验［J］．世界经济，2004（11）：31-39．

［119］魏浩，陈灵娟．中国进出口商品结构与经济增长关系的实证研究［J］．当代财经，2008（11）：112-117．

［120］魏浩，付天．中国货物进口贸易的消费者福利效应测算研究——

基于产品层面大型微观数据的实证分析 [J]. 经济学（季刊），2016
(4)：1683 - 1714.

[121] 魏浩，黄皓骥，刘士彬. 对外贸易的国内就业效应研究——基于全球 63 个国家的实证分析 [J]. 北京师范大学学报（社会科学版），2013 (6)：107 - 118.

[122] 吴丽民，陈惠雄，黄琳. 婚姻、性别与幸福 [J]. 浙江学刊，2007 (1)：220 - 225.

[123] 吴丽民，袁山林. 幸福视角划分消费类型的理论构想与实证解析 [J]. 财经论丛，2012 (6)：99 - 105.

[124] 吴伟炯. 工作时间对职业幸福感的影响——基于三种典型职业的实证分析 [J]. 中国工业经济，2016 (3)：130 - 145.

[125] 吴献金，黄飞，付晓燕. 中国出口贸易与能源消费关系的实证检验 [J]. 统计与决策，2008 (16)：101 - 103.

[126] 奚恺元，张国华，张岩. 从经济学到幸福学 [J]. 上海管理科学，2003 (3)：4 - 5.

[127] 夏金华. 从不丹"国民幸福总值"看中国的环境保护与经济发展 [J]. 毛泽东邓小平理论研究，2007 (5)：65 - 68，85

[128] 谢勇. 基于就业主体视角的农民工就业质量的影响因素研究——以南京市为例 [J]. 财贸研究，2009 (5)：34 - 38.

[129] 邢占军，金瑜. 城市居民婚姻状况与主观幸福感关系的初步研究 [J]. 心理科学，2003 (6)：1056 - 1059.

[130] 邢占军. 幸福指数的指标体系构建与追踪研究 [J]. 数据，2006 (8)：10 - 12.

[131] 徐光耀. 中国进口贸易结构与经济增长的相关性分析 [J]. 国际贸易问题，2007 (2)：3 - 7.

[132] 亚里士多德. 尼各马可伦理学 [M]. 廖申白译. 北京：商务印书馆，2003：1016a - 1098a.

[133] 闫明. 公众幸福指数、政府绩效评价与公共服务体系建设

[J]. 中国浦东干部学院学报, 2012 (5): 19-23.

[134] 杨玉华. 国际贸易就业影响的国际比较——H-O-S 及贸易乘数理论对贸易大国的适应性实证分析 [J]. 云南财经大学学报, 2007, 23 (4): 102-106.

[135] 易力, 李世美, 刘冰. 出口商品结构优化与经济增长相互作用的实证研究——基于中国初级产品与工业制成品出口的协整分析 [J]. 国际贸易问题, 2006 (9): 5-11.

[136] 银辉. 家庭消费与居民幸福——基于 CGSS2013 的实证分析 [J]. 企业经济, 2017 (11): 81-88

[137] 银辉. 全球化时代消费者视角的幸福经济学研究述评 [J]. 技术经济与管理研究, 2017 (8): 89-93

[138] 尹忠明, 姚星. 中国服务贸易结构与经济增长的关系研究——基于 VAR 模型的动态效应分析 [J]. 云南财经大学学报, 2009 (5): 25-33.

[139] 袁丹, 占绍文, 雷宏振. 国际贸易、国内居民消费与产业结构——基于 SVAR 模型的实证分析 [J]. 工业技术经济, 2016 (8): 100-106.

[140] 袁欣. 近代中国对外贸易对消费结构的影响分析 [J]. 内蒙古社会科学 (汉文版), 2005 (1): 109-113.

[141] 袁正, 李玲. 婚姻与幸福感: 基于 WVS 的中国微观数据 [J]. 中国经济问题, 2017 (1): 24-35.

[142] 曾红, 郭斯萍. "乐"——中国人的主观幸福感与传统文化中的幸福观 [J]. 心理学报, 2012 (7): 986-994.

[143] 曾铮, 张路路. 全球生产网络体系下中美贸易利益分配的界定——基于中国制造业贸易附加值的研究 [J]. 世界经济研究, 2008 (1): 36-43.

[144] 占华, 于津平. 贸易政策、扩大进口与失业 [J]. 世界经济文汇, 2016 (1): 52-67.

［145］张传国，陈蔚娟.中国能源消费与出口贸易关系实证研究
［J］.世界经济研究，2009（8）：26－30.

［146］张国军.中国境外消费教育服务贸易发展现状及对策［J］.
中国高教研究，2014（1）：18－23.

［147］张连城，赵家章，张自然.高生活成本拖累城市生活质量满
意度提高——中国35个城市生活质量调查报告（2012）［J］.经济学动
态，2012（7）：25－34.

［148］张雪梅.论环境保护与人们的幸福感［J］.经济论坛，2007
（16）：51－52，77.

［149］张艺影，姜鸿.中美贸易、就业创造与要素报酬［J］.世界
经济与政治论坛，2015（5）：62－75.

［150］张玉斌，张云辉.国际贸易与FDI：基于提高国民福利水平
的比较［J］.商业研究，2009（6）：130－133.

［151］张运峰，叶林祥.中国就业波动的福利效应分析［J］.财经
研究，2007（9）：69－78.

［152］赵俊康.国际贸易、劳动力市场与国民福利［J］.山西财经
大学学报，2007（11）：40－43.

［153］赵书华，张维.中国服务贸易出口结构与经济增长关系研究
［J］.中国经贸导刊，2012（12）：39－41.

［154］郑君君，刘璨，李诚志.环境污染对中国居民幸福感的影响——
基于CGSS的实证分析［J］.武汉大学学报（哲学社会科学版），2015
（4）：66－73.

［155］周闯，曲佳霖.公共部门与非公共部门就业选择的福利效应——
基于幸福经济学的视角［J］.劳动经济研究，2017（2）：40－55.

［156］周绍杰，胡鞍钢.理解经济发展与社会进步：基于国民幸福
的视角［J］.中国软科学，2012（1）：57－64.

［157］周绍杰，王洪川，苏杨.中国人如何能有更高水平的幸福感——
基于中国民生指数调查［J］.管理世界，2015（6）：8－21.

［158］周申，李春梅. 工业贸易结构变化对中国就业的影响［J］. 数量经济技术经济研究，2006（7）：3 - 13.

［159］朱启荣. 试析中国对外贸易增长对国内居民消费物价指数（CPI）的影响［J］. 现代财经（天津财经大学学报），2009（3）：46 - 51.

［160］Ahn K H，Lee J H. The Influence of Star Brand Image - Consumer Self Congruence and Star Attributes on Love for Star Brand and Consumer Happiness - Based on Sports Star Brand［J］. 2017，28（1）：151 - 175. DOI：10. 14377/KJA. 2017. 1. 15. 7.

［161］Alesina A，Tella R D，Macculloch R. Inequality and happiness：are Europeans and Americans different？［J］. Journal of Public Economics，2004，88（9 - 10）：2009 - 2042.

［162］Andjelkovic V，Vidanovic S. The Satisfaction of the Family Roles in Serbian Employed and Unemployed Inhabitants［J］. Procedia - Social and Behavioral Sciences，2014，159：625 - 629.

［163］Angeles L. A closer look at the Easterlin Paradox［J］. The Journal of Socio - Economics，2011，40（1）：67 - 73.

［164］Arkolakis C，Costinot A，Rodríguez - Clare A. New Trade Models，Same Old Gains？［J］. American Economic Review，2012，102（1）：94 - 130.

［165］Arranz J M，García - Serrano C，Hernanz V. Employment Quality：Are There Differences by Types of Contract？［J］. Social Indicators Research，2018，137（2）：203 - 230.

［166］Balaguer J，Cantavella - Jordá M. Export composition and Spanish economic growth：evidence from the 20th century［J］. Journal of Policy Modeling，2004，26（2）：165 - 179.

［167］Baumgarten D. International trade and worker flows：empirical evidence for Germany［J］. Review of World Economics，2015，151（3）：

589 – 608.

［168］Becchetti L, Corrado L, Rossetti F. The Heterogeneous Effects of Income Changes on Happiness ［J］. Social Indicators Research, 2011, 104 (3): 387 – 406.

［169］Bowling N A, Eschleman K J, Wang Q. A meta-analytic examination of the relationship between job satisfaction and subjective well-being ［J］. Journal of Occupational and Organizational Psychology, 2010, 83 (4): 915 – 934.

［170］Bunnin N, Yu J. The Blackwell Dictionary of Western Philosophy. Malden, MA: Blackwell, 2004: 33 – 35.

［171］Burstein A, Vogel J. Globalization, Technology, and the Skill Premium: A Quantitative Analysis ［Z］. 2010: w16459.

［172］Chang H, Yen S T. Full-time, part-time employment and life satisfaction of the elderly ［J］. The Journal of Socio – Economics, 2011, 40 (6): 815 – 823.

［173］Chapman B, Guven C. Revisiting the Relationship Between Marriage and Wellbeing: Does Marriage Quality Matter? ［J］. Journal of Happiness Studies, 2016, 17 (2): 533 – 551.

［174］Collischon M. Relative Pay, Rank and Happiness: A Comparison Between Genders and Part-and Full – Time Employees ［J］. Journal of Happiness Studies, 2017: 1 – 14.

［175］Czepiel J A, Rosenberg L J. Consumer satisfaction: Concept and measurement ［J］. Journal of the Academy of Marketing Science, 1977, 5 (4): 403 – 411.

［176］Daly H E, Cobb J B J. For the common good: redirecting the economy towards community, the environment and a sustainable future ［J］. Ecological Economics, 1989, 2 (4): 346 – 347.

［177］Deaton. Health, Inequality, and Economic Development ［J］.

Comparative Economic & Social Systems, 2003, 41 (1): 113 – 158

[178] Deleire T, Kalil A. Does consumption buy happiness? Evidence from the United States [J]. International Review of Economics, 2010, 57 (2): 163 – 176.

[179] Devettere R J. Introduction to Virtue Ethics: Insights of the Ancient Greeks [J]. 2002.

[180] Diener E, Diener M, Diener C. Factors Predicting the Subjective Well – Being of Nations [J]. Journal of Personality & Social Psychology, 1995, 69 (5): 851 – 864.

[181] Diener E, Oishi S. Money and happiness: Income and subjective well-being across nations [J]. 2000, 33 (1): 161 – 163. DOI: 10. 1111/ j. 1467 – 6435. 1980. tb02628. x.

[182] Diener E. New Findings and Future Directions for Subjective Well – Being Research [J]. American Psychologist, 2012, 67 (8): 590.

[183] Easterlin R A. Does Economic Growth Improve the Human Lot? Some Empirical Evidence [J]. Nations & Households in Economic Growth, 1974: 89 – 125.

[184] Easterlin R A. Life Cycle Welfare: Trends and Differences [J]. Journal of Happiness Studies, 2001, 2 (1): 1 – 12.

[185] Easterlin R. A. Is Reported Happiness Five Years Ago Comparable to Present Happiness? A Cautionary Note [J]. Journal of Happiness Studies, 2002, 3 (2): 193 – 198.

[186] Eckersley R. Redefining progress: shaping the future to human needs. [Edited version of a Keynote address presented during the "Changing Families, Challenging Futures" Australian Institute of Family Studies Conference (6th: 1998: Melbourne)]. 1998, 51 (51): 6 – 12.

[187] Egger H, Egger P, Markusen J R. International welfare and employment linkages arising from minimum wages [J]. International Economic Re-

view, 2012, 53 (3): 771 – 790.

[188] Elsinga M, Hoekstra J. Homeownership and housing satisfaction [J]. Journal of Housing and the Built Environment, 2005 (20): 401 – 424.

[189] Frey B S, Stutzer A. Testing Theories of Happiness [J]. Social Science Electronic Publishing, 2003: 116 – 147.

[190] Frey B S, Stutzer A. The Economics of Happiness [J]. World Economics, 2002, 16 (4): 581 – 587.

[191] Frey B S, Stutzer A. The use of happiness research for public policy [J]. Social Choice and Welfare, 2012, 38 (4): 659 – 674.

[192] Frijters P, Haisken – Denew J P, Shields M A. Money Does Matter! Evidence from Increasing Real Income and Life Satisfaction in East Germany Following Reunification [J]. American Economic Review, 2004, 94 (3): 730 – 740.

[193] Galle S, Rodriguez – Clare A, Yi M. Slicing the Pie: Quantifying the Aggregate and Distributional Effects of Trade [J]. Nber Working Papers, 2017.

[194] Gielen A C, Ours J C V. Unhappiness and Job Finding [J]. Economica, 2014, 81 (323): 544 – 565.

[195] Greenaway D, Hine R C, Wright P. An empirical assessment of the impact of trade on employment in the United Kingdom [J]. European Journal of Political Economy, 1999, 15 (3): 485 – 500.

[196] Grzeskowiak S, Lee D, Yu G B, et al. How Do Consumers Perceive the Quality-of – Life Impact of Durable Goods? A Consumer Well – Being Model Based on the Consumption Life Cycle [J]. Applied Research in Quality of Life, 2014, 9 (3): 683 – 709.

[197] Guzman A B D, Largo E, Mandap L, et al. The Mediating Effect of Happiness on the Job Satisfaction of Aging Filipino Workers: A Structural Equation Model (SEM) [J]. Educational Gerontology, 2014, 40 (10):

767 – 782.

［198］Harbi S E, Grolleau G. Does self-employment contribute to national happiness? ［J］. The Journal of Socio – Economics, 2012, 41 (5): 670 – 676.

［199］Hausman J A. Exact Consumer Surplus and Deadweight Loss ［J］. American Economic Review, 1981, 71 (4): 662 – 676.

［200］Hellevik O. Economy, Values and Happiness in Norway ［J］. Journal of Happiness Studies, 2003, 4 (3): 243 – 283.

［201］Hirschauer N, Lehberger M, Musshoff O. Happiness and Utility in Economic Thought – Or: What Can We Learn from Happiness Research for Public Policy Analysis and Public Policy Making? ［J］. Social Indicators Research, 2015, 121 (3): 647 – 674.

［202］Hoffmann S, Lee M S W. Consume Less and Be Happy? Consume Less to Be Happy! An Introduction to the Special Issue on Anti – Consumption and Consumer Well – Being ［J］. The Journal of consumer affairs, 2016, 50 (1): 3 – 17.

［203］Hofstetter P, Zürich, Madjar M, et al. Linking change in happiness, time-use, sustainable consumption, and environmental impacts: An attempt to understand time-rebound effects ［J］. 2006. http://www. wsis. ethz. ch/hofstettermadjar. pdf.

［204］Inglehart R, Klingemann H. Genes, culture, democracy, and happiness. World Values Research, 2002.

［205］Jørgensen J G, Schr Der P J H. Fixed export cost heterogeneity, trade and welfare ［J］. European Economic Review, 2008, 52 (7): 1256 – 1274.

［206］Jin H, Choi E K. Profits and losses from currency intervention ［J］. International Review of Economics &Finance, 2013, 27: 14 – 20.

［207］Joseph Sirgy M, Wu J. The Pleasant Life, the Engaged Life, and the Meaningful Life: What about the Balanced Life? [J]. Journal of Happiness Studies, 2009, 10 (2): 183 – 196.

[208] Joshanloo M. A Comparison of Western and Islamic Conceptions of Happiness [J]. Journal of Happiness Studies, 2013, 14 (6): 1857 – 1874.

[209] Joshanloo M. Eastern Conceptualizations of Happiness: Fundamental Differences with Western Views [J]. Journal of Happiness Studies, 2014, 15 (2): 475 – 493.

[210] Joshanloo M. Eastern Conceptualizations of Happiness: Fundamental Differences with Western Views [J]. Journal of Happiness Studies, 2014, 15 (2): 475 – 493.

[211] Kahneman D, Diener E, Schwarz N. Well – Being: Foundations of Hedonic Psychology [M]. Russell Sage Foundation, 1999.

[212] Kahneman D, Thaler R H. Anomalies: Utility Maximization and Experienced Utility [J]. Social Science Electronic Publishing, 2006, 20 (1): 221 – 234.

[213] Kahneman D, Tversky A. Prospect Theory: An Analysis of Decision under Risk [J]. Econometrica, 1979, 47 (2): 263 – 291.

[214] Kar S, Marjit S. Informal sector in general equilibrium: welfare effects of trade policy reforms [J]. International Review of Economics & Finance, 2001, 10 (3): 289 – 300.

[215] Khandelwal A K, Fajgelbaum P D. Measuring the Unequal Gains From Trade [J].

[216] Kim S H, Kose M A. Welfare implications of trade liberalization and fiscal reform: A quantitative experiment [J]. Journal of International Economics, 2014, 92 (1): 198 – 209.

[217] Klatt W, Morris M D. Measuring the Condition of the World's Poor [J]. 1979.

［218］ Knabe A, Rätzel S. Income, happiness, and the disutility of labour ［J］. Economics Letters, 2010, 107 （1）: 77 - 79.

［219］ Krause A. Don't worry, be happy? Happiness and reemployment ［J］. Journal of Economic Behavior &Organization, 2013, 96: 1 - 20.

［220］ Krugman P R. Increasing returns, monopolistic competition, and international trade ［J］. Journal of International Economics, 1979, 9 （4）: 469 - 479.

［221］ Kónya I, Ohashi H. Globalization and Consumption Patterns among the OECD Countries ［J］. Social Science Electronic Publishing, 2004.

［222］ Laaksonen S. A Research Note: Happiness by Age is More Complex than U - Shaped ［J］. Journal of Happiness Studies, 2016.

［223］ Lam K J, Liu P. Socio - Economic Inequalities in Happiness in China and U. S. ［J］.

［224］ Lane T. How does happiness relate to economic behaviour? A review of the literature ［J］. Journal of Behavioral and Experimental Economics, 2017, 68: 62 - 78.

［225］ Lee D, Sirgy M J. Consumer Well - Being （CWB）: Various Conceptualizations and Measures ［M］. Handbook of Social Indicators and Quality of Life Research, 2011: 331 - 354.

［226］ Lee Y T, Seligman M. Are Americans more Optimistic than the Chinese? ［J］. Personality & Social Psychology Bulletin, 1997, 23 （1）: 32 - 40.

［227］ Leong S M, Ang S H, Cote J A, et al. What is Consumer Well - Being to Asians? ［J］.

［228］ Levinson, Arik., Happiness, Behavioral Economics, and Public Policy ［J］. 2013. http: //www. nber. org/papers/w19329.

［229］ Lewis J. Income, Expenditure and Personal Well-being, 2011/12. ［J］. Office for National Statistics, 2014: 1 - 33.

［230］ Macculloch R, Tella R D. A New Explanation For European Unemployment Based On Rational Institutions [J]. Social Science Electronic Publishing, 2001.

[231] Madjar M, Ozawa T. Happiness and Sustainable Consumption: Psychological and physical rebound effects at work in a tool for sustainable design [J]. The International Journal of Life Cycle Assessment, 2006, 11 (1): 105 – 115.

[232] Massagué J. Consumer Possessions, Consumer Passions, and Subjective well-being [J]. Cell, 2008, 134 (2): 215.

[233] McMahon D M. Happiness: A history [M]. Atlanta: Atlantic Monthly Press, 2006.

[234] Mohanty M S, Ullah A. Direct and indirect effects of happiness on wage: A simultaneous equations approach [J]. The Journal of Socio – Economics, 2012, 41 (2): 143 – 152.

[235] Mohanty M S. Effects of positive attitude on happiness and wage: Evidence from the US data [J]. Journal of Economic Psychology, 2009, 30 (6): 884 – 897.

[236] Ng Y. From preference to happiness: Towards a more complete welfare economics [J]. 2003, 20 (2): 307 – 350.

[237] Noll H, Weick S. Consumption expenditures and subjective well-being: empirical evidence from Germany [J]. International Review of Economics, 2015, 62 (2): 101 – 119.

[238] Nussbaum M C. Reply to Richard Eldridge's "Reading for Life": Martha C [J]. Nussbaum on Philosophy and Literature. Arion, 1992.

[239] Okulicz – Kozaryn A, Golden L. Happiness is Flextime [J]. Applied Research in Quality of Life, 2017.

[240] Okulicz – Kozaryn A, Nash T, Tursi N O. Luxury car owners are not happier than frugal car owners [J]. International Review of Economics, 2015, 62 (2): 121 – 141.

［241］Okulicz – Kozaryn A. Happiness research for public policy and administration ［J］. Transforming Government People Process & Policy，2015，10（2）：196 – 211.

［242］Ott J C. Happiness，Economics and Public Policy：A Critique ［J］. Journal of Happiness Studies，2010，11（1）：125 – 130.

［243］Pendse M，Ruikar S. The Relation between Happiness，Resilience and Quality of Work Life and Effectiveness of a Web – Based Intervention at Workplace：A Pilot Study ［J］. 2013，8（2）：189.

［244］Quarterly Journal of Economics，2013，21（23）：13.

［245］Rostow，W. W. The Take – Off Into Self – Sustained Growth ［J］. The Economic Journal，1956，66（261）：25.

［246］Sääksjärvi M，Hellén K，Desmet P. The effects of the experience recommendation on short-and long-term happiness ［J］. Marketing Letters，2016，27（4）：675 – 686.

［247］Schmuck P，Kasser T，Ryan R M. Intrinsic and Extrinsic Goals：Their Structure and Relationship to Well – Being in German and U. S. College Students ［J］. Social Indicators Research，2000，50（2）：225 – 241.

［248］Schumacher D. More employment in the EU through foreign trade with the transition countries ［J］. Economic Bulletin，1996，33（9）：3 – 10.

［249］Seligman M E P，Royzman E. Happiness：The Three Traditional Theories. Authentic Happiness ［J］ Newsletter，2003.

［250］Shams K. Developments in the Measurement of Subjective Well – Being and Poverty：An Economic Perspective ［J］. Journal of Happiness Studies，2016，17（6）：2213 – 2236.

［251］Singha P，Raychaudhuri S. Well – Being，Happiness and Interpersonal Relationship as Correlated Components of Job Satisfaction among the Public Sector Employees of India：A Brief Detail Focused into Gender Difference [J]. Indian Journal of Positive Psychology, 2016, 7 (3): 11 – 23.

[252] Sirgy M J, Lee D J, Larsen V, et al. Satisfaction with Material Possessions and General Well – Being: The Role of Materialism. Journal of Consumer Satisfaction, Dissatisfaction, and Complaining Behavior [J]. 1998 (11): 103 – 118.

[253] Sirgy M J, Lee D J, Miller C, et al. The Impact of Globalization on a Country's Quality of Life: Toward an Integrated Model [J]. Social Indicators Research, 2004, 68 (3): 251 – 298.

[254] Sirgy M J, Lee D J. Chad Miller, James, Littlefield and EDA Gurel Atay: The Impact of Imports and Exports on Country's Quality of Life [J]. Social Indicators Research, 2006, 83 (3): 245 – 281.

[255] Sirgy M J, Lee D J. Macro Measures of Consumer Well Being (CWB): A Critical Analysis and a Research Agenda [J]. Journal of Macromarketing, 2006, 26 (1): 27 – 44.

[256] Sirgy M J, Lee D J. Well-being Marketing: An Ethical Business Philosophy for Consumer Goods Firms [J]. Journal of Business Ethics, 2008, 77: 377 – 403.

[257] Slaughter M J. International trade and labor-demand elasticities [J]. Journal of International Economics, 2001, 54 (1): 27 – 56.

[258] Social Indicators Research, 2014, 116 (2): 509 – 533.

[259] Social Indicators Research, 2016, 126 (2): 777 – 793.

[260] Stanca L, Veenhoven R. Consumption and happiness: an introduction [J]. International Review of Economics, 2015, 62 (2): 91 – 99.

[261] Stutzer A, Frey B S, Stutzer A, et al. Stress That Doesn't Pay: The Commuting Paradox [J]. The Scandinavian Journal of Economics, 2008, 110 (2): 339 – 366.

[262] Swinyard W R, Kau A K, Phua H Y. Happiness, Materialism, and Religious Experience in the US and Singapore [J]. Journal of Happiness

Studies, 2001, 2 (1): 13 – 32.

[263] Tadi ćM, Bakker A B, Oerlemans W G M. Work happiness among teachers: A day reconstruction study on the role of self-concordance [J]. Journal of School Psychology, 2013, 51 (6): 735 – 750.

[264] Takatsuka H, Zeng D Z. Trade liberalization and welfare: Differentiated-good versus homogeneous-good markets [J]. Journal of the Japanese and International Economies, 2012, 26 (3): 308 – 325.

[265] Tella R D, Macculloch R J, Oswald A J. The Macroeconomics of Happiness [J]. Review of Economics &Statistics, 2003, 85 (4): 809 – 827.

[266] Tella R D, Macculloch R. Gross national happiness as an answer to the Easterlin Paradox? [J]. ocial Science Electronic Publishing, 2005, 86 (1): 22 – 42.

[267] Tella R D, Macculloch R. Some Uses of Happiness Data in Economics [J]. Journal of Economic Perspectives, 2006, 20 (1): 25 – 46.

[268] Tian G, Yang L. Theory of Negative Consumption Externalities with Applications to the Economics of Happiness [J]. Economic Theory, 2009, 39 (3): 399 – 424.

[269] Tovar J. Diversification, Networks and the Survival of Exporting Firms [J]. Social Science Electronic Publishing, 2011.

[270] Turliuc M N, Buliga D. Job and Family Satisfaction and Work-family Enhancement. Mediating Processes [J]. Procedia – Social and Behavioral Sciences, 2014, 159: 115 – 119.

[271] Tversky A, Kahneman D. Advances in prospect theory: Cumulative representation [J]. Journal of Risk &Uncertainty, 1992, 5 (4): 297 – 323.

[272] Valente R R, Berry B J L. Working Hours and Life Satisfaction: A Cross – Cultural Comparison of Latin America and the United States [J].

Journal of Happiness Studies, 2016, 17 (3): 1173 – 1204.

[273] Vannoorenberghe G. International trade, risk taking and welfare [J]. Journal of International Economics, 2014, 92 (2): 363 – 374.

[274] Veenhoven R, Ouweneel P. Cross-national differences in happiness: cultural bias or societal quality? [J]. Swets& Zeitlinger Lisse, 1991, 2 (4).

[275] Veenhoven R. Is Happiness relative [J]. Social Indicators Research, 1991, 24 (1): 1 – 34.

[276] Veenhoven R. Subjective Measures of Well-being, 2007.

[277] Ward S J, King L A. Work and the good life: How work contributes to meaning in life [J]. Research in Organizational Behavior, 2017, 37: 59 – 82.

[278] Welsch H. Preferences over Prosperity and Pollution: Environmental Valuation based on Happiness Surveys [J]. Kyklos, 2002, 55 (4): 473 – 494.

[279] Wilkinson R G. Comment: income, inequality, and social cohesion [J]. American Journal of Public Health, 1997, 87 (9): 1504.

[280] Wolfers J, Leigh A. Economics, Experiments and Psychology [J]. Quadrant Magazine, 2003, 47.

[281] Yamashita T, Bardo A R, Liu D. Are East Asians happy to work more or less? Associations between working hours, relative income and happiness in China, Japan, South Korea and Taiwan [J]. Asian Journal of Social Psychology, 2016, 19 (3): 264 – 274.

[282] Zhang J, Xiong Y. Effects of multifaceted consumption on happiness in life: a case study in Japan based on an integrated approach [J]. International Review of Economics, 2015, 62 (02): 143 – 162.

# 后　记

本书是在我的博士论文基础上扩展完善而成的。

紧张疲惫又激动兴奋地完成本书，深刻体会到学术思考之路的种种艰辛付出和点点欢欣收获。非常感谢我的导师傅红春教授，在幸福经济学的研究方向中对我给予悉心指导和用心培养，他对于学术研究的严谨规范以及创新思维都让我受益良多，也体会到学术研究的苦和乐，我参与傅红春教授主持的国家社会科学基金重点项目（项目批准号15AJL007），本书也是该项目的阶段成果之一，本书创新性地全面深入探讨国际贸易和国民幸福之间的关联性，致力于从全球化时代背景下拓展幸福经济学研究的研究视角。

感谢为本书提出意见和建议的李巍教授、郭晓合教授、方显仓教授以及其他有过交流和帮助的老师们，关心支持我的亲人朋友们，特别感谢爸爸妈妈和先生给予的支持和鼓励，感谢我的可爱宝贝宋瑞秋和宋海承，为我提供了更多的持续的动力，让我体会到"为母则强"，不能面对困难就退缩，朝着目标坚定地踏实奋进。

感谢上海对外经贸大学学科建设经费的出版资助！

本书使用数据部分来自中国人民大学中国调查与数据中心主持之《中国社会综合调查（CGSS)》项目，作者感谢此机构及其人员提供数据协助，本书的观点内容由作者自行负责。

本书使用数据部分来自中山大学社会科学调查中心开展的"中国劳动力动态调查"（CLDS)，作者感谢此机构及其人员提供数据协助，本书的观点和内容由作者自行负责。

感谢各位读者，欢迎批评交流，愿大家都幸福！